Jaime Balmes

El criterio

Barcelona **2024**
Linkgua-ediciones.com

Créditos

Título original: El criterio.

© 2024, Red ediciones S.L.

e-mail: info@linkgua.com

Diseño cubierta: Michel Mallard

ISBN tapa dura: 978-84-1126-470-9.
ISBN rústica: 978-84-9816-550-0.
ISBN ebook: 978-84-9816-901-0.

Sumario

Brevísima presentación

La vida

Jaime Luciano Balmes Urpià (1810-1848). España.

Estudió en el Seminario de Vic filosofía y teología, y continuó su formación en la Universidad de Barcelona, en teología y derecho. Se licenció en 1833 y fue profesor auxiliar y más tarde profesor titular, tras ser doctor en leyes y cánones. En 1834 estudió física y matemáticas, siendo profesor de esta asignatura en el seminario de Vic. En 1840, tras vivir consagrado al estudio, comenzó a publicar sus obras, entre las que destacan: *El Criterio*, *El protestantismo comparado con el catolicismo en sus relaciones con la civilización europea* (1844), *Filosofía fundamental* (1846) y la *Filosofía elemental* (1847).

Entre la religión y las matemáticas

El pensamiento de Balmes oscila entre sus reflexiones en torno a conceptos clásicos de la teología occidental, como el bien, y las nociones científicas que aparecen a lo largo de su obra. Resulta sorprendente su voluntad de construir una teología positiva en diálogo con la ciencia más avanzada de su época:

Es de notar que aquí no hay imposibilidad metafísica o absoluta, porque no hay en la naturaleza de los caracteres una repugnancia esencial a colocarse de dicha manera, pues que un cajista, en breve rato, los dispondría así muy fácilmente; tampoco hay imposibilidad natural, porque ninguna ley de la Naturaleza obsta a que caigan por esta o aquella cara, ni el uno al lado del otro del modo conveniente al efecto; hay, pues, una imposibilidad de otro orden, que nada tiene de común con las otras dos y que tampoco se parece a la que se llama moral, por solo estar fuera del curso regular de los acontecimientos.

La teoría de las probabilidades, auxiliada por la de las combinaciones pone de manifiesto esta imposibilidad, calculando, por decirlo así, la inmensa distancia en que este fenómeno se halla con respecto a la existencia. El Autor de la Naturaleza no ha querido que una convicción que nos es muy importante dependiese del raciocinio y, por consiguiente, careciesen de ella muchos hombres; así es que nos la ha dado a todos a manera de instinto, como lo ha hecho con otras que nos son igualmente necesarias.

Capítulo I. Consideraciones preliminares

§ I. En qué consiste el pensar bien. Qué es la verdad

El pensar bien consiste: o en conocer la verdad o en dirigir el entendimiento por el camino que conduce a ella. La verdad es la realidad de las cosas. Cuando las conocemos como son en sí, alcanzamos la verdad; de otra suerte, caemos en error. Conociendo que hay Dios conocemos una verdad, porque realmente Dios existe; conociendo que la variedad de las estaciones depende del Sol, conocemos una verdad, porque, en efecto, es así; conociendo que el respeto a los padres, la obediencia a las leyes, la buena fe en los contratos, la fidelidad con los amigos, son virtudes, conocemos la verdad; así como caeríamos en error pensando que la perfidia, la ingratitud, la injusticia, la destemplanza, son cosas buenas y laudables.

Si deseamos pensar bien, hemos de procurar conocer la verdad, es decir, la realidad de las cosas. ¿De qué sirve discurrir con sutileza, o con profundidad aparente, si el pensamiento no está conforme con la realidad? Un sencillo labrador, un modesto artesano, que conocen bien los objetos de su profesión, piensan y hablan mejor sobre ellos que un presuntuoso filósofo, que en encumbrados conceptos y altisonantes palabras quiere darles lecciones sobre lo que no entiende.

§ II. Diferentes modos de conocer la verdad

A veces conocemos la verdad, pero de un modo grosero; la realidad no se presenta a nuestros ojos tal como es, sino con alguna falta, añadidura o mudanza. Si desfila a cierta distancia una columna de hombres, de tal manera que veamos brillar los fusiles, pero sin distinguir los trajes, sabemos que hay gente armada, pero ignoramos si es de paisanos, de tropa o de algún otro cuerpo; el conocimiento es imperfecto, porque nos falta distinguir el uniforme para saber la pertenencia. Mas si por la distancia u otro motivo nos equivocamos, y les atribuimos una prenda de vestuario que no llevan, el conocimiento será imperfecto, porque añadiremos lo que en realidad no hay. Por fin, si tomamos una cosa por otra, como, por ejemplo, si creemos que son blancas unas vueltas que en realidad son amarillas, mudamos lo que hay, pues hacemos de ello una cosa diferente.

Cuando conocemos perfectamente la verdad, nuestro entendimiento se parece a un espejo en el cual vemos retratados, con toda fidelidad, los objetos como son en sí; cuando caemos en error, se asemeja a uno de aquellos vidrios de ilusión que nos presentan lo que realmente no existe; pero cuando conocemos la verdad a medias, podría compararse a un espejo mal azogado, o colocado en tal disposición que, si bien nos muestra objetos reales, sin embargo, nos los ofrece demudados, alterando los tamaños y figuras.

§ III. Variedad de ingenios

El buen pensador procura ver en los objetos todo lo que hay, pero no más de lo que hay. Ciertos hombres tienen el talento de ver mucho en todo; pero les cabe la desgracia de ver lo que no hay, y nada de lo que hay. Una noticia, una ocurrencia cualquiera, les suministran abundante materia para discurrir con profusión, formando, como suele decirse, castillos en el aire. Estos suelen ser grandes proyectistas y charlatanes.

Otros adolecen del defecto contrario: ven bien, pero poco; el objeto no se les ofrece sino por un lado; si éste desaparece, ya no ven nada. Éstos se inclinan a ser sentenciosos y aferrados en sus temas. Se parecen a los que no han salido nunca de su país: fuera del horizonte a que están acostumbrados, se imaginan que no hay más mundo.

Un entendimiento claro, capaz y exacto, abarca el objeto entero; le mira por todos sus lados, en todas sus relaciones con lo que le rodea. La conversación y los escritos de estos hombres privilegiados se distinguen por su claridad, precisión y exactitud. En cada palabra encontráis una idea, y esta idea veis que corresponde a la realidad de las cosas. Os ilustran, os convencen, os dejan plenamente satisfecho; decís con entero asentimiento: «Sí, es verdad, tiene razón». Para seguirlos en sus discursos no necesitáis esforzaros; parece que andáis por un camino llano, y que el que habla solo se ocupa de haceros notar, con oportunidad, los objetos que encontráis a vuestro paso. Si explican una materia difícil y abstrusa, también os ahorran mucho tiempo y fatiga. El sendero es tenebroso porque está en las entrañas de la tierra; pero os precede un guía muy práctico, llevando en la mano una antorcha que resplandece con vivísima luz.

§ IV. La perfección de profesiones depende de la perfección con que se conocen los objetos de ellas

El perfecto conocimiento de las cosas en el orden científico forma los verdaderos sabios; en el orden práctico, para el arreglo de la conducta de los asuntos de la vida, forma los prudentes; en el manejo de los negocios del Estado, forma los grandes políticos; y en todas las profesiones es cada cual más o menos aventajado, a proporción del mayor o menor conocimiento de los objetos que trata o maneja. Pero este conocimiento ha de ser práctico, ha de abrazar también los pormenores de la ejecución, que son pequeñas verdades, por decirlo así, de las cuales no se puede prescindir, si se quiere lograr el objeto. Estas pequeñas verdades son muchas en todas las profesiones; bastando para convencerse de ello el oír a los que se ocupan aun en los oficios más sencillos. ¿Cuál será, pues, el mejor agricultor? El que mejor conozca las calidades de los terrenos, climas, simientes y plantas; el que sepa cuáles son los mejores métodos e instrumentos de labranza y que mejor acierte en la oportunidad de emplearlos; en una palabra: el que conozca los medios más a propósito para hacer que la tierra produzca, con poco coste, mucho, pronto y bueno. El mejor agricultor será, pues, el que conozca más verdades relativas a la practicada su profesión. ¿Cuál es el mejor carpintero? El que mejor conoce la naturaleza y calidades de las maderas, el modo particular de trabajarlas y el arte de disponerlas del modo más adaptado al uso a que se destinan. Es decir, que el mejor carpintero será aquel que sabe más verdades sobre su arte. ¿Cuál será el mejor comerciante? El que mejor conozca los géneros de su tráfico, los puntos de donde es más ventajoso traerlos, los medios más a propósito para conducirlos sin deterioro, con presteza y baratura, los mercados más convenientes para expenderlos con celeridad y ganancia; es decir, aquel que posea más verdades sobre los objetos de comercio, el que conozca más a fondo la realidad de las cosas en que se ocupa.

§ V. A todos interesa el pensar bien

Échase, pues, de ver que el arte de pensar bien no interesa solamente a los filósofos, sino también a las gentes más sencillas. El entendimiento es un don precioso que nos ha otorgado el Creador, es la luz que se nos ha dado para guiarnos en nuestras acciones; y claro es que uno de los primeros cuidados que debe ocupar al hombre es tener bien arreglada esta luz. Si ella falta, nos quedamos a oscuras, andamos a tientas, y por este motivo es necesario no dejarla que se apague. No debemos tener el entendimiento en inacción, con peligro de que se ponga obtuso y estúpido, y, por otra parte, cuando nos proponemos ejercitarle y avivarle, conviene que su luz sea buena para que no nos deslumbre, bien dirigida para que no nos extravíe.

§ VI. Cómo se debe enseñar a pensar bien

El arte de pensar bien no se aprende tanto con reglas como con modelos. A los que se empeñan en enseñarle a fuerza de preceptos y de observaciones analíticas se los podría comparar con quien emplease un método semejante para enseñar a los niños a hablar o andar. No por esto condeno todas las reglas; pero sí sostengo que deben darse con más parsimonia, con menos pretensiones filosóficas y, sobre todo, de una manera sencilla, práctica: al lado de la regla, el ejemplo. Un niño pronuncia mal ciertas palabras; para corregirle, ¿qué hacen sus padres o maestros? Las pronuncian ellos bien y hacen que enseguida las pronuncie el niño: «Escucha bien como yo lo digo; a ver, ahora tú; mira, no pongas los labios de esta manera, no hagas tanto esfuerzo con la lengua», y otras cosas por este tenor. He aquí el precepto al lado del ejemplo, la regla y el modo de practicarla.[1]

---

1   Verum est id quod est, dice San Agustín (Libro 2. «Solil.», cap. 5). Puede distinguirse entre la verdad de la cosa y la verdad del entendimiento; la primera, que es la cosa misma, se podrá llamar objetiva; la segunda, que es la conformidad del entendimiento con la cosa, se apellidará formal o subjetiva. El oro es metal, independientemente de nuestro conocimiento: he aquí una verdad objetiva. El entendimiento conoce que el oro es metal: he aquí una verdad formal o subjetiva.

    Mucha presunción sería el despreciar las reglas para pensar bien. Nullam dicere mavimarum rerum esse artem, cum minimarum sine arte nulla sit, hominum est parum considerate loquentium. «Es de hombres ligeros —decía Cicerón— el afirmar que para las grandes cosas no hay arte, cuando de él no carecen ni las más pequeñas.» (Lib. 2. «De Offic.».) En la utilidad de las reglas han estado acordes los sabios antiguos y modernos; la dificultad, pues, está en saber cuáles son éstas, cuál es el mejor modo de enseñar a practicarlas. «Don de los dioses» llamó Sócrates a la lógica; mas, por desgracia, no nos aprovechamos lo bastante de este don precioso y las cavilaciones de los hombres le hacen inútil para muchos. Los aristotélicos han sido acusados de embrollar el entendimiento de los princi-

Capítulo II. La atención

Hay medios que nos conducen al conocimiento de la verdad y obstáculos que nos impiden llegar a él; enseñar a emplear los primeros y a remover los segundos es el objeto del arte de pensar bien.

§ I. Definición de la atención. Su necesidad

La atención es la aplicación de la mente a un objeto. El primer medio para pensar bien es atender. La segur no corta si no es aplicada al árbol; la hoz no siega si no es aplicada al tallo. Algunas veces se le ofrecen los objetos al espíritu sin que atienda; como sucede ver sin mirar y oír sin escuchar; pero el conocimiento que de esta suerte se adquiere es siempre ligero, superficial, a menudo inexacto o totalmente errado. Sin la atención estamos distraídos, nuestro espíritu se halla, por decirlo así, en otra parte, y por lo mismo no ve aquello que se le muestra. Es de la mayor importancia adquirir un hábito de atender a lo que se estudia o se hace, porque, si bien se observa, lo que nos falta a menudo no es la capacidad para entender lo que vemos, leemos u oímos, sino la aplicación del ánimo a aquello de que se trata.

Se nos refiere un suceso, pero escuchamos la narración con atención floja, intercalando mil observaciones y preguntas, manoseando o mirando objetos que nos distraen; de lo que resulta que se nos escapan circunstancias interesantes, que se nos pasan por alto cosas esenciales, y que al tratar de contarle a otros o de meditarle nosotros mismos para formar juicio, se nos presenta el hecho desfigurado, incompleto, y así caemos en errores que no proceden de falta de capacidad, sino de no haber prestado al narrador la atención debida.

---

piantes con la abundancia de las reglas y el fárrago de discusiones abstractas; en cambio, las escuelas que les han sucedido, y particularmente los ideólogos más modernos, no están libres del todo de un cargo semejante. Algunos reducen la lógica a un análisis de las operaciones del entendimiento y de los medios con que se adquieren las ideas, lo que encierra las más altas y difíciles cuestiones que ofrecerse puedan a la humana filosofía. Quisiéramos un poco menos de ciencia y un poco más de práctica, recordando lo que dice Bacon de Verulamio sobre el arte de observación, cuando le llama una especie de sagacidad, de olfato cazador, más bien que una ciencia: Ars experimentatis sagacitas potius est et adoratio quædain venatica quam scientia. («De Augm. scient.», lib. 5, c. 2.)

§ II. Ventajas de la atención e inconvenientes de su falta

Un espíritu atento multiplica sus fuerzas de una manera increíble; aprovecha el tiempo atesorando siempre caudal de ideas; las percibe con más claridad y exactitud, y, finalmente, las recuerda con más facilidad, a causa de que con la continua atención éstas se van colocando naturalmente en la cabeza de una manera ordenada.

Los que no atiendan sino flojamente, pasean su entendimiento por distintos lugares a un mismo tiempo; aquí, reciben una impresión; allí, otra muy diferente; acumulan cien cosas inconexas que, lejos de ayudarse mutuamente para la aclaración y retención, se confunden, se embrollan y se borran unas a otras. No hay lectura, no hay conversación, no hay espectáculo, por insignificantes que parezcan, que no nos puedan instruir en algo. Con la atención notamos las preciosidades y las recogemos; con la distracción dejamos, quizá, caer al suelo el oro y las perlas como cosa baladí.

§ III. Cómo debe ser la atención. Atolondrados y ensimismados

Creerán algunos que semejante atención fatiga mucho, pero se equivocan. Cuando hablo de atención no me refiero a aquella fijeza de espíritu con que éste se clava, por decirlo así sobre los objetos, sino de una aplicación suave y reposada que permite hacerse cargo de cada coma, dejándonos, empero, con la agilidad necesaria para pasar sin esfuerzo de unas ocupaciones a otras. Esta atención no es incompatible ni con la misma diversión y recreo, pues es claro que el esparcimiento del ánimo no consiste en no pensar sino en no ocuparse de cosas trabajosas y en entregarse a otras más llanas y ligeras. El sabio que interrumpe sus estudios profundos saliendo a solazarse un rato con la amenidad de la campiña, no se fatiga, antes se distrae cuando atiende al estado de las mieses, a las faenas de los labradores, al murmullo de los arroyos o al canto de las aves.

Tan lejos estoy de considerar la atención como abstracción severa y continuada, que, muy al contrario, cuento en el número de los distraídos no solo a los atolondrados, sino también a los ensimismados. Aquéllos se derraman por la parte de afuera; éstos divagan por las tenebrosas regiones de adentro; unos y otros carecen de la conveniente atención que es la que se emplea en aquello de que se trata.

El hombre atento posee la ventaja de ser más urbano y cortés, porque el amor propio de los demás se siente lastimado, si notan que no atendemos a lo que ellos dicen. Es bien notable que la urbanidad o su falta se apelliden también atención o desatención.

§ IV. Las interrupciones

Además son pocos los casos, aun en los estudios serios, que requieren atención tan profunda que no pueda interrumpirse sin grave daño. Ciertas personas se quejan amargamente si una visita a deshora o un ruido inesperado les cortan, como suele decirse, el hilo del discurso; esas cabezas se parecen a los daguerrotipos, en los cuales el menor movimiento del objeto o la interposición de otro extraño bastan para echar a perder el retrato o paisaje. En algunas será tal vez un defecto natural; en otras, una afectación vanidosa por hacerse pensador, y en no pocas, falta de hábito de concentrarse. Como quiera, es preciso acostumbrarse a tener la atención fuerte y flexible a un mismo tiempo y procurar que la formación de nuestros conceptos no se asemeje a la de los cuadros daguerrotipados, sino de los comunes; si el pintor es interrumpido suspende sus tareas, y al volver a proseguirlas no encuentra malbaratada su obra; si un cuerpo le hace importuna sombra, removiéndole lo deja todo remediado.[2]

---

2   Los hombres más insignes en el mundo científico se han distinguido por una gran fuerza de atención y algunos de ellos por una abstracción que raya en lo increíble. Arquímedes ocupado en sus meditaciones y operaciones geométricas, no advierte el estrépito de la ciudad tomada por los enemigos; Vieta pasa sin interrupción días y noches absorto en sus combinaciones algebraicas y no se acuerda de sí propio hasta que le arrancan de tamaña enajenación sus domésticos amigos; Leibnitz malbarata lastimosamente su salud, estando muchos días sin levantarse de la silla. Esta abstracción extraordinaria es respetable en hombres que de tal suerte han enriquecido las ciencias con admirables inventos; ellos tenían verdaderamente una misión que cumplir y, en cierto modo, era excusable que a tan alto objeto sacrificaran su salud y su vida. Pero, aun en los genios más eminentes, no ha estado reñida la intensidad de la atención con su flexibilidad. Descartes estaba elaborando sus colosales concepciones entre el estruendo de los combates, y cuando, cansado de la vida militar, se retiró del servicio en que se había alistado voluntariamente continuó viajando por los principales países de Europa. Con semejante tenor de vida es muy probable que el ilustre filósofo había sabido enlazar la intensidad con la flexibilidad de la atención y que no sería tan delicado en la materia como Kant, de quien se dice que

Capítulo III. Elección de carrera

§ I. Vago significado de la palabra «talento»

Cada cual ha de dedicarse a la profesión para la que se siente con más aptitud. Juzgo de mucha importancia esta regla y abrigo la profunda convicción de que a su olvido se debe el que no hayan adelantado mucho más las ciencias y las artes. La palabra talento expresa para algunos una capacidad absoluta, creyendo, equivocadamente, que quien está dotado de felices disposiciones para una cosa lo estará igualmente para todas. Nada más falso; un hombre puede ser sobresaliente, extraordinario, de una capacidad monstruosa para un ramo, y ser muy mediano, y hasta negado, con respecto a otros. Napoleón y Descartes son dos genios y, sin embargo, en nada se parecen. El genio de la guerra no hubiese comprendido el genio de la filosofía, y si hubiesen conversado un rato es probable que ambos habrían quedado poco satisfechos. Napoleón no le habría exceptuado entre los que con aire desdeñoso apellidaba ideólogos.

Podría escribirse una obra de los talentos comparados, manifestando las profundas diferencias que median aun entre los más extraordinarios. Pero la experiencia de cada día nos manifiesta esta verdad de una manera palpable. Hombres oímos que discurren y obran sobre una materia con acierto admi-

---

el solo desarreglo o cambio de un botón en uno de sus oyentes era capaz de hacerle perder el hilo del discurso. Esto no es tan extraño si se considera que el filósofo alemán jamás salió de su patria y que, por tanto, no debió de acostumbrarse a meditar sino en el retiro de su gabinete. Pero, sea lo que fuere de las rarezas de algunos hombres célebres, importa sobremanera esforzarse en adquirir esa flexibilidad de atención que puede muy bien aliarse con su intensidad. En esto, como en todas las cosas, puede mucho el trabajo, la repetición de actos que llegan a engendrar un hábito que no se pierde en toda la vida. Acostumbrándose a pensar sobre cuantos objetos se ofrezcan y a dar constantemente al espíritu una dirección seria, se consigue lentamente y sin esfuerzo la conveniente disposición de ánimo, ya sea para fijarse largas horas sobre un punto, ya para hacer suavemente la transición de unas ocupaciones a otras. Cuando no se posee esta flexibilidad el espíritu se fatiga y enerva con la concentración excesiva o se desvanece con cualquiera distracción; lo primero, a más de ser nocivo a la salud, tampoco suele servir mucho para progresar en la ciencia, y lo segundo inutiliza el entendimiento para los estudios serios. El espíritu como el cuerpo, ha menester un buen régimen, y en ese régimen hay una condición indispensable: la templanza.

rable, al paso que en otra se muestran muy vulgares y hasta torpes y desatentados. Pocos serán los que alcancen una capacidad igual para todo, y tal vez pudiérase afirmar que nadie, pues la observación enseña que hay disposiciones que se embarazan y se dañan recíprocamente. Quien tiene el talento generalizador no es fácil que posea el de la exactitud minuciosa; el poeta, que vive de inspiraciones bellas y sublimes, no se avendrá sin trabajo con la acompasada regularidad de los estudios geométricos.

§ II. Instinto que nos indica la carrera que mejor se nos adapta

El Criador, que distribuye a los hombres las facultades en diferentes grados, les comunica un instinto precioso que les muestra su destino; la inclinación muy duradera y constante hacia una ocupación es indicio bastante seguro de que nacimos con aptitud para ella, así como el desvío y repugnancia, que no puede superarse con facilidad, es señal de que el Autor de la Naturaleza no nos ha dotado de felices disposiciones para aquello que nos desagrada. Los alimentos que nos convienen se adaptan bien a un paladar y olfato, no viciados por malos hábitos o alterados por enfermedad, y el sabor y olor ingratos nos advierten cuáles son los manjares y bebidas que, por su corrupción u otras calidades, podrían dañarnos. Dios no ha tenido menos cuidado del alma que del cuerpo.

Los padres, los maestros, los directores de los establecimientos de educación y enseñanza deben fijar mucho la atención en este punto para precaver la pérdida de un talento que, bien empleado, podría dar los más preciosos frutos, y evitar que no se le haga consumir en una tarea para la cual no ha nacido.

El mismo interesado ha de ocuparse también en este examen; el niño de doce años tiene, por lo común, reflexión bastante para notar a qué se siente inclinado, qué es lo que le cuesta menos trabajo, cuáles son los estudios en que adelanta con más facilidad, cuáles la faenas en que experimenta más ingenio y destreza.

§ III. Experimento para discernir el talento peculiar de cada niño

Sería muy conveniente que se ofreciesen a la vista de los niños objetos muy variados, conduciéndolos a visitar establecimientos donde la disposición particular de cada uno pudiese ser excitada con la presencia de lo que mejor se le adapta. Entonces, dejándolos abandonados a sus instintos, un observador inteligente formaría, desde luego, diferentes clasificaciones. Exponed la máquina de un reloj a la vista de una reunión de niños de diez a doce años, y es bien seguro que si entre ellos hay alguno de genio mecánico muy aventajado se dará a conocer, desde luego, por la curiosidad de examinar, por la discreción de las preguntas y la facilidad en comprender la construcción que está contemplando. Leedles un trozo poético, y si hay entre ellos algún Garcilaso, Lope de Vega, Ercilla, Calderón o Meléndez, veréis chispear sus ojos, conoceréis que su corazón late, que su mente se agita, que su fantasía se inflama bajo una impresión que él mismo no comprende.

Cuidado con trocar los papeles: de dos niños extraordinarios es muy posible que forméis dos hombres muy comunes. La golondrina y el águila se distinguen por la fuerza y ligereza de sus alas, y, sin embargo, jamás el águila pudiera volar a la manera de la golondrina, ni ésta imitar a la reina de las aves.

El *tentate diu quid ferre recusent, quid valeant humeri* que Horacio inculca a los escritores, puede igualmente aplicarse a cuantos tratan de escoger una profesión cualquiera.[3]

---

3   Un hombre dedicado a una profesión para la cual no ha nacido es una pieza dislocada: sirve de poco y muchas veces no hace más que sufrir y embarazar. Quizá trabaja con celo, con ardor; pero sus esfuerzos o son impotentes o no corresponden ni con mucho a sus deseos. Quien haya observado algún tanto sobre este particular habrá notado fácilmente los malos efectos de semejante dislocación. Hombres muy bien dotados para un objeto se muestran con una inferioridad lastimosa cuando se ocupan de otro. Uno de las talentos más sobresalientes que he conocido en lo tocante a ciencias morales y políticas le considero mucho menos que mediano con respecto a las exactas, y, al contrario, he visto a otros de feliz disposición para adelantar en éstas y muy poco capaces para aquéllas.

Y lo singular en la diferencia de los talentos es que, aun tratándose de una misma ciencia, los unos son más a propósito que los otros para determinadas partes. Así se puede experimentar en la enseñanza de las matemáticas que la disposición de un mismo alumno no es igual con respecto a la aritmética, álgebra y geometría. En el cálculo, unos se adiestran con facilidad en la parte de aplicación, mientras no adelantan igualmente, ni con mucho, en la de generalización; unos adelantan en la geometría más de lo que habían hecho esperar en el estudio de álgebra y aritmética. En la demostración de los teoremas, en la resolución de los problemas, se echan de ver diferencias muy señaladas: unos se aventajan en la facilidad de aplicar, de construir, pero deteniéndose, por decirlo así, en la superficie, sin penetrar en el fondo de las cosas; al paso que otros, no tan diestros, en lo primero, se distinguen por el talento de demostración, por la facilidad, en generalizar, en ver resultados, en deducir consecuencias lejanas. Estos últimos son de ciencia, los primeros son hombres de práctica; a aquéllos les conviene el estudio, a éstos el trabajo de aplicación.

Si estas diferencias se notan en los límites de una misma ciencia, ¿qué será cuando se trate de las que versan sobre objetos los más distantes entre sí? Y, sin embargo, ¿quién cuida de observarlas y mucho menos de dirigir a los niños y a los jóvenes por el camino que les conviene? A todos se nos arroja, por decirlo así, en un mismo molde; para la elección de las profesiones suele atenderse a todo menos a la disposición particular de los destinados a ellas. ¡Cuánto y cuánto falta que observar en materia de educación e instrucción!

En la acertada elección de la carrera no solo se interesa el adelanto del individuo, sino la felicidad de toda su vida. El hombre que se dedica a la ocupación que se le adapta disfruta mucho, aun entre las fatigas del trabajo; pero el infeliz que se halla condenado a tareas para las cuales no ha nacido ha de estar violentándose continuamente, ya para contrariar sus inclinaciones, ya para suplir con esfuerzo lo que le falta en habilidad.

Algunos de los hombres que se han distinguido en la respectiva profesión habrían sido probablemente muy medianos si se hubiesen dedicado a otra que no les conviniera. Malebranche se ocupaba en el estudio de las lengua y de la historia, y no daba muestras de ninguna disposición muy aventajada, cuando acertó a entrar en la tienda de un librero donde le cayó en manos el Tratado del hombre, de Descartes. Causóle tanta impresión aquella lectura, que se cuenta haber tenido que interrumpirla más de una vez para calmar los fuertes latidos de su corazón. Desde aquel día Malebranche se dedicó al estudio que tan perfectamente se le adaptaba, y diez años después publicaba ya su famosa obra de la Investigación de la verdad. Y es que la palabra de Descartes despertó el genio filosófico adormecido en el joven bajo la balumba de las lenguas y de la historia; sintióse otro, conoció que él era capaz de comprender aquellas altas doctrinas y, como el poeta al leer a otro poeta, exclamó: «También yo soy filósofo».

Una cosa semejante le sucedió a Lafontaine. Había cumplido veintidós años sin dar muestras de abrigar genio poético. No lo conoció él mismo hasta que leyó la oda de Malherbe sobre el asesinato de Enrique IV. Y este mismo Lafontaine, que tan alto rayó en la poesía, ¿qué hubiera sido como nombre de negocios? Sus inocentadas, que tanto daban que reír a sus amigos, no son muy buen indicio de felices disposiciones para este género.

He dicho que convenía observar el talento particular de cada niño para dedicarle a la carrera que mejor se le adapta y que sería bueno observar lo que dice o hace cuando se encuentra con ciertos objetos. Madame Perier, en la Vida de su hermano Pascal, refiere que siendo niño le llamó un día la atención el fenómeno del diverso sonido de un plato herido con un cuchillo, según se le aplicaba el dedo o se le retiraba, y que después de reflexionar mucho sobre la causa de ésta diferencia escribió un pequeño tratado sobre

Capítulo IV. Cuestiones de posibilidad

§ I. Una clasificación de los actos de nuestro entendimiento y de las cuestiones que se le pueden ofrecer

Para mayor claridad dividiré los actos de nuestro entendimiento en dos clases: especulativos y prácticos. Llamo especulativos los que se limitan a conocer, y prácticos, los que nos dirigen para obrar.

Cuando tratamos simplemente de conocer alguna cosa se nos pueden ofrecer las cuestiones siguientes: primera, si es posible o no; segunda, si existe o no; tercera, cuál es su naturaleza, cuáles sus propiedades y relaciones. Las reglas que se den para resolver con acierto dichas tres soluciones comprenden todo lo tocante a la especulativa.

Si nos proponemos obrar, es claro que intentamos siempre conseguir algún fin, de lo cual nacen las cuestiones siguientes: primera, cuál es el fin; segunda, cuál es el mejor medio para alcanzarle.

Ruego encarecidamente al lector que fije la atención sobre las divisiones que preceden y procure retenerlas en la memoria, pues además de facilitarte la inteligencia de lo que voy a decir le servirán muchísimo para proceder con método en todos sus pensamientos.

---

ella. Este espíritu observador en tan tierna edad, ¿no anunciaba ya al ilustre físico del experimento de Puy-de-Dome confirmando las ideas de Torricelli y Galileo?

El padre de Pascal, deseoso de formar el espíritu de su hijo, fortaleciéndole con otra clase de estudios antes de pasar al de las matemáticas, hasta evitaba el hablar de geometría en presencia del niño; pero éste, encerrado en su cuarto, traza figuras y más figuras con un carbón, y desenvolviendo la definición de la geometría que había oído demuestra hasta la proposición 32 de Euclides. El genio del eminente geómetra se debatía bajo una inspiración poderosa que todavía no era él capaz de comprender.

El célebre Vaucanson se ocupa en examinar atentamente la construcción de un reloj de una antesala donde estaba esperando a su madre; en vez de juguetear, acecha por las hendiduras de la caja por si puede descubrir el mecanismo, y luego, después, se ensaya en construir uno de madera que revela el asombroso genio del ilustre constructor del «flautista» y del «áspid de Cleopatra».

Bossuet, a la edad de dieciséis años, improvisaba en el palacio de Rambouillet un sermón que, por la copia de pensamientos y facilidad de expresión y de estilo, admiraba al concurso, compuesto de los talentos más escogidos que a la sazón contaba la Francia.

§ II. Ideas de posibilidad e imposibilidad. Sus clasificaciones

Posibilidad. La idea expresada por esta palabra es correlativa de la imposibilidad, pues que la una envuelve necesariamente la negación de la otra. Las palabras posibilidad e imposibilidad expresan ideas muy diferentes, según se refieren a las cosas en sí o a la potencia de una causa que las pueda producir. Sin embargo, estas ideas tienen relaciones muy íntimas, como veremos luego. Cuando se consideran posibilidad o imposibilidad solo con respecto a un ser, prescindiendo de toda causa, se les llama intrínsecas, y cuando se atiende a una causa se las denomina extrínsecas. A pesar de la aparente sencillez y claridad de esta división, observaré que no es dable formar concepto cabal de lo que significa hasta haber descendido a las diferentes clasificaciones, que expondré en los párrafos siguientes.

A primera vista se podrá extrañar que se explique primero la imposibilidad que la posibilidad, pero reflexionando un poco se nota que este método es muy lógico. La palabra imposibilidad, aunque suena como negativa, expresa, no obstante, muchas veces una idea que a nuestro entendimiento se le presenta como positiva; esto es, la repugnancia entre dos objetos, una especie de exclusión, de oposición, de lucha, por decirlo así; por manera que, en desapareciendo esta repugnancia, concebimos ya la posibilidad. De aquí nacen las expresiones de «esto es muy posible, pues nada se opone a ello»; «es posible, pues no se ve ninguna repugnancia». Como quiera, en sabiendo lo que es imposibilidad se sabe lo que es la posibilidad, y viceversa.

Algunos distinguen tres clases de imposibilidad: metafísica, física y moral. Yo adoptaré esta división, pero añadiendo un miembro, que será la imposibilidad de sentido común. En su lugar se verá la razón en que me fundo. También advertiré que tal vez sería mejor llamar imposibilidad absoluta a la metafísica; natural a la física, y ordinaria, a la moral.

§ III. En qué consiste la imposibilidad metafísica o absoluta

La imposibilidad metafísica o absoluta es la que se funda en la misma esencia de las cosas, o, en otros términos, es absolutamente imposible aquello que, si existiese, traería el absurdo de que una cosa sería y no sería a un mismo tiempo. Un círculo triangular es un imposible absoluto, porque fuera círculo y no círculo, triángulo y no triángulo. Cinco igual a siete es imposible absoluto, porque el cinco sería cinco y no cinco y el siete sería siete y no siete. Un vicio virtuoso es un imposible absoluto, porque el vicio fuera y no fuera vicio a un mismo tiempo.

§ IV. La imposibilidad absoluta y la omnipotencia divina

Lo que es absolutamente imposible no puede existir en ninguna suposición imaginable, pues ni aun cuando decimos que Dios es todopoderoso entendemos que pueda hacer absurdos. Que el mundo exista y no exista a un mismo tiempo, que Dios sea y no sea, que la blasfemia sea un acto laudable, y otros delirios por este tenor, es claro que no caen bajo la acción de la omnipotencia, y, como observa muy sabiamente Santo Tomás, más bien debiera decirse que estas cosas no pueden ser hechas que no que Dios no puede hacerlas. De esto se sigue que la imposibilidad intrínseca absoluta trae consigo la imposibilidad extrínseca, también absoluta; esto es, que ninguna causa puede producir lo que de suyo es imposible absolutamente.

§ V. La imposibilidad absoluta y los dogmas

Para afirmar que una cosa es absolutamente imposible es preciso que tengamos ideas muy claras de los extremos que se repugnan; de otra manera hay riesgo de apellidar absurdo, lo que en realidad no lo es. Hago esta advertencia para hacer notar la sinrazón de los que condenan algunos misterios de nuestra fe, declarándolos absolutamente imposibles. El dogma de la Trinidad y el de la Encarnación son, ciertamente, incomprensibles al débil hombre, pero no son absurdos. ¿Cómo es posible un Dios trino, una naturaleza y tres personas distintas entre sí, idénticas con la naturaleza? Yo no lo sé, pero no tengo, derecho a inferir que esto sea contradictorio. ¿Comprendo, por ventura, lo que es esta naturaleza, lo que son esas personas de que se me habla? No; luego cuando quiero juzgar si lo que de ellas se dice es imposible o no, fallo sobre arcanos desconocidos. ¿Qué sabemos nosotros de los arcanos de la divinidad? El Eterno ha pronunciado algunas palabras misteriosas para ejercitar nuestra obediencia y humillar nuestro orgullo, pero no ha querido levantar el denso velo que separa esta vida mortal del océano de verdad y de luz.

§ VI. Idea de la imposibilidad física o natural

La imposibilidad física o natural consiste en que un hecho esté fuera de las leyes de la Naturaleza. Es naturalmente imposible que una piedra soltada en el aire no caiga al suelo, que el agua abandonada a sí misma no se ponga al nivel, que un cuerpo sumergido en un fluido de menor gravedad no se hunda, que los astros se paren en su carrera, porque las leyes de la Naturaleza prescriben lo contrario. Dios que ha establecido estas leyes, puede suspenderlas; el hombre, no. Lo que es naturalmente imposible lo es para la criatura, no para Dios.

§ VII. Modo de juzgar de la imposibilidad natural

¿Cuándo podremos afirmar que un hecho es imposible naturalmente? En estando seguros de que existe una ley que se opone a la realización de este hecho y que dicha oposición no está destruida o neutralizada por otra ley natural. Es ley de la Naturaleza que el cuerpo del hombre, como más pesado que el aire, caiga al suelo en faltándole el apoyo; pero hay otra ley por la cual un conjunto de cuerpos unidos entre sí, que sea específicamente menos grave que aquel en que se sumerge, se sostenga y hasta se levante aun cuando alguno de ellos sea más grave que el fluido; luego unido el cuerpo humano a un globo aerostático dispuesto con el arte conveniente, podrá remontar por los aires, y este fenómeno estará muy arreglado a las leyes de la Naturaleza. La pequeñez de ciertos insectos no permite que su imagen se pinte en nuestra retina de una manera sensible; pero las leyes a que está sometida la luz hacen que por medio de un vidrio se pueda modificar la dirección de sus rayos de la manera conveniente para que, salidos de un objeto muy pequeño, se hallen desparramados al llegar a la retina y formen allí una imagen de gran tamaño, y así no será naturalmente imposible que, con la ayuda del microscopio, lo imperceptible a la simple vista se nos presente con dimensiones grandes.

Por estas consideraciones es preciso andar con mucho tiento en declarar un fenómeno por imposible naturalmente. Conviene no olvidar: primero, que la Naturaleza es muy poderosa; segundo, que nos es muy desconocida; dos verdades que deben inspirarnos gran circunspección cuando se trate de fallar en materias de esta clase. Si a un hombre del siglo XV se le hubiese dicho que en lo venidero se recorría en una hora la distancia de doce leguas, y esto sin ayuda de caballos ni animales de ninguna especie, habría mirado el hecho como naturalmente imposible, y, sin embargo, los viajeros que andan por los caminos de hierro saben muy bien que van llevados con aquella velocidad por medio de agentes puramente naturales. ¿Quién sabe lo que se descubrirá en los tiempos futuros y el aspecto que presentará el mundo de aquí a diez siglos? Seamos enhorabuena cautos en creer la existencia de fenómenos extraños y no nos abandonemos con demasiada ligereza a sueños de oro; pero guardémonos de calificar de naturalmente imposible lo que un descubrimiento pudiera mostrar muy realizable; no demos liviana-mente fe a exageradas esperanzas de cambios inconcebibles, pero no las tachemos de delirios y absurdos.

§ VIII. Se deshace una dificultad sobre los milagros de Jesucristo

De estas observaciones surge al parecer una dificultad que no han olvidado los incrédulos. Hela aquí: los milagros son tal vez efectos de causas que, por ser desconocidas, no dejarán de ser naturales; luego no prueban la intervención divina, y, por tanto, de nada sirven para apoyar la verdad de la religión cristiana. Este argumento es tan especioso como fútil.

Un hombre de humilde nacimiento, que no ha aprendido las letras en ninguna escuela, que vive confundido entre el pueblo, que carece de todos los medios humanos, que no tiene donde reclinar su cabeza, se presenta en público enseñando una doctrina tan nueva como sublime; se le piden los títulos de su misión y él los ofrece muy sencillos. Habla, y los ciegos ven, los sordos oyen, la lengua de los mudos se desata, los paralíticos andan, las enfermedades más rebeldes desaparecen de repente, los que acaban de expirar vuelven a la vida, los que son llevados al sepulcro se levantan del ataúd, los que, enterrados de algunos días, despiden ya mal olor, se alzan envueltos en su mortaja y salen de su tumba, obedientes a la voz que les ha mandado salir afuera. Este es el conjunto histórico. El más obstinado natu-ralista, ¿se empeñará en descubrir aquí la acción de leyes naturales ocultas? ¿Calificará de imprudentes a los cristianos por haber pensado, que seme-jantes prodigios no pudieran hacerse sin intervención divina? ¿Creéis que con el tiempo haya de descubrirse un secreto para resucitar a los muertos, y no como quiera, sino haciéndolos levantar a la simple voz de un hombre que los llame? La operación de las cataratas, ¿tiene algo que ver con el restituir de golpe la vista a un ciego de nacimiento? Los procedimientos para volver la acción a un miembro paralizado, ¿se asemejan, por ventura, a este otro: «Levántate, toma tu lecho y vete a tu casa»? Las teorías hidrostáticas e hidráulicas, ¿llegarán nunca a encontrar en la mera palabra de un hombre la fuerza bastante para sosegar de repente el mar alborotado y hacer que las olas se tiendan mansas bajo sus pies y que camine sobre ellas, como un monarca sobre plateadas alfombras?

¿Y qué diremos si a tan imponente testimonio se reúnen las profecías cumplidas, la santidad de una vida sin tacha, la elevación de su doctrina la pureza de la moral y, por fin, el heroico sacrificio de morir entre tormentos y afrentas, sosteniendo y publicando la misma enseñanza, con la serenidad en la frente, la dulzura en los labios, articulando en los últimos suspiros amor y perdón?

No se nos hable, pues, de leyes ocultas, de imposibilidades aparentes; no se oponga a tan convincente evidencia un necio «¿quién sabe?...». Esta dificultad, que sería razonable si se tratara de un suceso aislado, envuelto en alguna oscuridad, sujeto a mil combinaciones diferentes, cuando se la objeta contra el cristianismo, es no solo infundada, sino hasta contraria al sentido común.

§ IX. La imposibilidad moral u ordinaria

La imposibilidad moral u ordinaria es la oposición al curso regular u ordinario de los sucesos. Esta palabra es susceptible de muchas significaciones, pues que la idea de curso ordinario es tan elástica, es aplicable a tan diferentes objetos, que poco puede decirse en general que sea provechoso en la práctica. Esta imposibilidad nada tiene que ver con la absoluta ni la natural; las cosas moralmente imposibles no dejan por eso de ser muy posibles absoluta y naturalmente.

Daremos una idea muy clara y sencilla de la imposibilidad ordinaria si decimos que es imposible de esta manera todo aquello que, atendido el curso regular de las cosas, acontece o muy rara vez o nunca. Veo a un elevado personaje, cuyo nombre y títulos todos pronuncian y a quien se tributan los respetos debidos a su clase. Es moralmente imposible que el nombre sea supuesto y el personaje un impostor. Ordinariamente no sucede así; pero también se ha sufrido este chasco una que otra vez.

Vemos a cada paso que la imposibilidad moral desaparece con el auxilio de una causa extraordinaria o imprevista, que tuerce el curso de los acontecimientos. Un capitán que acaudilla un puñado de soldados viene de lejanas tierras, aborda a playas desconocidas y se encuentra con un inmenso continente poblado de millones de habitantes. Pega fuego a sus naves y dice: marchemos. ¿Adónde va? A conquistar vastos reinos con algunos centenares de hombres. Esto es imposible; el aventurero ¿está demente? Dejadle, que su demencia es la demencia del heroísmo y del genio; la imposibilidad se convertirá en suceso histórico. Apellídase Hernán Cortés; es español que acaudilla españoles.

§ X. Imposibilidad de sentido común, impropiamente contenida en la imposibilidad moral

La imposibilidad moral tiene a veces un sentido muy diferente del expuesto hasta aquí. Hay imposibles de los cuales no puede decirse que lo sean con imposibilidad absoluta ni natural, y, no obstante, vivimos con tal certeza de que lo imposible no se realizará, que nos la infunde mayor la natural, y poco le falta para producirnos el mismo efecto que la absoluta. Un hombre tiene en la mano un cajón de caracteres de imprenta, que supondremos de forma cúbica para que sea igual la probabilidad de caer y sostenerse por una cualquiera de sus caras; los revuelve repetidas veces sin orden ni concierto, sin mirar siquiera lo que hace, y al fin los deja caer al suelo; ¿será posible que resulten por casualidad ordenados de tal manera que formen el episodio de Dido? No, responde instantáneamente cualquiera que esté en su sano juicio; esperar este accidente sería un delirio; tan seguros estamos de que no se realizará, que si se pusiese nuestra vida pendiente de semejante casualidad, diciéndonos que si esto se verifica se nos matará, continuaríamos tan tranquilos como si no existiese la condición.

Es de notar que aquí no hay imposibilidad metafísica o absoluta, porque no hay en la naturaleza de los caracteres una repugnancia esencial a colocarse de dicha manera, pues que un cajista, en breve rato, los dispondría así muy fácilmente; tampoco hay imposibilidad natural, porque ninguna ley de la Naturaleza obsta a que caigan por esta o aquella cara, ni el uno al lado del otro del modo conveniente al efecto; hay, pues, una imposibilidad de otro orden, que nada tiene de común con las otras dos y que tampoco se parece a la que se llama moral, por solo estar fuera del curso regular de los acontecimientos.

La teoría de las probabilidades, auxiliada por la de las combinaciones pone de manifiesto esta imposibilidad, calculando, por decirlo así, la inmensa distancia en que este fenómeno se halla con respecto a la existencia. El Autor de la Naturaleza no ha querido que una convicción que nos es muy importante dependiese del raciocinio y, por consiguiente, careciesen de ella muchos hombres; así es que nos la ha dado a todos a manera de instinto, como lo ha hecho con otras que nos son igualmente necesarias. En vano os empeñaríais en combatirla, ni aun en el hombre más rudo; él no sabría tal vez qué responderos, pero movería la cabeza y diría para sí: «Este filósofo, que cree en la posibilidad de tales despropósitos, no debe de estar muy sano de juicio».

Cuando la Naturaleza habla en el fondo de nuestra alma con voz tan clara y tono tan decisivo es necesidad el no escucharla. Solo algunos hombres, apellidados filósofos, se obstinan a veces en este empeño, no recordando que no hay filosofía que excuse la falta de sentido común y que mal llegará a ser sabio quien comienza por ser insensato.[4]

---

4   He dicho que la teoría de las probabilidades, auxiliada por la de las combinaciones, pone de manifiesto la imposibilidad que he llamado de sentido común, calculando, por decirlo así, la inmensa distancia que va de la posibilidad del hecho a su existencia, distancia que nos le hace considerar como poco menos que absolutamente imposible. Para dar una idea de esto supondré que se tengan siete letras: e, s, p, a, ñ, o, l, y que disponiéndolas a la ventura se quiere que salga la palabra español. Es claro que no hay imposibilidad intrínseca, pues que lo vemos hecho todos los días cuando a la combinación presido la inteligencia del cajista; pero en faltando esta inteligencia no hay más razón para que resulten combinadas de esta manera que de la otra. Ahora bien; teniendo presente que el número de combinaciones de diferentes cantidades es igual a 1 X 2 X 3 X 4... (n - 1) n, expresando n el número de los factores, siendo siete las letras en el caso presente, el número de combinaciones posibles será igual a 1 X 2 X 3 X 4 X 5 X 6 X 7 = 5040.

Ahora, recordando que la probabilidad de un hecho es la relación del número de casos favorables al número de casos posibles, resulta que la probabilidad de salir por acaso las siete letras dispuestas de modo que formen la palabra «español» es igual a 1/5040. Por manera que estaría en el mismo caso que al salir una bola negra de una urna donde hubiese 5039 bolas blancas.

Si es tanta la dificultad que hay en que resulte formada una sola palabra de siete letras, ¿qué será si tomamos, por ejemplo, un escrito en que hay muchas páginas y, por tanto, gran número de palabras? La imaginación se asombra al considerar la inconcebible pequeñez de la probabilidad cuando se atiende a lo siguiente: Primero, la formación casual de una sola palabra es poco menos que imposible; ¿qué será con respecto a millares de palabras? Segundo, las palabras sin el debido orden entre sí no dirían nada y, por tanto, sería necesario que saliesen del modo correspondiente para expresar lo que se quería. Siete solas palabras nos costarían el mismo trabajo que las siete letras. Tercero, esto es verdad, aun no exigiendo disposición en líneas y suponiéndolo todo en una sola; ¿qué será si se piden líneas? Solo siete nos traerán la misma dificultad que las siete palabras y las siete letras. Cuarto, para formarse una idea del punto a que llegaría el guarismo que expresase los casos posibles adviértase que nos hemos limitado a un número de los más bajos: el «siete»; adviértase que hay muchas palabras de más letras, que todas las líneas habrían de constar de algunas palabras y todas las páginas de muchas líneas. Quinto, y, finalmente, reflexiónese adónde va a parar un número que se forma con una ley tan aumentativa como esta: $1 \times 2 \times 3 \times 4 \times 5 \times 6 \times 7 \times 8... (n = 1)n$. Sígase por breve rato la multiplicación y se verá que el incremento es asombroso.

En la mayor parte de los casos en que el sentido común nos dice que hay imposibilidad son muchas las cantidades por combinar: entendiendo por cantidades todos los objetos que han de estar dispuestos de cierto modo para lograr el objeto que se desea. Por poco elevado que sea este número, el cálculo demuestra ser la probabilidad tan pequeña que ese instinto con el cual, desde luego, sin reflexionar, decimos «esto no puede ser», es admirable, por lo fundado que está en la sana razón. Pondré otro ejemplo. Suponiendo que las cantidades son en número de 100, el de las combinaciones posibles será: $1 \times 2 \times 3 \times 4 \times 5 \times... 99 \times 100$. Para concebir la increíble altura a que se elevaría este producto, considérese que se han de sumar los logaritmos de todas estas cantidades y que las solas «características», prescindiendo de las «mantisas», dan 92, lo que por sí solo da una cantidad igual a la unidad seguida de 92 ceros. Súmense las «mantisas» y añádase el resultado de los enteros a las «características» y se verá que este número crece todavía mucho más. Sin fatigarse con cálculos se puede formar idea de esta clase de aumento. Así, suponiendo que el número de las cantidades combinables sea diez mil, por la suma de las solas «características» de los factores se tendría una «característica» igual a 28894, es decir, que aun no llevando en cuenta lo muchísimo que subiría la suma de las «mantisas» resultaría un número igual a la unidad seguida de 28894 ceros. Concíbase si se puede lo que es un número, que por poco espesor que en la escritura se dé a los ceros tendrá la

Capítulo V. Cuestiones de existencia. Conocimiento adquirido por el testimonio inmediato de los sentidos

§ I. Necesidad del testimonio de los sentidos, y los diferentes modos con que nos proporcionan el conocimiento de las cosas

Asentados los principios y reglas que deben guiarnos en las cuestiones de posibilidad pasemos ahora a las de existencia, que ofrecen un campo más vasto y más útiles y frecuentes aplicaciones.

De la existencia o no existencia de un ser, o bien de que una cosa es o no es, podemos cerciorarnos de dos maneras: por nosotros mismos o por medio de otros.

El conocimiento de la existencia de las cosas que es adquirido por nosotros mismos, sin intervención ajena, proviene de los sentidos mediata o inmediatamente: o ellos nos presentan el objeto, o de las impresiones que los mismos nos causan pasa el entendimiento a inferir la existencia de lo que no se hace sensible o no lo es. La vista me informa inmediatamente de la existencia de un edificio que tengo presente; pero un trozo de columna, algunos restos de un pavimento, una inscripción u otras señales me hacen conocer que en tal o cual lugar existió un templo romano. En ambos casos debo a los sentidos la noticia; pero en el primero inmediata, en el segundo mediatamente.

Quien careciese de los sentidos tampoco llegaría a conocer la existencia de los seres espirituales, pues, adormecido, el entendimiento, no pudiera adquirir esta noticia ni por la razón ni por la fe, a no ser que Dios le favoreciera por medios extraordinarios, de que ahora no se trata.

A la distinción arriba explicada en nada obstan los sistemas que pueden adoptarse sobre el origen de las ideas, ora se las suponga adquiridas, ora sean tan solo excitadas por ellos; lo cierto es que nada sabemos, nada pensamos si los sentidos no han estado en acción. Además, hasta les dejaremos a los ideólogos la facultad de imaginar lo que bien les pareciere sobre las funciones intelectuales de un hombre que careciese de todos los

---

longitud de algunas varas, y véase si no es muy certero el instinto que nos dice ser imposible una cosa cuya probabilidad es tan pequeña que está representada por un quebrado cuyo numerador es la unidad y cuyo denominador es un número tan colosal.

sentidos; sin riesgo podemos otorgarles tamaña latitud, supuesto que nadie aclarará jamás lo que en ello habría de verdad, ya que el paciente no sería capaz de comunicar lo que le pasa, ni por palabras ni por señas. Finalmente, aquí se trata de hombres dotados de sentidos, y la experiencia enseña que esos hombres conocen o lo que sienten o por lo que sienten.

§ II. Errores en que incurrimos por ocasión de los sentidos. Su remedio. Ejemplos

El conocimiento inmediato que los sentidos nos dan de la existencia de una cosa es a veces errado, porque no nos servimos como debemos de estos admirables instrumentos que nos ha concedido el Autor de la Naturaleza. Los objetos corpóreos, obrando sobre el órgano de los sentidos, causan una impresión a nuestra alma; asegurémonos bien de cuál es esta impresión, sepamos hasta qué punto le corresponde la existencia de un objeto; ha aquí las reglas para no errar en estas materias. Algunas explicaciones enseñarán más que los preceptos y teorías.

Veo a larga distancia un objeto que se mueve, y digo: «Allí hay un hombre»; acercándome más descubro que no es así, y que solo hay un arbusto mecido por el viento. ¿Me ha engañado el sentido de la vista? No; porque la impresión que ella me transmitía era únicamente de un bulto movido, y si yo hubiese atendido bien a la sensación recibida habría notado que no me pintaba un hombre. Cuando, pues, yo he querido hacerle tal, no debo culpar al sentido, sino a mi poca atención, o bien a que, notando alguna semejanza entre el bulto y un hombre visto de lejos, he inferido que aquello debía de serlo en efecto, sin advertir que la semejanza y la realidad son cosas muy diversas.

Teniendo algunos antecedentes de que se dará una batalla o se hostilizará alguna plaza, paréceme que he oído cañonazos, y me quedo con la creencia de que ha comenzado el fuego. Noticias posteriores me hacen saber que no se ha disparado un tiro; ¿quién tiene la culpa de mi error? No mi oído, sino yo. El ruido se oía, en efecto, pero era el de los golpes de un leñador que resonaban en el fondo de un bosque distante; era el de cerrarse alguna puerta, cuyo estrépito retumbaba en el edificio, y sus cercanías; era el de otra cosa cualquiera, que producía un sonido semejante al del estampido de un cañón lejano. ¿Estaba yo bien seguro de que no se hallaba a mis inmediaciones la causa del ruido que me producía la ilusión? ¿Estaba bastante ejercitado para discernir la verdad, atendida la distancia en que debía hacerse el fuego, la dirección del lugar y el viento que a la sazón reinaba? No es, pues, el sentido quien me ha engañado, sino mi ligereza y precipitación. La sensación era tal cual debía ser, pero yo le he hecho decir lo que ella no me decía. Si me hubiese contentado con afirmar que oía ruido parecido al de cañonazos distantes no hubiera inducido al error a otros y a mí mismo.

A uno le presentan un alimento de excelente calidad, y al probarlo dice: «Es malo, intolerable; se conoce que hay tal o cual mezcla» porque, en efecto, su paladar lo experimenta así. ¿Le engañó el sentido? No. Si le pareció amargo no podría suceder de otra manera, atendida la indisposición gástrica que le tiene cubierta la lengua de un humor que lo maleaba todo. Bastábale a este hombre un poco de reflexión para no condenar tan fácilmente o al criado o al revendedor. Cuando el paladar está bien dispuesto, sus sensaciones nos indican las calidades del alimento; en el caso contrario, no.

§ III. Necesidad de emplear en algunos casos más de un sentido para la debida comparación

Conviene notar que para conocer por medio de los sentidos la existencia de un objeto no basta a veces el uso de uno solo, sino que es preciso emplear otros al mismo tiempo o bien atender a las circunstancias que nos pueden prevenir contra la ilusión. Es cierto que el discernir hasta qué punto corresponde la existencia de un objeto a la sensación que recibimos es obra de la comparación, la que es fruto de la experiencia. Un ciego a quien se quitan las cataratas no juzga bien de las distancias, tamaños y figuras, hasta haber adquirido la práctica de ver. Esta adquisición la hacemos sin advertirla desde niños, y así creemos que basta abrir los ojos para juzgar de los objetos tales como son en sí. Una experiencia muy sencilla y frecuente nos convencerá de lo contrario. Un hombre adulto y un niño de tres años están mirando por un vidrio que les ofrece a la vista paisajes, animales, ejércitos; ambos reciben la misma impresión; pero el que sabe bien que no ha salido al campo y se halla en un aposento cerrado no se altera ni por la cercanía de las fieras ni por los desastres del campo de batalla. Lo que le cuesta trabajo es conservar la ilusión; y más de una vez habrá menester distraerse de la realidad y suplir algunos defectos del cuadro o instrumento para sentir placer con la presencia del espectáculo. Pero el niño, que no compara, que solo atiende a la sensación en todo su aislamiento, se espanta y llora, temiendo que se lo han de comer las fieras o viendo que tan cruelmente se matan los soldados.

Todavía más: experimentamos a cada paso que una perspectiva excelente de la cual no teníamos noticia, vista a la correspondiente distancia, nos causa ilusión, y nos hace tomar por objetos de relieve los que en realidad son planos. La sensación no es errada; pero sí lo es el juicio que por ella formamos. Si advirtiésemos que caben reglas para producir en la retina la misma impresión con un objeto plano que con otro abultado, nos hubiéramos complacido en la habilidad del artista, sin caer en error. Este habría desaparecido mirando el objeto desde puntos diferentes o valiéndonos del tacto.

§ IV. Los sanos de cuerpo y enfermos de espíritu

Los que tratan del buen uso de los sentidos suelen advertir que es preciso cuidar de que alguna indisposición no afecte a los órganos, y así se nos comuniquen sensaciones capaces de engañarnos; esto es, sin duda, muy prudente, pero no tan útil como se cree. Los enfermos raras veces se dedican a estudios serios; y así sus equivocaciones son de poca trascendencia; además, que ellos mismos, o sus allegados, bien pronto notan la alteración del órgano, con lo cual se previene oportunamente el error. Los que necesitan reglas son los que, estando sanos de cuerpo, no lo están de espíritu, y que, preocupados de un pensamiento, ponen a su disposición y servicio todos sus sentidos, haciéndoles percibir, quizá con la mayor buena fe, todo lo que conviene al apoyo del sistema excogitado. ¿Qué no descubrirá en los cuerpos celestes el astrónomo que maneja el telescopio no con ánimo reposado, y ajeno de parcialidad, sino con vivo deseo de probar una aserción aventurada con sobrada ligereza? ¿Qué no verá con el microscopio el naturalista que se halle en disposición semejante?

A propósito he dicho que estos errores podían padecerse quizás con la mayor buena fe; porque sucede muy a menudo que el hombre se engaña primero a sí mismo antes de engañar a los otros. Dominado por su opinión favorita, ansioso de encontrar pruebas para sacar la verdadera, examina los objetos no para saber, sino para vencer; y así acontece que halla en ellos todo lo que quiere. Muchas veces los sentidos no le dicen nada de lo que él pretende; pero le ofrecen algo desemejante: «Esto es —exclama alborozado—; helo aquí, es lo mismo, que yo sospechaba»; y cuando se levanta en su espíritu alguna duda, procura sofocarla, achácala a poca fe en su incontrastable doctrina, se esfuerza en satisfacerse a sí mismo, cerrando los ojos a la luz, para poder engañar a los otros sin verse precisado a mentir.

Basta haber estudiado el corazón del hombre para conocer que estas escenas no son raras y que jugamos con nosotros mismos de una manera lastimosa. ¿Necesitamos una convicción? Pues de un modo u otro trabajemos en formárnosla; al principio la tarea es costosa, pero al fin viene el hábito a robustecer lo débil, se allega, el orgullo para no permitir retroceso, y el que comenzó luchando contra sí mismo con un engaño que no se le ocultaba del todo acaba por ser realmente engañado y se entrega a su parecer con obstinación incorregible.

§ V. Sensaciones reales, pero sin objeto externo. Explicación de este fenómeno

Además es menester advertir que no siempre sucede que el alucinado atribuya a la sensación más de lo que ella le presenta; una imaginación vivamente poseída de un objeto obra sobre los mismos sentidos, y alterando el curso ordinario de las funciones, hace que realmente se sienta lo que no hay. Para comprender cómo esto se verifica conviene recordar que la sensación no se verifica en el órgano del sentido, sino en el cerebro, por más que la fuerza del hábito nos haga referir la impresión al punto del cual la recibimos. Estando el ojo muy sano nos quedamos completamente ciegos si sufre lesión el nervio óptico; y privada la comunicación de un miembro cualquiera con el cerebro, se extingue el sentido. De esto se infiere que el verdadero receptáculo de todas las sensaciones es el cerebro, y que si en una de sus partes se excita por un acto interno la impresión que suele ser producida por la acción del órgano externo, existirá la sensación sin que haya habido impresión exterior. Es decir, que si al recibir el órgano externo la impresión de un cuerpo la comunica al cerebro, causando en el nervio A la vibración u otra afección B, y por una causa cualquiera, independiente de los cuerpos exteriores, se produce en el mismo órgano A la misma vibración B, experimentaremos idéntica sensación que si el órgano externo fuese afectado en la realidad.

En este punto se hallan de acuerdo la razón y la observación. El alma se informa de los objetos exteriores inmediatamente por los sentidos, pero inmediatamente por el cerebro; cuando éste, pues, recibe tal o cual impresión, no puede ella desentenderse de referirla al lugar de donde suele proceder y al objeto que de ordinario la produce. Si se halla advertida de que la organización está alterada se precaverá contra el error, pero no será dejando de recibir la sensación, sino desconfiando del testimonio de ella. Cuando Pascal, según cuentan, veía un abismo a su lado, bien sabía que en realidad no era así; mas no dejaba de recibir la misma sensación que si hubiese habido tal abismo, y no alcanzaba a vencer la ilusión por más que se esforzase. Este fenómeno se verifica, muy a menudo y no se hace extraño a los que tienen algunas nociones sobre semejantes materias.

§ VI. Maniáticos y ensimismados

Lo que acontece habitualmente en estado de enfermedad cerebral puede suceder muy bien cuando, exaltada la imaginación por una causa cualquiera, se pone actualmente enfermiza con relación a lo que la preocupa. ¿Qué son las manías sino la realización de este fenómeno? Pues entiéndase que las manías están distribuidas en muchas clases y graduaciones; que las hay continuas y por intervalos, extravagantes y arregladas, vulgares y científicas; y que así como Don Quijote convertía los molinos de viento en desaforados gigantes y los rebaños de ovejas y carneros en ejércitos de combatientes, puede también un sabio testarudo descubrir, con la ayuda de sus telescopios, microscopios y demás instrumentos, todo cuanto a su propósito cumpliere.

Los hombres muy pensadores y ensimismados corren gran riesgo de caer en manías sabias, en ilusiones sublimes; que la mísera humanidad, por más que se cubra con diferentes formas, según las varias situaciones de la vida, lleva siempre consigo su patrimonio de flaqueza. Para una débil mujercilla el susurro del viento es un gemido misterioso, la claridad de la Luna es la aparición de un finado y el chillido de las aves nocturnas es el grito de las evocaciones del averno para asistir a pavorosas escenas. Desgraciadamente no son solo las mujeres las que tienen imaginación calenturienta y que toman por realidades los sueños de su fantasía.[5]

---

5   He creído inútil ventilar en esta obra las muchas cuestiones que se agitan sobre los sentidos en sus relaciones con los objetos externos y la generación de las ideas. Esto me hubiera llevado fuera de mi propósito, y además no habría servido de nada para enseñar a hacer buen uso de los mismos sentidos. En otra obra que tal vez no tarde en dar a luz me propongo examinar estas cuestiones con la extensión que su importancia reclama.

Capítulo VI. Conocimiento de la existencia de las cosas adquirido mediatamente por los sentidos

§ I. Transición de lo sentido a lo no sentido

Los sentidos nos dan inmediatamente noticias de la existencia de muchos objetos, pero de éstos son todavía en mayor número los que no ejercen acción sobre los órganos materiales o por ser incorpóreos o por no estar en disposición de afectarlos. Sobre lo que nos comunican los sentidos se levanta un tan extenso y elevado edificio de conocimientos de todas clases que, al mirarle, se hace difícil percibir cómo ha podido cimentarse en tan reducida base.

Donde no alcanzan los sentidos llega el entendimiento, conociendo la existencia de objetos insensibles por medio de los sensibles. La lava esparcida sobre un terreno nos hace conocer la existencia pasada de un volcán que no hemos visto; las conchas encontradas en la cumbre de un monte nos recuerdan la elevación de las aguas, indicándonos una catástrofe que no hemos presenciado; ciertos trabajos subterráneos nos muestran que en tiempos anteriores se benefició allí una mina; las ruinas de las antiguas ciudades nos señalan la morada de hombres que no hemos conocido. Así, los sentidos nos presentan un objeto y el entendimiento llega con este medio al conocimiento de otros muy diferentes.

Si bien se observa, este tránsito de lo conocido a lo desconocido, no lo podemos hacer sin que antes tengamos alguna idea más o menos completa, más o menos general del objeto desconocido, y sin que, al propio tiempo sepamos que hay entre los dos alguna dependencia. Así, en los ejemplos aducidos, si bien no conocía aquel volcán determinado, ni las olas que inundaron la montaña, ni a los mineros, ni a los moradores, no obstante todos estos objetos me eran conocidos en general, así como sus relaciones con lo que me ofrecían los sentidos. De la contemplación de la admirable máquina del universo no pasaríamos al conocimiento del Criador si no tuviéramos idea de efectos y causa de orden y de inteligencia. Y sea dicho de paso, esta sola observación basta para desbaratar el sistema de los que no ven en nuestro pensamiento más que sensaciones transformadas.

§ II. Coexistencia y sucesión

La dependencia de los objetos es lo único que puede autorizarnos para inferir de la existencia del uno la del otro, y, por consiguiente, toda la dificultad estriba en conocer esta dependencia. Si la íntima naturaleza de las cosas estuviera patente a nuestros ojos, bastaría fijarla en un ser para conocer, desde luego, todas sus propiedades y relaciones, entre las cuales descubriríamos las que le ligan con otros. Por desgracia no es así, pues en el orden físico, como en el moral, son muy escasas e incompletas las ideas que poseemos sobre los principios constitutivos de los seres. Estos son preciosos secretos velados cuidadosamente por mano del Criador, de la propia suerte que lo más rico y exquisito que abriga la Naturaleza suele ocultarse en los senos más recónditos.

Por esta falta de conocimiento en lo tocante a la esencia de las cosas nos vemos con frecuencia precisados a conjeturar su dependencia por solo su coexistencia o sucesión, infiriendo que la una depende de la otra porque algunas o muchas veces existen juntas o porque ésta viene en pos de aquélla. Semejante raciocinio, que no siempre puede tacharse de infundado, tiene, sin embargo, el inconveniente de inducirnos con frecuencia al error, pues no es fácil poseer la discreción necesaria para conocer cuando la existencia o la sucesión son un signo de dependencia y cuándo no.

En primer lugar, debe asentarse por indudable que la existencia simultánea de dos seres, ni tampoco su inmediata sucesión, consideradas en sí solas, no prueban que el uno dependa del otro. Una planta venenosa y pestilente se halla tal vez al lado de otra medicinal y aromática; un reptil dañino y horrible se arrastra quizás a poca distancia de la bella e inofensiva mariposa; el asesino, huyendo de la justicia, se oculta en el mismo bosque donde está en acecho un honrado cazador; un airecillo fresco y suave recrea la Naturaleza toda, y algunos momentos después sopla el violento huracán, llevando en sus negras alas tremenda tempestad.

Así es muy arriesgado el juzgar de las relaciones de dos objetos porque se les ha visto unidos alguna vez o sucederse con poco intervalo; este es un sofisma que se comete con demasiada frecuencia, cayéndose por él en infinitos errores. En él se encontrará el origen de tantas predicciones como se hacen sobre las variaciones atmosféricas, que bien pronto la experiencia manifiesta fallidas; de tantas conjeturas sobre manantiales de agua, sobre veneros de metales preciosos, y otras cosas semejantes. Se ha visto algunas veces que, después de tal o cual posición de las nubes, de tal o cual viento, de tal o cual dirección de la niebla de la mañana, llovía, o tronaba, o acontecían otras mudanzas de tiempo; se habrá notado que en el terreno de este o aquel aspecto se encontró, algunas veces agua, que en pos de estas o aquellas vetas se descubrió el precioso mineral; y se ha inferido, desde luego, que había una relación entre los dos fenómenos, y se ha tomado el uno como señal del otro, no advirtiendo que era dable una coincidencia enteramente casual y sin que ellos tuviesen entre sí relación de ninguna clase.

§ III. Dos reglas sobre la coexistencia y la sucesión

La importancia de la materia exige que se establezcan algunas reglas:

1.ª Cuando una experiencia constante y dilatada nos muestra dos objetos existentes a un mismo tiempo, de tal suerte que en presentándose el uno se presenta también el otro, y en faltando el uno falta también el otro, podemos juzgar, sin temor de equivocarnos, que tienen entre sí algún enlace, y, por tanto, de la existencia del uno inferiremos legítimamente la existencia del otro.

2.ª Si dos objetos se suceden indefectiblemente, de suerte que puesto el primero, siempre se haya visto que seguía el segundo, y que al existir éste, siempre se haya notado la procedencia de aquél, podremos deducir con certeza que tienen entre sí alguna dependencia.

Tal vez sería difícil demostrar filosóficamente la verdad de estas aserciones; sin embargo, los que las pongan en duda seguramente no habrán observado que, sin formularlas, las toma por norma el buen sentido de la Humanidad que en muchos casos se acomoda a ellas la ciencia, y que en las más de las investigaciones no tiene el entendimiento de otro guía.

Creo que nadie pondrá dificultad en que las frutas, cuando han adquirido cierto tamaño, figura y color, dan señal de que son sabrosas ¿Cómo sabe esta relación el rústico que las coge? ¿Cómo de la existencia del color y demás calidades que ve infiere la de otra que no experimenta, la del sabor?

Exigidle que os explique la teoría de este enlace, y no sabrá qué responderos; pero objetadle dificultades y empeñaos en persuadirle que se equivoca en la elección, y se reirá de vuestra filosofía, asegurado en su creencia por la simple razón de que «siempre sucede así».

Todo el mundo está convencido de que cierto grado de frío hiela los líquidos y que otro de calor los vuelve al primer estado. Muchos son los que no saben la razón de estos fenómenos, pero nadie duda de la relación entre la congelación y el frío, y la liquidación y el calor. Quizás podrían suscitarse dificultades sobre las explicaciones que en esta parte ofrecen los físicos; pero el linaje humano no aguarda a que en semejantes materias le ilustren los sabios: «Siempre existen juntos estos hechos —dice—; luego entre ellos hay alguna relación que los liga».

Son infinitas las aplicaciones que podrían hacerse de la regla establecida; pero las anteriores bastan para que cualquiera las encuentre por sí mismo. Solo diré que la mayor parte de los usos de la vida están fundados en este principio: la simultánea existencia de dos seres observada por dilatado tiempo autoriza para deducir que existiendo el uno existirá también el otro. Sin dar por segura esta regla, el común de los hombres no podría obrar y los mismos filósofos se encontrarían más embarazados de lo que, tal vez, se figuran. Darían pocos pasos más que el vulgo.

La segunda regla es muy análoga a la primera: se funda en los mismos principios y se aplica a los mismos usos. La constante experiencia manifiesta que el pollo sale de un huevo; nadie, hasta ahora, ha explicado satisfactoriamente cómo del licor encerrado en la cáscara se forma aquel cuerpecito tan admirablemente organizado; y aun cuando la ciencia diese cumplida razón del fenómeno, el vulgo no lo sabría; y, sin embargo, ni éste ni los sabios vacilan en creer que hay una relación de dependencia entre el licor y el polluelo; al ver el pequeño viviente, todos estamos seguros de que le ha precedido aquella masa que a nuestros ojos se presentaba informa y torpe.

La generalidad de los hombres, o mejor diremos todos, ignoran completamente de qué manera la tierra vegetal concurre al desarrollo de las semillas y al crecimiento de las plantas, ni cuál es la causa de que unos terrenos se adapten mejor que otros a determinadas producciones; pero siempre se ha visto así, y esto es suficiente para que se crea que una cosa depende de otra y para que al ver la segunda deduzcamos, sin temor de errar, la existencia de la primera.

§ IV. Observaciones sobre la relación de causalidad. Una regla de los dialécticos

Sin embargo, conviene advertir la diferencia que va de la sucesión observada una sola vez, o repetida muchas. En el primer caso no solo no arguye causalidad, pero ni aun relación de ninguna clase; en el segundo, no siempre indica dependencia de efecto y causa, pero sí al menos dependencia de una causa común. Si el flujo y reflujo del mar se hubiese observado que coincidía una que otra vez con cierta posición de la Luna, no podría inferirse que existía relación entre los dos fenómenos; mas siendo constante la expresada coincidencia, los físicos debieron inferir que si el uno no es causa del otro, al menos tienen ambos una causa común, y que así están ligados en su origen.

A pesar de lo que acabo de decir, tienen mucha razón los dialécticos cuando tachan de sofístico el raciocinio siguiente: post hoc, ergo propter hoc: después de esto, luego por esto. 1.º Porque ellos no hablan de una sucesión constante. 2.º Porque, aun cuando hablaran, esta sucesión puede indicar dependencia de una causa común y no que lo uno sea causa de lo otro.

Si bien se observa, la misma regla a que atendemos en los negocios comunes es más general de lo que a primera vista pudiera parecer: de ella nos servimos en el curso ordinario de las cosas, de la propia suerte que en lo tocante a la Naturaleza. Según el objeto de que se trata, se modifica la aplicación de la regla; en unos casos basta una experiencia de pocas veces, en otros se la exige más repetida; pero, en el fondo, siempre andamos guiados por el mismo principio: dos hechos que siempre se suceden tienen entre sí alguna dependencia: la existencia del uno indicará, pues, la del otro.

§ V. Un ejemplo

Es de noche y veo que en la cima de una montaña se enciende un fuego; a poco rato de arder noto que en la montaña opuesta asoma una luz, brilla por breve tiempo y desaparece. Ésta ha salido después de encendido el fuego en la parte opuesta; pero de aquí no puedo inferir que haya entre los dos hechos relación alguna. Al día siguiente veo otra vez que se enciende el fuego en el mismo lugar y que del mismo modo se presenta la luz. La coincidencia en que ayer no me había parado siquiera ya me llama la atención hoy; pero esto podrá ser una casualidad, y no pienso más en ello. Al otro día acontece lo mismo; crece la sospecha de que sea una señal convenida. Durante un mes se verifica lo propio; la hora es siempre la misma, pero nunca falta la aparición de la luz a poco de arder el fuego; entonces ya no me cabe duda de que un hecho es dependiente del otro o, por lo menos, hay entre ellos alguna relación; y ya no me falta sino averiguar en qué consiste una novedad que no acierto a comprender.

En semejantes casos el secreto para descubrir la verdad y prevenir los juicios infundados consiste en atender a todas las circunstancias del hecho, sin descuidar ninguna, por despreciable que parezca. Así, en el ejemplo anterior, supuesto que a poco de encendido el fuego se presentaba la luz, diríase, a primera vista, que no es necesario pararse en la hora de la noche y ni tampoco en si esta hora variaba o no. Mas en la realidad estas circunstancias eran muy importantes, porque según fuese la hora era más o menos probable que se encendiese fuego y apareciese luz, y siendo siempre la misma era mucho menos probable que los dos hechos tuviesen relación que si hubiera sido variada. Un imprudente que no reparase en nada de eso alarmaría la comarca con las pretendidas señales; no cabría ya duda de que algunos malhechores se ponen de acuerdo, se explicaría sin dificultad el robo que sucedió tal o cual día, se comprendería lo que significaba un tiro que se oyó por aquella parte, y cuando la autoridad tuviera aviso del malvado complot, cuando recayeran ya negras sospechas sobre familias inocentes, he aquí que los exploradores enviados a observar de cerca el misterio podrían volver muy bien riéndose del espanto y del espantador y descifrando el enigma en los términos siguientes: Muy cerca de la cima donde arde el fuego está situada la casa de la familia A que a la hora de acostarse aposta un vigilante en las cercanías porque tiene noticia de que unos leñadores quieren estropear parte del bosque plantado de nuevo. El centinela siente frío y hace muy bien en encender lumbre sin ánimo de espantar a nadie si no es a los malandrines de segur y cuerda. Como cabalmente aquella es la hora en que suelen acostarse los comarcanos, lo hace también la familia B, que habita en la cumbre de la montaña opuesta. Al sonar el reloj, levanta el dueño los reales de la chimenea, dice a todo el mundo: «Vámonos a dormir», y entretanto, él sale a un terrado al cual dan varias puertas y empuja por la parte de afuera para probar si los muchachos han cerrado bien. Como el buen hombre va a recogerse, lleva en la mano el candil, y heos aquí la luz misteriosa que salía a una misma hora y desaparecía en breve, coincidiendo con el fuego y haciendo casi pasar por ladrones a quienes solo trataban de guardarse de ladrones.

¿Qué debía hacer en tal caso un buen pensador? Helo aquí. A poco rato de encendido el fuego aparece la luz, y siempre a una misma hora poco más o menos, lo que inclina a creer que será una señal convenida. El país está en paz; con que esto debiera de ser inteligencia de malhechores. Pero cabalmente no es probable que lo sea, porque no es regular que escojan siempre un mismo lugar y tiempo, con riesgo de ser notados y descubiertos. Además que la operación sería muy larga durando un mes, y estos negocios suelen redondearse con un golpe de mano. Por aquellas inmediaciones están las casas A y B, familias de buena reputación, que no se habrán metido a encubridores. Parece, pues, que o ha de ser coincidencia puramente casual, o que si hay seña, debe de ser sobre negocio que no teme los ojos de la justicia. La hora del suceso es precisamente la en que se recogen los vecinos de esta tierra; veamos si esto no será que algunos quehaceres obligan a los unos a encender fuego y a los otros a sacar la luz.

§ VI. Reflexiones sobre el ejemplo anterior

Reflexionando sobre el ejemplo anterior se nota que, a pesar de la ninguna relación de seña ni causa que en sí tenían los dos hechos, no obstante reconocían en cierto modo un mismo origen: el sonar la hora de acostarse. Así se echa de ver que el error no estaba en suponer que había algo de común en ellos, ni en pensar que la coincidencia no era puramente casual, sino en que se apelaba a interpretaciones destituidas de fundamento, se buscaba en la intención concertada de las personas lo que era simple efecto de la identidad de la hora.

Esta observación enseña, por una parte, el tino con que debe procederse en determinar la clase de relación que entre sí tienen dos hechos, simultáneos o sucesivos; pero, por otra, confirma más y más la regla dada de que cuando la simultaneidad o sucesión son constantes arguyen algún vínculo o relación o de los hechos entre sí o de ambos con un tercero.

§ VII. La razón de un acto que parece instintivo

Profundizando más la materia encontraremos que el inferir de la coexistencia o sucesión la relación entre los hechos coexistentes o sucesivos, aunque parezca un acto instintivo y ciego, es la aplicación de un principio que tenemos grabado en el fondo de nuestra alma y del que hacemos continuo uso sin advertirlo siquiera. Este principio es el siguiente: «Donde hay orden, donde hay combinación, hay causa que ordena y combina; el acaso no es nada». Una que otra coincidencia la podemos mirar como casual; es decir, sin relación; pero siendo muy repetida, ya decimos, sin vacilar: «Aquí hay enlace, hay misterio; no llega a tanto la casualidad».

Así se verifica que, examinando a fondo el espíritu humano, encontramos en todas partes la mano bondadosa de la Providencia, que se ha complacido en enriquecer nuestro entendimiento y nuestro corazón con inestimables preciosidades.[6]

---

6   Lo que he dicho sobre las consecuencias, que instintivamente sacamos de la coexistencia o sucesión de los fenómenos está íntimamente enlazado con lo explicado en la Nota 4 sobre la imposibilidad de sentido común. De esto puede sacarse una demostración incontrastable en favor de la existencia de Dios.

Capítulo VII. La lógica acorde con la claridad

§ I. Sabiduría de la ley que prohíbe los juicios temerarios

La ley cristiana, que prohíbe los juicios temerarios, es no solo ley de caridad, sino de prudencia y buena lógica. Nada más arriesgado que juzgar de una acción, y sobre todo de la intención, por meras apariencias; el curso ordinario de las cosas lleva tan complicados los sucesos, los hombres se encuentran en situaciones tan varias, obran por tan diferentes motivos, ven los objetivos de maneras tan distintas, que a menudo nos parece un castillo fantástico lo que examinado de cerca y con presencia de las circunstancias, se halla lo más natural, lo más sencillo y arreglado.

§ II. Examen de la máxima «Piensa mal y no errarás»

El mundo cree dar una regla de conducta muy importante diciendo: «Piensa mal y no errarás», y se imagina haber enmendado de esta manera la moral evangélica. «Conviene no ser demasiado cándido —se nos advierte continuamente—; es necesario no fiarse de palabras; los hombres son muy malos; obras son amores y no buenas razones»; como si el Evangelio nos enseñase a ser imprudentes e imbéciles; como si Jesucristo, al encomendarnos que fuésemos sencillos como la paloma, no nos hubiera amonestado al mismo tiempo que fuésemos prudentes como la serpiente; como si no nos hubiera avisado que no creyésemos a todo espíritu; que para conocer el árbol atendiésemos al fruto, y, finalmente, como si a propósito de la malicia de los hombres no leyéramos ya en las primeras páginas de la Sagrada Escritura que el corazón del hombre está inclinado al mal desde su adolescencia.

La máxima perniciosa, que se propone nada menos que asegurar el acierto con la malignidad del juicio, es tan contraria a la caridad cristiana como a la sana razón. En efecto; la experiencia nos enseña que el hombre más mentiroso dice mayor número de verdades que de mentiras, y que el más malvado hace muchas más acciones buenas o indiferentes que malas. El hombre ama naturalmente la verdad y el bien, y no se aparta de ellos sino cuando las pasiones le arrastran y extravían. Miente el mentiroso en ofreciéndosele alguna ocasión en que, faltando a la verdad, cree favorecer sus intereses o lisonjear su vanidad necia; pero fuera de estos casos, naturalmente, dice la verdad y habla como el resto de los hombres. El ladrón roba, el liviano se desmanda, el pendenciero riñe, cuando se presenta la oportunidad, estimulando la pasión; que si estuviesen abandonadas de continuo a sus malas inclinaciones serían verdaderos monstruos su crimen degeneraría en demencia, y entonces el decoro y buen orden de la sociedad reclamarían imperiosamente que se los apartase del trato de sus semejantes.

Infiérese de estas observaciones que el juzgar mal no teniendo el debido fundamento y el tomar la malignidad por garantía de acierto, es tan irracional como si habiendo en una urna muchísimas bolas blancas y poquísimas negras se dijera que las probabilidades de salir están en favor de las negras.

§ III. Algunas reglas para juzgar de la conducta de los hombres

Caben en esta materia reglas de juiciosa cautela, que nacen de la prudencia de la serpiente y no destruyen la candidez de la paloma.

Regla 1.ª

No se debe fiar de la virtud del común de los hombres puesta a prueba muy dura.

La razón es clara: el resistir a tentaciones muy vehementes exige virtud firme y acendrada. Ésta se halla en pocos. La experiencia nos enseña que en semejantes extremos la debilidad humana suele sucumbir, y la Escritura nos previene que quien ama el peligro perecerá en él.

Sabéis que un comerciante honrado se halla en los mayores apuros cuando todo el mundo le considera en posición muy desembarazada. Su honor, el porvenir de su familia están pendientes de una operación poco justa, pero muy beneficiosa. Si se decide a ella todo queda remediado; si se abstiene, el fatal secreto se divulga y la perdición total es inevitable. ¿Qué hará? Si en la operación podéis salir perjudicado, precaveos a tiempo; apartaos de un edificio que si bien en una situación regular no amenazaba ruina, está ahora abatido por un furioso huracán.

Tenéis noticia de que dos personas de amable trato y bella figura han trabado relaciones muy íntimas y frecuentes; ambos son virtuosos, y aun cuando no mediaran otros motivos, el honor debiera bastar a contenerlos en los debidos límites. Si tenéis interés en ello, tomad vuestro partido con presteza; si no, callad, no juzguéis temerariamente; pero rogad a Dios por ambos, que las oraciones podrán no ser inútiles.

Estáis en el gobierno, los tiempos son malos, la época crítica, los peligros muchos. Uno de vuestros dependientes, encargado de un puesto importante, se halla asediado noche y día por un enemigo que dispone de largas talegas. El dependiente es honrado, según os parece; tiene grandes compromisos por vuestra causa, y, sobre todo, es entusiasta de ciertos principios y los sustenta con mucho acaloramiento. A pesar de todo, será bueno que no perdáis de vista el negocio. Haréis muy bien en creer que el honor y las convicciones de vuestro dependiente no se rajarán con los golpes de un ariete de 50.000 pesos fuertes; pero será mejor que no lo probéis, mayormente si las consecuencias fuesen irreparables.

Un amigo os ha hecho grandes ofrecimientos, y no podéis dudar que son sinceros. La amistad es antigua, los títulos muchos y poderosos, la simpatía de los corazones está probada y, para colmo de dicha, hay identidad de ideas y sentimientos. Preséntase de improviso un negocio en que vuestra amistad le ha de costar cara; si no os sacrifica, se expone a graves pérdidas, a inminentes peligros. Para lo que pudiera suceder, resignaos a ser víctima, temed que las afectuosas protestas se quedarán sin cumplirse y que, en cambio de vuestro duelo, se os pagará con una satisfacción tan gemebunda como estéril.

Estáis viendo a una autoridad en aprieto; se la quiere forzar a un acto de alta trascendencia, a que no puede acceder sin degradarse, sin faltar a sus deberes más sagrados, sin comprometer intereses de la mayor importancia. El magistrado es, naturalmente, recto; en su larga carrera no se le conoce una felonía, y su entereza está acompañada de cierta firmeza de carácter. Los antecedentes no son malos. Sin embargo, cuando veáis que la tempestad arrecia, que el motín sube ya la escalera, cuando golpee a la puerta del gabinete el osado demagogo que lleva en una mano el papel que se ha de firmar y en otra el puñal o una pistola amartillada, temed más por la suerte del negocio que por la vida del magistrado. Es probable que no morirá: la entereza no es el heroísmo.

Con los anteriores ejemplos se echa de ver que en algunas ocasiones es lícito y muy prudente desconfiar de la virtud de los hombres, lo que acontece cuando el obrar bien exige una disposición de ánimo que la razón, la experiencia y la misma religión nos enseñan ser muy rara. Es claro, además, que para sospechar mal no siempre será menester que el apuro sea tal como se ha pintado. Para el común de los hombres suele bastar mucho menos, y para los decididamente malos, la simple oportunidad equivale a vehemente tentación. Así, no es posible señalar otra regla para discernir los casos, sino que es preciso atender a las circunstancias de la persona que es el objeto del juicio, graduando la probabilidad del mal por su habitual inclinación a él o su adhesión a la virtud.

De estas consideraciones nacen las otras reglas.

Regla 2.ª

Para comparar cuál será la conducta de una persona en un caso dado es preciso conocer su inteligencia, su índole, carácter, moralidad, intereses y cuanto pueda influir en su determinación.

El hombre, aunque dotado de libertad de albedrío, no deja de estar sujeto a una muchedumbre de influencias que contribuyen poderosamente a decidirle. El olvido de una sola circunstancia nos puede llevar al error. Así, suponiendo que un hombre está en un compromiso del que le es difícil salir sin faltar a sus deberes, parece a primera vista que en sabiendo cuál es su moralidad y cuáles los obstáculos que a la sazón median para obrar conforme a ella, tenemos datos bastantes para pronosticar sobre el éxito. Pero entonces no llevamos en cuenta una cualidad que influye sobremanera en casos semejantes: la firmeza de carácter. Este olvido podrá hacer muy bien que defraude nuestras esperanzas un hombre virtuoso y las exceda el malo, pues que para sacar airosa la virtud en circunstancias apuradas sirve admirablemente el que obren en su favor pasiones enérgicas. Un alma de temple fuerte y brioso se exalta y cobra nuevo aliento a la vista del peligro; en el cumplimiento del deber se interesa entonces el orgullo, y un corazón que naturalmente se complace en superar obstáculos y arrostrar riesgos se siente más osado y resuelto cuando se halla animado por el grito de la conciencia. El ceder es debilidad; el volver atrás, cobardía; el faltar al deber es manifestar miedo, es someterse a la afrenta. El hombre de intención recta y corazón puro, pero pusilánime, mirará las cosas con ojos muy diferentes. «Hay un deber que cumplir, es verdad; pero trae consigo la muerte de quien lo cumpla y la orfandad de la familia. El mal se hará también de la misma manera, y quizá, quizá, los desastres serán mayores. Es necesario dar al

53

tiempo lo que es suyo; la entereza no ha de convertirse en terquedad; los deberes no han de considerarse en abstracto, es preciso atender todas las circunstancias; las virtudes dejan de serlo si no andan regidas por la prudencia.» El buen hombre ha encontrado por fin lo que buscaba: un parlamentario entre el bien y el mal; el miedo, con su propio traje, no servía para el caso, pero ya se ha vestido de prudencia; la transacción no se hará esperar mucho.

He aquí un ejemplo bien palpable, y por cierto nada imaginario, de que es preciso atender a todas las circunstancias del individuo que se ha de juzgar. Desgraciadamente el conocimiento de los hombres es uno de los estudios más difíciles, y por lo mismo es tarea espinosa el recoger los datos precisos para acertar.

Regla 3.ª

Debemos cuidar mucho de despojarnos de nuestras ideas y afecciones y guardarnos de pensar que los demás obrarán como obraríamos nosotros.

La experiencia de cada día nos enseña que el hombre se inclina a juzgar de los demás tomándose por pauta a sí mismo. De aquí han nacido los proverbios «Quien mal no hace, mal no piensa» y «Piensa el ladrón que todos son de su condición». Esta inclinación es uno de los mayores obstáculos para encontrar la verdad en todo lo concerniente a la conducta de los hombres; ella expone con frecuencia al virtuoso a ser presa de los amaños del malvado, y dirige a menudo contra probada honradez, y quizá acendrada virtud, los tiros de la maledicencia.

La reflexión, ayudada por costosos desengaños, cura a veces este defecto, origen de muchos males privados y públicos; pero su raíz está en el entendimiento y corazón del hombre, y es preciso estar siempre alerta si no se quiere que retoñen las ramas.

La razón de este fenómeno no sería difícil explicarla. En la mayor parte de sus raciocinios procede el hombre por analogía. «Siempre ha sucedido esto; luego ahora, sucederá también.» «Comúnmente, después de tal hecho sobreviene tal otro; luego lo mismo acontecerá en la actualidad.» De aquí dimana que tan pronto como se ofrece la ocasión de formar juicio apelamos a la comparación; si un ejemplo apoya nuestra manera de opinar, nos afirmamos más en ella, y si la experiencia nos suministra muchos, sin esperar más pruebas, damos la cosa por demostrada. Natural es que necesitando comparaciones las busquemos en los objetos más conocidos y con los cuales nos hallamos más familiarizados; y como en tratándose de juzgar o conjeturar sobre la conducta ajena hemos menester calcular sobre los motivos que influyen en la determinación de la voluntad, atendemos, sin advertirlo siquiera, a lo que solemos hacer nosotros y prestamos a los demás el mismo modo de mirar y apreciar los objetos.

Esta explicación, tan sencilla como fundada, señala cumplidamente la razón de la dificultad que encontramos en despojarnos de nuestras ideas y sentimientos cuando así lo reclama el acierto en los juicios que formamos sobre la conducta de los demás. Quien no está acostumbrado a ver otros usos que los de su país tiene por extraño cuanto de ellos se desvía, y al dejar por primera vez el suelo patrio se sorprende a cada novedad que descubre. Lo propio nos sucede en el asunto de que tratamos: con nadie vivimos más íntimamente que con nosotros mismos, y hasta los menos amigos de concentrarse tienen por necesidad una conciencia muy clara del curso que ordinariamente siguen su entendimiento y voluntad. Preséntase un caso, y no atendiendo a que aquello pasa en el ánimo de los otros, como si dijéramos en tierra extraña, nos sentimos, naturalmente, llevados a pensar que deberá de suceder allí lo mismo, a corta diferencia, que hemos visto en nuestra patria. Y ya que he comenzado comparando, añadiré que así como los que han viajado mucho no se sorprenden por ninguna diversidad de costumbres y adquieren cierto hábito de acomodarse a todo sin extrañeza ni repugnancia, así los que se han dedicado al estudio del corazón y a la observación de los hombres son más diestros en despojarse de su manera de ser y sentir, y se colocan más fácilmente en la situación de los otros, como si dijéramos que cambian de traje y de tenor de vida y adoptan el aire y las maneras de los naturales del nuevo país.[7]

---

7 Los que crean que la moral cristiana induce fácilmente a error por un exceso de caridad conocen poco esta moral y no han reflexionado mucho los dogmas fundamentales de nuestra religión. Uno de ellos es la corrupción original del hombre y los estragos que esta corrupción produce en el entendimiento y en la voluntad. Semejante doctrina, ¿es acaso muy a propósito para inspirar demasiada confianza? Los libros sagrados, ¿no están llenos de narraciones en que resaltan la perfidia y la maldad de los hombres? La caridad nos hace amar a nuestros hermanos, pero no nos obliga a reputarlos por buenos si son malos;

Capítulo VIII. De la autoridad humana en general

§ I. Dos condiciones necesarias para que sea valedero un testimonio

No siempre nos es dable adquirir por nosotros mismos el conocimiento de la existencia de un ser, y entonces nos es preciso valernos del testimonio ajeno. Para que éste no nos induzca a error son necesarias dos condiciones: primera, que el testigo no sea engañado; segunda, que no nos quiera engañar. Es evidente que faltando cualquiera de estos dos extremos su testimonio no sirve para encontrar la verdad. Poco nos importa que quien habla la conozca si sus palabras nos expresan el error, y la veracidad y buena fe tampoco nos aprovechan si quien las posee está engañado.

§ II. Examen y aplicaciones de la primera condición

Conocemos si el testigo ha sido engañado o no atendiendo a los medios de que ha podido disponer para alcanzar la verdad; y en estos medios comprendo también su capacidad y demás cualidades personales, que le hacen más o menos apto para el efecto.

Al referírsenos algún hecho, cuando el narrador no es testigo ocular, a veces la buena educación no permite preguntar quién lo ha contado, pero la buena lógica prescribe atender siempre a esta circunstancia y no prestar ligeramente asenso sin haberla tenido presente.

Atravieso un país que me es desconocido y oigo la siguiente proposición: «Este año es el de mejor cosecha que de mucho tiempo acá se ha visto en esta comarca». Lo primero que debo hacer es parar la atención en la persona que así lo dice. ¿Es un hombre anciano, rico propietario de la tierra, establecido en sus mismas posesiones, aficionado a recoger noticias y formar estados comparativos? No puedo dudar que quien habla debe de saberlo muy bien, pues que su interés, profesión, inclinaciones particulares y larga experiencia le proporcionan cuantos medios son deseables para formar juicio acertado. ¿Es un hijo del mismo propietario, que solo se llega a las posesiones de su padre para divertirse o sacar dinero, que

---

no nos prohíbe el sospechar de ellos cuando hay justos motivos, ni nos impide el tener la cautela prudente que de suyo aconseja el conocer la miseria y la malicia del humano linaje.

distraído por la vida de las ciudades, se cuida muy poco de lo que pasa en los campos? Bien podrá saberlo por habérselo oído a su padre; pero si esta última circunstancia falta, el testimonio es muy poco seguro. ¿Es un viajero que recorre de vez en cuando aquel país por negocios que nada tienen que ver con la agricultura? Su palabra merece poca fe, porque son escasos los medios que ha tenido para cerciorarse de lo que afirma; su proposición podrá ser echada a la ventura.

En una reunión se cuenta que el ingeniero N. acaba de idear una nueva máquina para tal o cual producto y que su invención lleva ventaja a cuantas se han conocido hasta ahora. El testigo es ocular. ¿Quién lo refiere? Es un caballero de la misma profesión, muy acreditado en ella, que ha viajado mucho para ponerse al nivel de los últimos adelantos en maquinaria, comisionado repetidas veces, ya por el Gobierno, ya por Sociedades de fabricantes, para comparar diferentes sistemas de construcción y elaboración: el juez es competente; no es fácil haya sido engañado por un charlatán cualquiera. El testigo es un fabricante que tiene invertidos grandes capitales en maquinaria y se propone invertir muchos más; posee algunos conocimientos en el ramo, pues que su interés propio le llama la atención hacia este punto, y cuenta con bastantes años de experiencia. El testimonio no es despreciable, ha perdido mucho de las cualidades del primero. No conoce por principios la mecánica, habrá visto algunos establecimientos, mas no los necesarios para poder comparar la invención con los demás sistemas conocidos; el maquinista sabía que las arcas no estaban vacías, tenía un interés en que se formase alto concepto de la invención; hay, pues, bastante peligro de que el mérito sea exagerado; hasta podrá ser muy mediano, y quizá nulo.

Una mujer de veracidad probada, pero de imaginación ardiente y viva, y además muy crédula en asuntos de carácter extraordinario y misterioso, refiere, con el tono de la mayor certeza y con el lenguaje y ademán de una impresión reciente, que en la noche anterior ha oído en su casa un ruido espantoso; que, habiéndose levantado, ha visto el resplandor de algunas luces en partes del edificio en las que no habita nadie, y que repetidas veces han resonado con toda claridad voces desconocidas, ya cual gemidos de dolor, ya cual aullidos de desesperación, ya cual aterradoras amenazas. La testigo habrá sido engañada. Es probable que, estando profundamente dormida, algún gato que andaría ocupado en sus ordinarias tareas de hurto o caza habrá derribado algún trasto con estrepitoso fracaso. La buena señora, que quizá conciliaría difícilmente el sueño, agitada por espectros y fantasmas, despierta al retumbante ruido; levántase, despavorida; corre presurosa de una a otra parte; ve en los aposentos desiertos alguna luz, por la sencilla razón de que nadie cuidó de cerrar las ventanas, y por ellas penetran los rayos de la Luna; por fin llegan a sus oídos las voces misteriosas, que no debieron de ser más que los silbidos del viento, los crujidos de alguna puerta mal segura y tal vez el remoto maúllo del malandrín, que, salido por la buhardilla, se va a trabar refriegas por la vecindad, sin pensar que sus maldades tienen en congojosa cuita a su dueña y bienhechora.

Así discurría un buen pensador, sin decidirse por esto a creer o dejar de creer, pero inclinándose algo más a lo segundo que a lo primero, cuando he aquí que llega a la reunión el marido de la señora espantada. Es hombre que frisa en los cincuenta, que ha tenido tiempo de perder el miedo en largos años de carrera militar, no escasea en conocimientos y, retirado ahora, vive entregado a sus negocios y a sus libros, dejando que su mujer delire a mansalva. La vista de los circunstantes se dirige, naturalmente, al recién llegado, y todos desean saber de su boca la impresión que le causara la medrosa aventura. «En verdad, señores —dice—, que no sé qué diablos teníamos esta noche en casa. Ocupado en despachar unos papeles que me corrían prisa no me había acostado todavía cuando he aquí que a eso de las doce oigo un estrépito tal que me creí que la casa se nos venía encima. Lo que es, gato no podía ser, porque era imposible que hiciese tal estrépito, y, además, esta mañana nada se ha encontrado ni dislocado ni roto. Eso de las luces yo no las he visto, pero que resonaron unas voces tan tremebundas que casi casi me habrían metido el miedo en el cuerpo es positivo. Veremos si la zambra se repite; yo me temo que se nos ha querido jugar una treta. Desearía sorprender a los actores representando su papel.» Desde entonces la cuestión cambia de aspecto; lo que antes era improbable ha pasado a ser creíble; el hecho será verdadero, solo falta aclarar su naturaleza.

§ III. Examen y aplicaciones de la segunda condición

Si conviene precaverse contra el engaño que inocentemente puede haber sufrido el narrador, no importa menos estar en guardia contra la falta de veracidad. Para este efecto será bien informarse de la opinión que en este punto disfruta la persona y, sobre todo, examinar si alguna pasión o interés la impelen a mentir. ¿Qué caso puede hacerse de quien pinta prodigiosos hechos de armas de los cuales espera grados, empleos y condecoraciones? Está bien claro el partido que tomará el especulador, si no está dominado por principios de rígida moral y caballerosa delicadeza. Así, quien refiere acontecimientos en cuya verdad o apariencia tiene grande interés, es testigo sospechoso; prestarle crédito sobre su palabra fuera proceder muy de ligero.

Cuando tratamos de calcular la probabilidad de un suceso que no sabemos sino por el testimonio de otros, es preciso atender simultáneamente a las dos condiciones explicadas: conocimiento y veracidad. Pero como en muchos casos a más del testimonio tenemos algunos datos para conjeturar sobre la probabilidad de lo que se nos cuenta, es necesario hacerlos entrar en combinación para decidirnos con menos peligro de errar. Por lo común, hay muchas cosas a que atender, en lo cual enseñarán más los ejemplos que las reglas.

Un general da parte de una brillante victoria que acaba de conseguir; el enemigo, por supuesto, era superior en fuerzas, ocupaba posiciones muy ventajosas, pero ha sido arrollado en todas direcciones y solo una precipitada fuga le ha librado de dejar en manos del vencedor numerosos prisioneros. La pérdida del general ha sido insignificante en comparación de la del enemigo; algunas compañías que, llevadas de su ardor, se habían adelantado en demasía, viéronse envueltas por cuadruplicadas fuerzas y tuvieron algunos momentos de conflicto; pero, merced a la bizarría de los jefes y acertadas disposiciones del general, pudiéronse replegar con el mayor orden, sin más resultado que extraviarse un reducido número de soldados.

¿Qué concepto formaremos de la acción? Para que se vea cuánta circunspección es necesaria si se desea acertar en los juicios, y con la mira de ofrecer ejemplos que sirvan de norma en otros casos, detallaremos las muchas circunstancias a que es preciso atender.

¿Es conocido el general? ¿Tiene reputación de veraz y modesto, o pasa plaza de fanfarrón? ¿Cuáles son sus dotes militares? ¿Qué subalternos le auxilian? ¿Sus tropas gozan fama de valor y disciplina? ¿Se han distinguido en otras acciones, o están desacreditadas por frecuentes derrotas? ¿Con qué enemigo ha tenido que habérselas? ¿Cuál era el objeto de la expedición del general? ¿Lo ha conseguido o no? En el parte hay una cláusula que dice: «Sé de positivo que la plaza N puede todavía sostenerse algunos días. Así no he creído necesario precipitar las operaciones, mayormente cuando la situación del soldado, rendido de hambre, y fatiga, reclamaba imperiosamente algún descanso. El convoy queda seguro en la ciudad M, adonde me he replegado, abandonando al enemigo unas posiciones que me eran inútiles y dejándole que se cebase en una porción de víveres que en el ardor de la refriega cayeron en su poder a causa de un desorden momentáneo que se debió al miedo de los bagajeros». El negocio presenta mal aspecto; a pesar de todos los rodeos, se conoce que el vencedor ha perdido una parte del convoy y no ha podido pasar con lo restante.

¿Qué trofeos nos presenta en testimonio de su victoria? No ha cogido prisioneros y él confiesa algunos extraviados; aquellas compañías demasiado adelantadas sufrieron algunos momentos de conflicto y fueron envueltas por fuerzas cuadruplicadas; todo esto significa que hubo en aquella parte un «sálvese quien pueda» y que el enemigo no dejó de hacer presa.

¿Cuáles son las noticias que vienen del lugar donde se ha replegado el general? Es probable que las cartas serán tristes y que traerán descripciones aflictivas sobre el desorden en que entró la tropa y la disminución del convoy.

¿Qué dicen los partidarios del enemigo? ¡Ah! Esto acaba de aclarar el misterio; se han echado las campanas a vuelo en el punto P y han entrado muchos prisioneros; los enemigos se han presentado orgullosos en presencia de la plaza sitiada, cuyos apuros son cada día mayores.

¿Qué está haciendo el general vencedor? Se mantiene en inacción y se añade que ha pedido refuerzos; la brillante victoria habrá sido, pues, una insigne derrota.

§ IV. Una observación sobre el interés en engañar

Casos hay en que por interesado que parezca el narrador en faltar a la verdad no es probable que lo haya hecho, porque, descubierta en breve la mentira, sin recurso para paliarla, se convertiría contra él de una manera ignominiosa.

La experiencia nos enseña que no hay que fiar de ciertas relaciones militares que no pueden ser contradichas luego con toda claridad y con presencia de datos positivos que produzcan evidencia. Las mayores o menores fuerzas del enemigo, el orden o la dispersión con que tal o cual parte de su ejército emprendió la retirada, el número de muertos o heridos, lo más o menos favorable de algunas posiciones, atendida la situación de los combatientes, lo más o menos intransitable de los caminos y otras cosas por este tenor, ¿cómo las puede aclarar bien el público? Cada cual refiere las cosas a su modo, según sus noticias, intereses o deseos, y los mismos que saben la verdad son quizá los primeros en oscurecerla haciendo circular las más insignes falsedades. Los que llegan a desembarazarse del enredo y a ver claro en el negocio o callan o se hallan impugnados por mil y mil a quienes importa sostener la ilusión, y la mancha que cae sobre los embaucadores nunca es tan ignominiosa que no consienta algún disfraz. Pero suponed que un general que está sitiando una plaza, y nada puede contra ella, tiene la imprudencia de enviar un pomposo parte al Gobierno, anunciándole que la ha tomado por asalto y están en su poder los restos de la guarnición que no han perecido en la refriega; a pocos días sabrá el Gobierno, sabrá el público, sabrá el mismo Ejército que el general ha mentido de una manera escanda- losa, y la burla y la afrenta que caerán sobre el impostor le harán pagar cara su gloria de momento.

De aquí es que en semejantes casos el buen sentido del público suele preguntar si el parte es oficial, y si lo es, por más que no haga caso de las circunstancias con que se procura realzar el hecho, no obstante, presta crédito a la existencia de él. Hasta es de notar que cuando en gravísimos apuros se miente de una manera escandalosa, con la mira de alentar por algunas horas más y dar lugar al tiempo, rara vez se inventa un parte nombrando personas; se apela a las fórmulas de «sabemos de positivo;

un testigo de vista acaba de referirnos», y otras semejantes; se suponen oficios recibidos que se imprimirán luego, se ordenan regocijos públicos, etc.; pero siempre se suele dejar un camino abierto para que la mentira no choque demasiado de frente con el buen sentido; se tiene cuidado en no comprometer el nombre de personas determinadas; en una palabra: hasta reinando la mayor desfachatez se guardan siempre algunas consideraciones a la conciencia pública.

Para dejar, pues, de prestar crédito a una no basta objetar que el narrador está interesado en faltar a la verdad; es necesario considerar si las circunstancias de la mentira son tan desgraciadas que poco después haya de ser descubierta en toda su desnudez, sin que le quede al engañador la excusa de que se había equivocado o lo habían mal informado. En estos casos por poca que sea la categoría de la persona, por poca estimación de sí misma que se le pueda suponer, mayormente cuando el asunto pasa en público es prudente darle crédito, si de esto no puede resultar ningún daño. Será dable salir engañado, pero la probabilidad está en contra, y en grado muy superior.

§ V. Dificultades para alcanzar la verdad en mediando mucha distancia de lugar o tiempo

Si es tan difícil encontrar, la verdad cuando los sucesos son contemporáneos y se realizan en no propio país, ¿qué diremos de lo que pasa a larga distancia de lugar o tiempo o de uno y otro? ¿Cómo será posible sacar en limpio la verdad de manera de viajeros o historiadores? Por más desconsolador que sea, es preciso confesarlo: quien haya observado de qué modo se abulta, y se exagera, y se disminuye, y se desfigura, y se trastorna de arriba abajo lo mismo que estamos viendo con nuestros ojos, ha de sentirse por necesidad muy descorazonado al abrir un libro de historia o de viajes o al leer los periódicos, particularmente los extranjeros.

Quien vive en el mismo tiempo y país de los acontecimientos tiene muchos medios para evitar el error: o ve las cosas por sí mismo o lee y oye muy diferentes relaciones que puede comparar entre sí, y como está en datos sobre los antecedentes de las personas y de las cosas, como trata continuamente con hombres de opuestos intereses y opiniones, como sigue de cerca el curso de la totalidad de los sucesos, no le es imposible, a fuerza de trabajos y discreción, el aclarar en algunos puntos la verdad. Pero ¿que será del desgraciado lector que mora allá en lejanos países y quizá a larga distancia de siglos y no tiene otro guía que el periódico u obra que, por casualidad, encuentra en un gabinete de lectura o en una biblioteca o que habrá adquirido por haber visto recomendados en alguna parte aquellos escritos u oído elogios de quien presumía entenderlos?

Tres son los conductos por los cuales solemos adquirir conocimiento de lo que pasa en tiempos y lugares distantes: los periódicos, las relaciones de los viajeros y las historias. Diré cuatro palabras sobre cada uno de ellos.[8]

---

8   Para convencerse de que no he exagerado al ponderar el peligro de ser inducidos en error por los narradores, basta considerar que, aun con respecto a países muy conocidos, la historia se está «rehaciendo» continuamente, y tal vez en este siglo más que en los anteriores. Todos los días se están publicando obras en que se enmiendan errores, verdaderos o imaginarios; pero lo cierto es que en muchos puntos gravísimos hay una completa discordancia en las opiniones. Esto no debe conducir al escepticismo, pero sí inspirar mucha cautela. La autoridad humana es una condición indispensable para el individuo y la sociedad, pero es preciso no fiarse demasiado en ella. Para engañarnos basta o mala fe o error. Desgraciadamente, estas cosas no son raras.

Capítulo IX. Los periódicos

§ I. Una ilusión

Creen algunos que, con respecto a los países donde está en vigor la libertad de imprenta, no es muy difícil encontrar la verdad, porque teniendo todo linaje de intereses y opiniones, algún periódico que les sirve de órgano, los unos desvanecen los errores de los otros, brotando del cotejo la luz de la verdad. «Entre todos lo saben todo y lo dicen todo; no se necesita más que paciencia en leer, cuidado en comparar, tino en discernir y prudencia en juzgar.» Así discurren algunos. Yo creo que esto es pura ilusión, y lo primero que asiento es que, ni con respecto a las personas ni a las cosas, los periódicos no lo dicen todo, ni con mucho, ni aun aquello que saben bien los redactores, hasta en los países más libres.

§ II. Los periódicos no lo dicen todo sobre las personas

Estamos presenciando a cada paso que los partidarios de lo que se llama una notabilidad la ensalzan con destemplados elogios, mientras sus adversarios la regalan a manos llenas los dictados de ignorante, estúpido, inhumano, sanguinario, tigre, traidor, monstruo y otras lindezas por este estilo. El saber, los talentos, la honradez, la amabilidad, la generosidad y otras cualidades que le atribuían al héroe los escritores de su devoción, quedan en verdad algo ajadas con los cumplimientos de sus enemigos; pero al fin, ¿qué sacáis en limpio de esta barahúnda? ¿Qué pensará el extranjero que ha de decidirse por uno de los extremos o adoptar un justo medio a manera de árbitro arbitrador? El resultado es andar a tientas y verse precisado o a suspender el juicio o a caer en crasos errores. La carrera pública del hombre en cuestión no siempre está señalada por actos bien caracterizados, y, además, lo que haya en ellos de bueno o malo no siempre es bien claro si debe atribuirse a él o a sus subalternos.

Lo curioso es que, a veces, entre tanta contienda, la opinión pública en ciertos círculos, y quizá en todo el país, está fijada sobre el personaje; de suerte que no parece sino que se miente de común acuerdo. En efecto; hablad con los hombres que no carecen de noticias, quizá con los mismos que le han declarado más cruda guerra: «Lo que es talento —oiréis— nadie se lo niega; sabe mucho y no tiene malas intenciones; pero ¿qué quiere usted?..., se ha metido en eso y es preciso desbancarle; yo soy el primero en respetarle como a persona privada, y ojalá que nos hubiese escuchado a nosotros; nos hubiera servido mucho y habría representado un papel brillante». ¿Veis a ese otro tan honrado, tan inteligente, tan activo y enérgico, que, al decir de ciertos periódicos, él, y solo él, puede apartar la patria del borde del abismo? Escuchad a los que le conocen de cerca y tal vez a sus más ardientes defensores: «Que es un infeliz ya lo sabemos; pero, al fin, es el hombre que nos conviene, y de alguien nos hemos de valer. Se le acusa de impuros manejos; esto ¿quién lo ignora? En el Banco A tiene puestos tales fondos, y ahora va a hacer otro tanto en el Banco B. En verdad que roba de una manera demasiado escandalosa; pero, mire usted, esto es ya tan común..., y, además, cuando le acusan nuestros adversarios no es menester que uno le deje en las astas del toro. ¿No sabe usted la historia de ese hombre? Pues yo le voy a contar a usted su vida y milagros...». Y se nos refieren sus aventuras, sus altos y bajos, y sus maldades o miserias, o necedades y desde entonces ya no padecéis ilusiones y juzgáis en adelante con seguridad y acierto.

Estas proporciones no las disfrutan por lo común los extranjeros, ni los nacionales que se contentan con la lectura de los periódicos, y así, creyendo que la comparación de los de opuestas opiniones les aclara suficientemente la verdad, se forman los más equivocados conceptos sobre los hombres y las cosas.

El temor de ser denunciados, de indisponerse con determinadas personas, el respeto debido a la vida privada, el decoro propio y otros motivos semejantes impiden a menudo a los periódicos el descender a ciertos pormenores y referir anécdotas que retratan al vivo al personaje a quien atacan, sucediendo a veces que con la misma exageración de los cargos, la destemplanza de las invectivas y la crueldad de las sátiras no le hacen, ni con mucho, el daño que se le podría hacer con la sencilla y sosegada exposición de algunos hechos particulares.

Los escritores distinguen casi siempre entre el hombre privado y el hombre público; esto es muy bueno en la mayor parte de los casos porque de otra suerte la polémica periodística, ya demasiado agria y descompuesta, se convirtiera bien pronto en un lodazal donde se revolverían inmundicias intolerables; pero esto no quita que la vida privada de un hombre, no sirva muy bien para conjeturar sobre su conducta en los destinos públicos. Quien en el trato ordinario no respeta la hacienda ajena, ¿creéis que procederá con pureza cuando maneje el erario de la nación? El hombre de mala fe, sin convicciones de ninguna clase, sin religión, sin moral, ¿creéis que será consecuente en los principios políticos que aparenta profesar, y que en sus palabras y promesas puede descansar tranquilo el Gobierno que se vale de sus servicios? El epicúreo por sistema que en su pueblo insultaba sin pudor el decoro público, siendo mal marido y mal padre, ¿creéis que renunciará a su libertinaje cuando se vea elevado a la magistratura y que de su corrupción y procacidad nada tendrán que temer la inocencia y la fortuna de los buenos, nada que esperar la insolencia y la injusticia de los malos? Y nada de esto dicen los periódicos, nada pueden decir, aunque les conste a los escritores sin ningún género de duda.

§ III. Los periódicos no lo dicen todo sobre las cosas
Hasta en política no es verdad que los periódicos lo digan todo. ¿Quién ignora cuánto distan, por lo común, las opiniones que se manifiestan en amistosa conversación de lo que se expresa por escrito? Cuando se escribe en público hay siempre algunas formalidades que cubrir y muchas consideraciones que guardar; no pocos dicen lo contrario de lo que piensan, y hasta los más rígidos en materia de veracidad se hallan a veces precisados, ya que no a decir lo que piensan, al menos a decir mucho menos de lo que piensan. Conviene no olvidar estas advertencias, si se quiere saber algo más en política de lo que anda por ese mundo como moneda falsa de muchos reconocida, pero recíprocamente aceptada, sin que por esto se equivoquen los inteligentes sobre su peso y ley.[9]

---

9   Es muy dudoso si el periodismo causará daño o provecho a la historia de lo presente; pero no puede negarse que multiplicará el número de los historiadores con la mayor circulación de documentos. Antes, para proporcionarse algunos de ellos era necesario recurrir a secretarías o archivos, mas ahora son pocos los que son tan reservados que ó desde luego o a la vuelta de algún tiempo no caigan en manos de un periódico; y por poco que valgan, pueden contar con infinitas reimpresiones en varias lenguas. Por manera que a ahora las colecciones de periódicos son excelentes memorias para escribir la historia. Esto

Capítulo X. Relaciones de viaje

§ I. Dos partes muy diferentes en las relaciones de viajes

En esta clase de escritos deben distinguirse dos partes: las descripciones de objetos que ha visto o escenas que ha presenciado el viajero y las demás noticias y observaciones de que llena su obra. Por lo tocante a lo primero, conviene recordar lo que se ha dicho sobre la veracidad, añadiéndose dos advertencias: 1.ª Que la desconfianza de la fidelidad de los cuadros debe guardar alguna proporción con la distancia del lugar de la escena, por aquello: «De luengas tierras, luengas mentiras». 2.ª Que los viajeros corren riesgo de exagerar, desfigurar y hasta fingir, haciendo formar ideas muy equivocadas sobre el país que describen por el vanidoso prurito de hacerse interesantes y de darse importancia contando peregrinas aventuras.

En cuanto a las demás noticias y observaciones no es dable reducir a reglas fijas el modo de distinguir la verdad del error, mayormente siendo imposible esta tarea en muchísimos casos. Pero será bien presentar reflexiones que llenen de algún modo el vacío de las reglas, inspirando prudente desconfianza y manteniendo en guardia a los inexpertos e incautos.

§ II. Origen y formación de algunas relaciones de viajes

¿Cómo se hacen la mayor parte de los viajes? Pasando no más que por los lugares más famosos, deteniéndose algún tanto los puntos principales y atravesando el país intermedio tan rápidamente como es posible, pues a ello instigan tres causas poderosas: ahorrar tiempo, economizar dinero y disminuir la molestia. Si el país es culto, con buenos caminos, con canales, ríos y costas de pronta navegación, el viajero salta de una capital a otra disparándose como una flecha; dormitando con el mecimiento del coche o de la nave y asomando la cabeza por la portezuela para recrearse con la vista de algún bello paisaje o paseándose sobre cubierta contemplando las orillas del río, cuya corriente le arrebata. Resulta de ahí que todo el país intermedio queda completamente desconocido, en cuanto concierne a ideas, religión, usos y costumbres. Algo ve sobre la calidad del terreno y los trajes de los

---

aumenta el número de los hechos en que se pueda fundar el historiador y de que puede aprovecharse con gran fruto con tal que no confunda el texto con el comentario.

moradores, porque ambos objetos se le ofrecen a los ojos; pero, hasta en estas cosas, si el viajero no es cauto y pretende hablar en general, podrá dar a sus lectores las noticias más falsas y extravagantes. Si de aquí a algunos años logramos navegar por el Ebro desde Zaragoza a Tortosa, el viajero que pintase el terreno y los trajes de Aragón y Cataluña ateniéndose a lo que hubiese visto en la ribera del río, por cierto que les proporcionaría a sus lectores copia desbaratada.

Ahora reflexione el aficionado a relaciones de viajes el caso que debe hacer de las detalladas noticias sobre un país de muchos millares de leguas cuadradas descrito por un viajero que le ha observado de la susodicha manera. «El que lo ha visto de cerca lo dice; así será, sin asomo de duda»; de esta suerte hablas, ¡oh crédulo lector!, pensando que en recoger aquellas noticias ha puesto tu guía gran trabajo y cuidado, pues yo te diré lo que podría muy bien haber sucedido, y otra vez no te dejarás engañar con tanta facilidad.

Llegado el viajero a la capital, tal vez con escaso conocimiento de la lengua, y quizá con ninguno, habrá andado atolondrado y confuso algunos días en el laberinto de calles y plazas, desplegando a menudo el plano de la ciudad, preguntando a cada esquina y saliendo del paso del mejor modo posible para encontrar la oficina de pasaportes, la casa de la Embajada y los sujetos para quienes lleva carta de recomendación. Este tiempo no es muy a propósito para observar, y si a ratos toma coche para librarse de cansancio y evitar extravío, tanto peor para los apuntes de su cartera; todo desfila a sus ojos con mucha rapidez; como linterna mágica, las ilusiones de los cuadros; recogerá muy gratas sensaciones pero no muchas noticias. Viene enseguida la visita de los principales edificios, monumentos, bellezas y preciosidades, cuyo índice encuentra en la guía; y o la capital no ha de ser de las mayores o se le han pasado muchos días en la expresada tarea. La estación se adelanta, es preciso todavía visitar otras ciudades, acudir a los baños, presenciar tal o cual escena en un punto lejano; el viajero ha de tomar la posta y correr a ejecutar en otra parte lo que acaba de practicar allí. A los pocos meses de su partida del suelo natal está ya de vuelta, y ordena durante el invierno sus apuntes, y en la primavera se halla de venta un abultado tomo sobre el viaje. Agricultura, artes, comercio, ciencia, política, ideas populares, religión, usos, costumbres, carácter, todo lo ha observado de cerca el afortunado viajero; en su libro se halla la estadística universal del país; creedle sobre su palabra y podréis ahorraros el trabajo de salir de vuestro gabinete sin que ignoréis los más pequeños y delicados pormenores.

¿Cómo ha podido adquirir tanta copia de noticias? Un Argos no bastara para ver y notar tanto en tan breve tiempo, y, además, ¿cómo habrá sabido lo que pasaba allí donde no ha estado, es decir, a centenares de leguas a derecha e izquierda de la carretera, canal o río por donde viajaba? Helo aquí. Cuando al dar los primeros rayos del Sol a la portezuela del coche se habrá despertado y bostezando, y desperezándose habrá echado una ojeada sobre el país, que no se parece ya a lo que era el de anoche cruzando y arreglando las piernas, con el caballero de enfrente habrá trabado quizá la siguiente conversación:

—¿Usted conoce el país éste?

—Un poco.

—El pueblo aquél, ¿cómo se llama?

—Si mal no recuerdo es N.

—¿Los principales productos del país?

—N.

—¿La industria?

—N.

—¿Carácter?

—Flemático como el postillón.

—¿Riqueza?

—Como judíos.

Entretanto llega el coche al parador; el de las respuestas se marcha quizá sin despedirse, y sus informes, que se ignora de quién sean, figurarán cual datos positivos entre los apuntes del observador, que tendrá la humorada de afirmar que cuenta lo que ha visto.

Pero como estos recursos no son suficientes, y dejarían muy incompleta la descripción, recogerá cuidadosamente los trajes extraños, los edificios irregulares, las danzas grotescas que se le hayan ofrecido al paso, y heos aquí un cuadro de costumbres generales que nada dejará que desear. Sin embargo, aun hay otra mina que explotará el viajero y de donde sacará tal vez el principal tesoro. En los periódicos y en las guías encontrará en crecido número las noticias que ha menester para formar su estadística; con los datos que de allí saque, puestos en orden diferente, intercalando alguna cosa de lo que ha visto u oído o conjeturado, resultará un todo, que se hará circular como fruto de los trabajos investigadores del viajero y en sustancia no será más, en su mayor parte, que cuentos de un cualquiera y traducciones y plagios de periódicos y obras.

Para que no se extrañe la severidad con que trato a los autores de viajes, sin que por esto me proponga rebajar el mérito dondequiera que se halle, bastará recordar las necedades y disparates que han publicado algunos extranjeros que han viajado por España. Lo que a nosotros nos ha sucedido puede muy bien acontecer a otros pueblos, saliendo bien o mal parados, aplaudidos con exageración o criticados con injusticia, según el humor, las ideas y otras cualidades del ligero pintor que se empeñaba en sacar copia de originales que no había visto.

§ III. Modo de estudiar un país

La razón y la experiencia enseñan que para formar cabal concepto de una pequeña comarca y poderla describir tal como es, desde el aspecto material y el moral, es necesario estar familiarizado con la lengua, pasar allí larga temporada, abundar de relaciones, estar en trato continuo, sin cansarse de preguntar y observar. No creo que haya otro medio de adquirir noticias exactas y formar acertado juicio; lo demás es andarse en generalidades y llenar la cabeza de errores e inexactitudes. Hasta que se estudien los países de esta manera, hasta que se forme de esta suerte su estadística material y moral, no serán bien conocidos. Estarán pintados en los libros, como en los mapas muy pequeños que nos ofrecen a la vista dilatadas regiones: todo está cubierto de nombres, y de círculos, y de crucecitas, y de cordilleras de montañas, y de corrientes de ríos; pero medid con el compás las distancias y andaos por el mundo sin otra regla; a menudo creeréis estar muy cerca de una ciudad, de un río, de un monte que distan, sin embargo, nada menos que cien leguas.

En suma: ¿queréis adquirir noticias exactas sobre un país y formar de su estado concepto verdadero y cabal? Estudiadlo de la manera sobredicha o leed a quien hubiese estudiado de esta suerte: Y si no tuviereis proporción para ello, contentaos con cuatro cosas generales, que os sacarán airoso de una conversación con vuestros iguales en aquella clase de conocimientos; pero guardaos de asentar sobre estos datos un sistema filosófico, político o económico, y andad con tiento en lucir vuestra ciencia si os encontrarais con algún natural del país y no queréis exponeros a ser objeto de risa.[10]

---

10 Al leer algún libro de viajes no debemos buscar el capítulo de países lejanos, sino de aquellos cuyos pormenores nos sean muy conocidos; esto proporciona el juzgar con acierto de la obra y a veces no escasa diversión. Entonces se palpa la ligereza con que se escriben ciertos viajes. Una población que tenía yo bien conocida, y cuyos alrededores, secos y pedregosos, había recorrido no pocas veces, la he visto en un libro de viajes cercada como por encanto de jardines y arroyos; y a otra en que se habla de las aguas de un río no lejano, como de un bello sueño que algún día se pudiera realizar, la he visto también en otro libro regalada ya con la ejecución del hermoso proyecto, o, mejor diré, sin necesidad de él, pues que el cauce del río estaba junto a sus murallas.

Capítulo XI. Historia

§ I. Medio para ahorrar tiempo, ayudar la memoria y evitar errores en los estudios históricos

El estudio de la Historia es no solo útil, sino también necesario. Los más escépticos no le descuidan, porque aun cuando no le admitiesen como propio para conocer la verdad, al menos no le desdeñarían como indispensable ornamento. Además que la duda, llevada a su mayor exageración, no puede destruir un número considerable de hechos que es preciso dar por ciertos si no queremos luchar con el sentido común.

Así, uno de los primeros cuidados que deben tenerse en esta clase de estudios es distinguir lo que hay en ellos de absolutamente cierto. De esta manera se encomienda a la memoria lo que no admite sombra de duda, y queda luego desembarazado el lector para andar clasificando lo que no llega a tan alto grado de certeza, o es solamente probable, o tiene muchos visos de falso.

¿Quién dudará que existieron en Oriente grandes imperios; que los griegos fueron pueblos muy adelantados en civilización y cultura; que Alejandro hizo grandes conquistas en el Asia; que los romanos llegaron a ser dueños de una gran parte del mundo conocido; que tuvieron por rival a la república de Cartago; que el imperio de los señores del mundo fue derribado por una irrupción de bárbaros venidos del Norte; que los musulmanes se apoderaron del África septentrional, destruyeron en España el reino de los godos y amenazaron otras regiones de Europa; que en los siglos medios existió el sistema del feudalismo, y mil y mil otros acontecimientos, ya antiguos, ya modernos, de los cuales estamos tan seguros como de que existen Londres y París?

§ II. Distinción entre el fondo del hecho y sus circunstancias. Aplicaciones

Pero admitidos como indudables cierta clase de hechos, queda anchuroso campo para disputar sobre otros y desecharlos o darles crédito, y hasta con respecto a los que no consienten ningún género de duda, pueden espaciarse la erudición, la crítica y la filosofía de la Historia en el examen y juicio de las circunstancias con que los historiadores los acompañan. Es incuestionable que existieron las guerras llamadas púnicas, que en ellas Cartago y Roma se disputaron el imperio del Mediterráneo, de las costas de África, España e Italia, y que al fin salió triunfante la patria de los Escipiones, venciendo a Aníbal y destruyendo la capital enemiga; pero las circunstancias de aquellas guerras, ¿fueron tales como nosotros las conocemos? En el retrato que se nos hace del carácter cartaginés en el señalamiento de las causas que provocaron los rompimientos, en la narración de las batallas, de las negociaciones y otros puntos semejantes, ¿sería posible que hubiésemos sido engañados? Los historiadores romanos de quienes hemos recibido la mayor parte de las noticias, ¿no habrán mezclado mucho de favorable a su nación y de contrario a la rival? Aquí entra la duda, aquí el discernimiento; aquí entra ora el admitir con recelo y desconfianza, ora el desechar sin reparo, ora el suspender con mucha frecuencia el juicio.

¿Qué sería de la verdad a los ojos de las generaciones venideras si, por ejemplo, la historia de las luchas entre dos naciones modernas quedase únicamente escrita por los autores de una de las dos rivales? Y esto, sin embargo, lo han publicado los unos en presencia de los otros, corrigiéndose y desmintiéndose recíprocamente, y los acontecimientos se verificaron en épocas en que abundaban ya medios de comunicación y en que era mucho más difícil sostener falsedades de bulto. ¿Qué será, pues, viniéndonos las narraciones por un conducto solo, y tan sospechoso por interesado, y tratándose de tiempos tan distantes, de comunicaciones tan escasas y en que no se conocían los medios de publicidad que han disfrutado los modernos?

Mucho se deberá desconfiar también de los griegos cuando nos refieren sus gigantescas hazañas, las matanzas de innumerables persas, sus rasgos de patriotismo heroico y cien cosas por este tenor. La fe ciega, el entusiasmo sin límites, la admiración por aquel pueblo de increíbles hazañas, allá se queda para los sencillos; que quien conoce el corazón del hombre, quien ha visto con sus propios ojos tanto exagerar, desfigurar y mentir, dice para sí: «El negocio debió de ser grave y ruidoso; parece que, en efecto, no se portaron mal esos griegos; pero en cuanto a saber el respectivo número de combatientes y otros pormenores, suspendo el juicio hasta que hayan resucitado los persas y los oiga pintar a su modo los acontecimientos y circunstancias».

Esta regla de prudencia es susceptible de infinitas aplicaciones a lo antiguo y moderno. El lector que de ella se penetre, y no la olvide al leer la Historia, dé por seguro que se ahorrará muchísimos errores, y, sobre todo, no desperdiciará tiempo y trabajo en recordar si fueron sesenta o setenta mil los que murieron en tal o cual refriega, y si los pobres que anduvieron de vencida, y no pueden desmentir al cronista, eran en número cuadruplicado o quintuplicado, para su mayor ignominia y afrenta.

§ III. Algunas reglas para el estudio de la Historia

Como la Historia no entra en esta obrita sino como uno de tantos objetos que no deben pasarse por alto cuando se trata de la investigación de la verdad, fuera inoportuno extenderse demasiado en señalar reglas para su estudio; esto, por sí solo, reclamaría un libro de no pequeño volumen, y no conviene gastar un espacio que bien se ha menester para otras cocas. Así, me limitaré a prescribir lo menos que pueda y con la mayor brevedad que alcance.

Regla 1.ª

Conforme a lo establecido más arriba (Cap. VIII), es preciso atender a los medios que tuvo a mano el historiador para encontrar la verdad y las probabilidades de que sea veraz o no.

Regla 2.ª

En igualdad de circunstancias, es preferible el testigo ocular.

Por más autorizados que sean los conductos, siempre son algo peligrosos; las narraciones que pasan por muchos intermedios suelen ser como los líquidos, los que siempre se llevan algo del canal por donde corren. Desgraciadamente, abundan mucho en los canales la malicia y el error.

Regla 3.ª

Entre los testigos oculares es preferible, en igualdad de circunstancias, el que no tomó parte en el suceso y no ganó ni perdió con él. (V. Cap. VIII.)

Por más crédito que se merezca César cuando nos refiere sus hazañas, claro es que a sus enemigos no los había de pintar pocos y cobardes, ni describirnos sus empresas como demasiado asequibles. Los prodigios de Aníbal, contados por sus enemigos, valen, por cierto, algo más.

¿Cómo vemos narradas las revoluciones modernas? Según las opiniones e intereses del escritor. Un hombre de aventajado talento ha dado a luz una historia del levantamiento y revolución de España en la época de 1808; y, sin embargo, al tratar de las Cortes de Cádiz al través del lenguaje anticuado y del tono grave y sesudo, bien se trasluce el joven y fogoso diputado de las Constituyentes.

Regla 4.ª

El historiador contemporáneo es preferible; teniendo, empero, el cuidado de cotejarle con otro de opiniones e intereses diferentes, y de separar en ambos el hecho narrado de las causas que se le señalan, resultados que se le atribuyen y juicio de los escritores.

Por lo común, hay en los acontecimientos algo que descuella y se presenta a los ojos demasiado de bulto para que pueda negarlo la parcialidad del historiador. En tal caso exagera o disminuye, echa mano de colores halagüeños o repugnantes, busca explicaciones favorables apelando a causas imaginarias y señalando efectos soñados; pero el hecho está allí, y los esfuerzos del escritor apasionado o de mala fe no hacen más que llamar la atención del avisado lector para que fije la vista con atención en lo que hay, y no vea ni más ni menos de lo que hay.

Los informadores apasionados de Napoleón hablarán a la posteridad del fanatismo y crueldad de la nación española, pintándola como un pueblo estúpido que no quiso ser feliz; referirán los mil motivos que tuvo el gran Capitán para entrometerse en los negocios de la Península, y señalarán un millón de causas para explicar lo poco satisfactorio de los resultados. Por supuesto que llegarán a concluir que por esto no se empañan en lo más mínimo las glorias del héroe. Pero el lector juicioso y discreto descubrirá la verdad, a pesar de todos los amaños para oscurecerla. El historiador no habrá podido menos de confesar, a su modo y con mil rodeos, que Napoleón, antes de comenzar la lucha, y mientras las fuerzas del Marqués de la Romana le auxiliaban en el Norte, introdujo en España, con palabras de amistad, un numeroso ejército, y se apoderó de las principales ciudades y fortalezas, incluso la capital del reino; que colocó en el trono a su hermano José, y que, al fin,

José y su ejército, después de seis años de lucha, se vieron precisados a repasar la frontera. Esto no lo habrá negado el historiador; pues bien, esto basta; píntense los pormenores como se quiera, la verdad quedará en su lugar. He aquí lo que dirá el sensato lector: «Tú, historiador parcial, defiendes admirablemente la reputación y buen nombre de tu héroe; pero resulta de tu misma narración que él ocupó el país, protestando amistad; que invadió sin título; que atacó a quien le ayudaba; que se valió de traición para llevarse al rey; que peleó durante seis años sin ningún provecho. De una parte estaba, pues, la buena fe del aliado, la lealtad del vasallo y el arrojo y la constancia del guerrero; de otra podían estar la pericia y el valor, pero a su lado resaltan la mala fe, la usurpación y la esterilidad de una dilatada guerra. Hubo, pues, yerro y perfidia en la concepción de la empresa, maldad en la ejecución, razón y heroísmo en la resistencia».

Regla 5.ª

Los anónimos merecen poca confianza.

El autor habrá tal vez callado su nombre por modestia o por humildad; pero el público, que lo ignora, no está obligado a prestar crédito a quien le habla con un velo en la cara. Si uno de los frenos más poderosos, cual es el temor de perder la buena reputación, no es todavía bastante para mantener a los hombres en los límites de la verdad, ¿cómo podremos fiarnos de quien carece de él?

Regla 6.ª

Antes de leer una historia es muy importante leer la vida del historiador.

Casi me atrevería a decir que esta regla, por lo común tan descuidada, es de las que deben ocupar el lugar más distinguido. En cierto modo se halla contenida en lo que llevo dicho más arriba (Cap. VIII), pero no será inútil haberla establecido por separado, siquiera para tener ocasión de ilustrarla con algunas observaciones.

Claro es que no podemos saber qué medios tuvo el historiador para adquirir el conocimiento de lo que narra, ni el concepto que debemos formar de su veracidad si no sabemos quién era, cuál fue su conducta y demás circunstancias de su vida. En el lugar en que escribió el historiador, en las formas políticas de su patria, en el espíritu de su época, en la naturaleza de ciertos acontecimientos y, no pocas veces, en la particular posición del escritor se encuentra quizá la clave para explicar sus declamaciones sobre tal punto, su silencio o reserva sobre tal otro, por qué pasó sobre este hecho con pincel ligero, por qué cargó la mano sobre aquél.

Un historiador del revuelto tiempo de la Liga no escribía de la misma suerte que otro del reinado de Luis XIV; y trasladándonos a épocas más cercanas, las de la Revolución, de Napoleón, de la Restauración y de la dinastía de Orleáns, han debido inspirar al escritor estilo y lenguaje. Cuando andaban animadas las contiendas entre los papas y los príncipes, no era, por cierto, lo mismo publicar una memoria sobre ellas en Roma, París, Madrid o Lisboa. Si sabéis dónde salió a luz el libro que tenéis en la mano, os haréis cargo de la situación del escritor, y así supliréis aquí, cercenaréis allá; en una parte descifraréis una palabra oscura, en otra comprenderéis un circunloquio; en esta página apreciaréis en su justo valor una protesta, un elogio, una restricción; en aquélla adivinaréis el blanco de una confesión, de una censura, o señalaréis el verdadero sentido a una proposición demasiado atrevida.

Pocos son los hombres que se sobreponen completamente a las circunstancias que los rodean; pocos son los que arrostran un gran peligro por la sola causa de la verdad; pocos son los que en situaciones críticas no buscan una transacción entre sus intereses y su conciencia. En atravesándose riesgos de mucha gravedad, el mantenerse fiel a la virtud es heroísmo, y el heroísmo es cosa rara.

Además, que no siempre puede decirse que haya obrado mal un escritor por haberse atemperado a las circunstancias, si no ha vulnerado los derechos de la justicia y de la verdad. Casos hay en que el silencio es prudente y hasta obligatorio, y, por lo mismo, bien se puede perdonar a un escritor el que no haya dicho todo lo que pensaba con tal que no ha dicho nada contra lo que pensaba. Por más profundas que fuesen las convicciones de Belarmino sobre la potestad indirecta, ¿habríais exigido de él que se expresase en París de la misma suerte que en Roma? Esto hubiera equivalido a decirle: «Hablad de manera que, tan pronto como el Parlamento tenga noticias de vuestra obra, sean recogidos los ejemplares a mano armada, quemado quizá uno de ellos por la mano del verdugo y vos expulsado de Francia o encerrado en un calabozo». El conocimiento de la posición particular del escritor, de su conducta, moralidad, carácter y hasta de su educación ilustran muchísimo al lector de sus obras. Para formar juicio de las palabras de Lutero sobre el celibato servirá no poco el saber que quien habla es un fraile apóstata, casado con Catalina de Boré; y quien haya tenido paciencia bastante para ruborizarse veces hojeando las impudentes Confesiones de Rousseau, será bien poco accesible a ilusiones cuando el filósofo de Ginebra le hable de filantropía y de moral.

Regla 7.ª

Las obras póstumas publicadas por manos desconocidas o poco seguras son sospechosas de apócrifas o alteradas.

La autoridad de un ilustre difunto poco sirve en semejantes casos; no es él quien nos habla, sino el editor, bien seguro de que el interesado no le podrá desmentir.

Regla 8.ª

Historias fundadas en memorias secretas y papeles inéditos, publicaciones de manuscritos en que el editor asegura no haber hecho más que introducir orden, limar frases o aclarar algunos pasajes no merecen más crédito que el debido a quien sale responsable de la obra.

Regla 9.ª

Relaciones de negociaciones ocultas, de secretos de Estado, anécdotas picantes sobre la vida privada de personajes célebres, sobre tenebrosas intrigas y otros asuntos de esta clase han de recibirse con extrema desconfianza.

Si difícilmente podemos aclarar la verdad de lo que pasa a la luz del Sol y a la faz del universo, poco debemos prometernos tocante a lo que sucede en las sombras de la noche y en las entrañas de la tierra.

Regla 10.ª

En tratándose de pueblos antiguos o muy remotos es preciso dar poco crédito a cuanto se nos refiera sobre riquezas del país, número de moradores, tesoros de monarcas, ideas religiosas y costumbres domésticas.

La razón es clara: todos estos puntos son difíciles de averiguar; es necesario mucho tiempo de residencia, perfecto conocimiento de la lengua, intoligencia en ramos de suyo muy difíciles y complicados, medios de adquirir noticias exactas sobre objetos ocultos que brindan a la exageración, y en que por parte de los mismos naturales hay a veces mucha ignorancia, y hasta sabiéndolo tienen mil y mil motivos para aumentar o disminuir. Finalmente, en lo que toca a costumbres domésticas, no se alcanza su exacto conocimiento si no se puede penetrar en lo interior de las familias, viéndolas cómo hablan y obran en la efusión y libertad de sus hogares.[11]

11 He manifestado mucha desconfianza de las obras Póstumas, sobre todo si el autor no ha podido darles la última mano, dejándolas a persona de muy segura entereza y que no haya de hacer más que publicarlas. Entre los muchos ejemplos que se pudieran citar, en que la falsificación ha sido probada o en que se ha sospechado no sin fuertes indicios, recordaré un hecho gravísimo, cual es lo que está sucediendo en Francia con respecto a una obra muy importante: Los pensamientos de Pascal. En el espacio de dos siglos se han publicado numerosas ediciones de esta obra y ha sido traducida en diferentes lenguas, y todavía en 1845 están disputando M. Cousin y M. Faugère sobre pasajes de gran trascendencia. M. Cousin pretendía haber restablecido el verdadero Pascal, haciendo desaparecer las enmiendas introducidas en la obra por la mano de Port-Royal, y ahora M. Faugère ha dado a luz otra edición, de la cual resulta que solo él ha consultado el escrito autógrafo, y que M. Cousin, el mismo M. Cousin, se había limitado, por lo general, a las copias. Fiaos de editores.

Capítulo XII. Consideraciones generales sobre el modo de conocer la naturaleza, propiedades y relaciones de los seres

§ I. Una clasificación de las ciencias

Conocidas las reglas que pueden guiarnos para conocer la existencia de un objeto, fáltanos averiguar cuáles son las que podrán sernos útiles al investigar la naturaleza, propiedades y relaciones de los seres. Estos, o pertenecen al orden de la Naturaleza, comprendiendo en él todo cuanto está sometido a las leyes necesarias de la Creación, a los que apellidaremos naturales, o al orden moral, y los nombraremos morales, o al orden de la sociedad humana, que llamaremos históricos o más propiamente sociales, o al de una providencia extraordinaria, que designaremos con el título de religiosos.

No insistiré sobre la exactitud de esta división; confesaré sin dificultad que en rigor dialéctico se le pueden hacer algunas objeciones; pero es innegable que está fundada en la misma naturaleza de las cosas y en el modo con que el entendimiento humano suele distinguir los principales puntos de vista. Sin embargo, para manifestar con mayor claridad la razón en que se apoya, he aquí presentada en pocas palabras, la filiación de las ideas.

Dios ha criado el universo y cuanto hay en él, sometiéndole a las leyes constantes y necesarias; de aquí el orden natural. Su estudio podría llamarse filosofía natural.

Dios ha criado al hombre, dotándole de razón y de libertad de albedrío, pero sujeto a ciertas leyes, y que no le fuerzan, mas le obligan; he aquí el orden moral y el objeto de la filosofía moral.

El hombre en sociedad ha dado origen a una serie de hechos y acontecimientos; he aquí el orden social. Su estudio podría llamarse filosofía social o, si se quiere, filosofía de la Historia.

Dios no está ligado por las leyes que Él mismo ha escrito a las hechuras de sus manos; por consiguiente, puede obrar sobre y contra esas leyes, y así es dable que existan una serie de hechos y revelaciones de un orden superior al natural y social; de aquí el estudio de la religión o filosofía religiosa.

Dada la existencia de un objeto, pertenece a la filosofía el desentrañarle, apreciarle y juzgarle, ya que en la aceptación común esta palabra filósofo

80

significa el que se ocupa en la investigación de la Naturaleza, propiedades y relaciones de los seres.

§ II. Prudencia científica y observaciones para alcanzarla

En el buen orden del pensamiento filosófico entra una gran parte de la prudencia, muy semejante a la que preside a la conducta práctica. Esta prudencia es de muy difícil adquisición; es también el costoso fruto de amargos y repetidos desengaños. Como quiera, será bueno tener a la vista algunas observaciones que pueden contribuir a engendrarla en el espíritu.

Observación 1.ª

La íntima naturaleza de las cocas nos es, por lo común, muy desconocida; sobre ella sabemos poco e imperfecto.

Conviene no echar nunca en olvido esta importantísima verdad. Ella nos enseñará la necesidad de un trabajo muy asiduo cuando nos propongamos descubrir y examinar la naturaleza de un objeto, dado que lo muy oculto y abstruso no se comprende con aplicación liviana. Ella nos inspirará prudente desconfianza en el resultado de nuestras investigaciones, no permitiéndonos que con precipitación nos lisonjeemos de haber encontrado lo que buscamos. Ella nos preservará de aquella irreflexiva curiosidad que nos empeña en penetrar objetos cerrados con sello inviolable.

Verdad poco lisonjera a nuestro orgullo, pero indudable, certísima a los ojos de quien haya meditado sobre la ciencia del hombre. El Autor de la Naturaleza nos ha dado el suficiente conocimiento para acudir a nuestras necesidades físicas y morales, otorgándonos el de las aplicaciones y usos que para este efecto pueden tener los objetos que nos rodean; pero se ha complacido, al parecer, en ocultar lo demás como si hubiese querido ejercitar el humano ingenio durante nuestra mansión en la tierra y sorprender agradablemente al espíritu al llevarle a las regiones que le aguardan más allá del sepulcro, desplegando a nuestros ojos el inefable espectáculo de la Naturaleza sin velo.

Conocemos muchas propiedades y aplicaciones de la luz, pero ignoramos su esencia; conocemos el modo de dirigir y fomentar la vegetación, pero sabemos muy poco sobre sus arcanos; conocemos el modo de servirnos de nuestros sentidos, de conservarlos y ayudarlos, pero se nos ocultan los misterios de la sensación; conocemos lo que es saludable o nocivo a nuestro cuerpo, pero en la mayor parte de los casos nada sabemos sobre la manera particular con que nos aprovecha o daña. ¿Qué más? Calculamos, continuamente el tiempo, y la metafísica no ha podido aclarar bien lo que es el tiempo; existe la geometría, y llevada a un grado de admirable perfección, y su idea fundamental, la extensión, está todavía sin comprender. Todos moramos en el espacio, todo el universo está en él, le sujetamos a riguroso cálculo y medida, y la metafísica ni la ideología no han podido decirnos aún en qué consiste; si es algo distinto de los cuerpos, si es solamente una idea, si tiene naturaleza propia, no sabemos si es un ser o nada. Pensamos, y no comprendemos lo que es el pensamiento; bullen en nuestro espíritu las ideas, e ignoramos lo que es una idea; nuestra cabeza es un magnífico teatro donde se representa el universo con todo su esplendor, variedad y hermosura; donde una fuerza incomprensible crea a nuestro capricho mundos fantásticos, ora bellos, ora sublimes, ora extravagantes; y no sabemos lo que es la imaginación, ni lo que son aquellas prodigiosas escenas, ni cómo aparecen o desaparecen.

¡Qué conciencia más viva no tenemos de esa inmensa muchedumbre de afecciones que apellidamos sentimientos! Y, sin embargo, ¿qué es el sentimiento? El que ama siente el amor, pero no le conoce; el filósofo que se ocupa en el examen de esta afección señala quizá su origen, indica su tendencia y su fin, da reglas para su dirección; pero en cuanto a la íntima naturaleza del amor, se halla en la misma ignorancia que el vulgo. Son los sentimientos como un fluido misterioso que circula por conductos cuyo interior es impenetrable. Por la parte exterior se conocen algunos efectos; en algunos casos se sabe de dónde viene y adónde va, y no se ignora el modo de aminorar su velocidad o cambiar su dirección; pero el ojo no puede penetrar en la oscura cavidad; el agente queda desconocido.

Nuestro propio cuerpo, ni todos cuantos nos rodean, ¿sabemos, por ventura, lo que son? Hasta ahora, ¿ha habido algún filósofo que haya podido explicarnos lo que es un cuerpo? Y, sin embargo, estamos continuamente en medio de cuerpos, y nos servimos continuamente de ellos, y conocemos muchas de sus propiedades y de las leyes a que están sometidos, y un cuerpo forma parte de nuestra naturaleza.

Estas consideraciones no deben perderse nunca de vista, cuando se nos ofrece examinar la íntima naturaleza de una cosa, para fijar los principios constitutivos de su esencia. Seamos, pues, diligentes en investigar, pero muy mesurados en definir. Si no llevamos estas cualidades a un alto grado de escrupulosidad, nos acontecerá con frecuencia el sustituir a la realidad las combinaciones de nuestra mente.

Observación 2.ª

Así como en matemáticas hay dos maneras de resolver un problema, una acertando en la verdadera resolución, otra manifestando que la resolución es imposible, así acontece en todo linaje de cuestiones; muchas hay cuya mejor resolución es manifestar que para nosotros son insolubles. Y no se crea que esto último carezca de mérito y que sea fácil el discernimiento entre lo asequible y lo inasequible; quien es capaz de ello, señal es que conoce a fondo la materia de que se trata y que se ha ocupado con detenimiento en el examen de sus principales cuestiones.

Es mucho el tiempo que se ahorra en habiendo adquirido este precioso discernimiento, pues, en ofreciéndose el caso, como que se adivina desde luego si hay o no los datos suficientes para llegar a un resultado satisfactorio.

El conocimiento de la imposibilidad de resolver es muchas veces más bien histórico y experimental que científico; es decir, que un hombre instruido y experimentado conoce que una solución es imposible, o que raya en ello a causa de su extrema dificultad, no porque pueda demostrarlo, sino porque la historia de los esfuerzos que han hecho otros, y quizá de los propios, le manifiesta la impotencia del entendimiento humano con relación al objeto. A veces la misma naturaleza de las cosas sobre las cuales se suscita la cuestión indica la imposibilidad de resolverla. Para esto es necesario abarcar de una ojeada los datos que se han menester, conociendo la falta de los que no existen.

Observación 3.ª

Como los seres se diferencian mucho entre sí en naturaleza, propiedades y relaciones, el modo de mirarlos y el método de pensar sobre ellos han de ser también muy diferentes.

Imagínanse algunos que en sabiendo pensar sobre una clase de objetos está ya trillado el camino para lograr lo mismo con respecto a todos, bastando para ello dirigir la atención a lo que se quiere estudiar de nuevo. De aquí es que se oye en boca de muchos, y se lee también en uno que otro autor, la insigne falsedad de que la mejor lógica son las matemáticas, porque acostumbran a pensar en todas materias con rigor y exactitud.

Para desvanecer esta equivocación basta observar que los objetos que se ofrecen a nuestro espíritu de órdenes muy diferentes; que los medios de que disponemos para alcanzarlos nada tienen de parecido; que las relaciones que con nosotros los unen son desemejantes, y que, en fin, la experiencia está enseñando todos los días que un hombre dedicado a dos clases de estudios resulta sobresaliente, en la una y quizá muy mediano en la otra; que en aquélla piensa con admirable penetración y discernimiento, mientras en ésta no se eleva sobre miserables vulgaridades.

Hay verdades matemáticas, verdades físicas, verdades ideológicas, verdades metafísicas; las hay morales, religiosas, políticas; las hay literarias e históricas; las hay de razón pura y otras en que se mezclan por necesidad la imaginación y el sentimiento; las hay meramente especulativas, y las hay que por necesidad se refieren a la práctica; las hay que solo se conocen por raciocinio; las hay que se ven por intuición y las hay de que solo nos informamos por la experiencia; en fin, son tan variadas las clases en que podrían distribuirse, que fuera difícil reducirlas a guarismos.

§ III. Los sabios resucitados

El lector palpará el fundamento de lo que acabo de exponer, y se desentenderá en adelante de las frívolas objeciones que pudiera presentar el espíritu de sutileza y cavilación, asistiendo a la escena que voy a ofrecerle, en la cual encontrará retratada al vivo la naturaleza de las cosas, y explicada y demostrada a un mismo tiempo la importante verdad que deseo inculcarle.

Ya supongo reunidos en un vasto establecimiento un gran número de hombres célebres, los que, resucitados tal como eran en vida, con los mismos talentos e inclinaciones, pasan algunos días encerrados allí, bien que con amplia libertad de ocuparse cada cual en lo que fuere de su agrado. La mansión está preparada como tales huéspedes se merecen; un riquísimo archivo, una inmensa biblioteca, un museo donde se hallan reunidas las mayores maravillas de la naturaleza y del arte; espaciosos jardines adornados con todo linaje de plantas; largas hileras de jaulas donde rugen, braman, aúllan, silban se revuelven, se agitan todos los animales de Europa, Asia, África y América. Allí están Gonzalo de Córdoba, Cisneros, Richelieu, Cristóbal Colón, Hernán Cortés, Napoleón, Tasso, Milton, Boileau, Corneille, Racine, Lope de Vega, Calderón, Molière, Bossuet, Massillon, Bourdaloue, Descartes, Malebranche, Erasmo, Luis Vives, Mabillon, Vieta, Fermat, Bacon, Keplero, Galileo, Pascal, Newton, Leibnitz, Miguel Ángel, Rafael, Linneo, Buffon y otros que han transmitido a la posteridad su nombre inmortal.

Dejadlos hasta que se hayan hecho cargo de la distribución de las piezas y cada cual haya podido entregarse a los impulsos de su inclinación favorita. El gran Gonzalo leerá con preferencia las hazañas de Escipión en España, desbaratando a sus enemigos con su estrategia, aterrándolos con su valor y atrayéndose el ánimo de los naturales con su gallarda apostura y conducta generosa. Napoleón se ocupará en el paso de los Alpes por Aníbal, en las batallas de Cannas y Trasimeno; se indignará al ver a César vacilante a la orilla del Rubicón; golpeará la mesa con entusiasmo al mirarle cuál marcha sobre Roma, vence en Farsalia, sojuzga al África y se reviste de la dictadura. Tasso y Milton tendrán en sus manos la Biblia, Homero y Virgilio; Corneille y Racine, a Sófocles y Eurípides; Molière, a Aristófanes, Lope de Vega y Calderón; Boileau, a Horacio; Bossuet, Massillon y Bourdaloue, a San Juan Crisóstomo, San Agustín, San Bernardo; mientras Erasmo, Luis Vives y Mabillon estarán revolviendo el archivo, andando a caza de polvorientos manuscritos para completar un texto truncado, aclarar una frase dudosa, enmendar una expresión incorrecta o resolver un punto de crítica. Entretanto, sus ilustres compañeros se habrán acomodado conforme a su gusto respectivo. Quién estará con el telescopio en la mano, quién con el microscopio, quién con otros instrumentos; al paso que algunos, inclinados sobre un papel cubierto de signos, letras y figuras geométricas, estarán absortos en la resolución de los problemas más abstrusos. No estarán ociosos los maquinistas, ni los artistas, ni los naturalistas; y bien se deja entender, que encontraremos a Buffon junto a las verjas de una jaula, a Linneo en el jardín, a Whatt examinando los modelos de maquinaria y a Rafael y a Miguel Ángel en las galerías de cuadros y estatuas.

Todos pensarán, todos juzgarán, y sin duda que sus pensamientos serán preciosos y sus fallos respetables; y, sin embargo, estos hombres no se entenderían unos a otros si se hablasen los de profesiones diferentes; si trocáis los papeles, será posible que de una sociedad de ingenios hagáis una reunión de capacidades vulgares, que tal vez llegue a ser divertida con los disparates de insensatos.

¿Veis a ese, cuyos ojos centellean, que se agita en un asiento, da recias palmadas sobre la mesa y al fin se deja caer el libro de la mano, exclamando: «Bien, muy bien, magnifico...»? ¿Notáis aquel otro que tiene delante de él un libro cerrado y que, con los brazos cruzados sobre el pecho, los ojos fijos y la frente contraída y torva, manifiesta que está sumido en meditación profunda, y que al fin vuelve de repente en sí y se levanta diciendo: «Evidente, exacto, no puede ser de otra manera...»? Pues el uno es Boileau, que lee un trozo escogido de la carta a los Pisones, o de las Sátiras, y que, a pesar de saberlo de memoria, lo encuentra todavía nuevo, sorprendente, y no puede contener los impulsos de su entusiasmo; el otro es Descartes, que medita sobre los colores, y resuelve que no son más que una sensación. Aproximadlos ahora y haced que se comuniquen sus pensamientos; Descartes tendrá a Boileau por frívolo, pues que tanto le afecta una imagen bella y oportuna o una expresión enérgica y concisa, y Boileau se desquitará, a su vez, sonriéndose desdeñosamente del filósofo, cuya doctrina choca con el sentido común y tiende a desencantar la Naturaleza.

Rafael contempla extasiado un cuadro antiguo de raro mérito; en la escena, el Sol se ha ocultado en el ocaso, las sombras van cubriendo la tierra, descúbrese en el firmamento el cuadrante de la Luna y algunas estrellas que brillan como antorchas en la inmensidad de los cielos. Descuella en el grupo una figura que, con los ojos clavados en el astro de la noche y con ademán dolorido y suplicante, diríase que le cuenta sus penas y le conjura que le dé auxilio en tremenda cuita. Entretanto, acierta a pasar por allí un personaje que anda meditabundo de una parte a otra, y reparando en la Luna y estrellas y en la actitud de la mujer que las mira, se detiene y articula entre dientes no sé qué cosas sobre paralaje, planos que pasan por el ojo del espectador, semidiámetros terrestres, tangentes a la órbita, focos de la elipse y otras cosas por este tenor, que distraen a Rafael y le hacen marchar a grandes pasos hacia otro lado, maldiciendo al bárbaro astrónomo y a su astronomía.

Allí está Mabillon con un viejo pergamino, calándose mil veces los anteojos, y ora tomando la luz en una dirección, ora en otra, por si puede sacar en limpio una línea medio borrada, donde sospecha que ha de encontrar lo que busca, y mientras el buen monje se halla atareado en su faena, se le llega un naturalista rogándole que disimule, y, armando su microscopio, se pone a observar si descubre en el pergamino algunos huevos de polilla. El pobre Linneo tenía recogidas unas florecitas y las estaba distribuyendo cuando pasan por allí Tasso y Milton recitando en alta y sentida voz un soberbio pasaje, y no advierten que lo echan todo a rodar y que con una pisada destruyen el trabajo de muchas horas.

En fin, aquellos hombres acabaron por no entenderse, y fue preciso encerrarlos de nuevo en sus tumbas para que no se desacreditasen y no perdiesen sus títulos a la inmortalidad.

Lo que veía el uno no acertaba a verlo el otro; aquél reputaba: a éste por estúpido y éste, a su vez, le pagaba con la misma moneda. Lo que el uno apreciaba con admirable tino, el otro lo juzgaba disparatado; lo que uno miraba como inestimable tesoro, considerábalo el otro cual miserable bagatela. Y esto, ¿por qué? ¿Cómo es que grandes pensadores discuerdan hasta tal punto? ¿Cómo es que las verdades no se presentan a los ojos de todos de una misma manera? Es que estas verdades son de especies muy diferentes; es que el compás y la regla no sirven para apreciar lo que afecta al corazón; es que los sentimientos nada valen en el cálculo y en la geometría; es que las abstracciones metafísicas nada tienen que ver con las ciencias sociales; es que la verdad pertenece a órdenes tan diferentes cuanto lo son las naturalezas de las cosas, porque la verdad es la misma realidad.

El empeño de pensar sobre todos los objetos de un mismo modo es abundante manantial de errores; es trastornar las facultades humanas; es transferir a unas lo que es propio exclusivamente de otras. Hasta los hombres más privilegiados, a quienes el Criador ha dotado de una comprensión universal, no podrán ejercerla cual conviene si cuando se ocupan de uña materia no se despojan, en cierto modo, de sí mismos para hacer obrar las facultades que mejor se adaptan al objeto de que se trata.[12]

---

12 Lo dicho en la «Nota 3» sobre la diferencia de los talentos deja fuera de duda lo que acabo de asentar en el Capítulo XII. Sin embargo, para hacer sentir que la escena de los Sabios resucitados no es una ficción exagerada citaré un ejemplo que equivale a muchos. ¿Quién hubiera pensado que un escritor tan fecundo, tan brillante, tan lozano y pintoresco como Buffon, no fuese poeta ni capaz de hacer justicia a los poetas más eminentes? Tratándose de un hombre que solo se hubiese distinguido en las ciencias exactas, esto no fuera extraño; pero en Buffon, en el magnífico pintor de la Naturaleza, ¿cómo se concibe esta anomalía? Sin embargo, la anomalía existió, y esto basta a manifestar que no solo pueden encontrarse separados dos géneros de talento muy diversos, sino también los que, al parecer, solo se distinguen por un ligero matiz. «Yo he visto —dice Laharpe— al respetable anciano Buffon afirmar con mucha seguridad que los versos más hermosos estaban llenos de efectos, y que no alcanzaban, ni con mucho, a la perfección de una buena promesa. No vacilaba en tomar por ejemplo los versos de la Atalia y hacer una minuciosa crítica de la primera escena. Todo lo que dijo era propio de un hombre tan extraño a las «primeras nociones de la poesía» y a los ordinarios procedimientos de la versificación, que no habría sido posible responderle sin «humillarlo». Y adviértase que no se habla de un hombre que pensase menos en la forma del escrito que en el fondo; se habla de Buffon, que pulía con extremada escrupulosidad sus trabajos, y de quien se cuenta que hizo copiar once veces su manuscrito Épocas de la Naturaleza; y, sin embargo, este hombre, que tanto cuidaba de la belleza, de la cultura, de la armonía, no era capaz de comprender a Racine y encontraba malos los versos de la Atalia.

Capítulo XIII. La buena percepción

§ I. La idea

Percibir con claridad, exactitud y viveza, juzgar con verdad, discurrir con rigor y solidez, he aquí las tres dotes de un pensador; examinémoslas por separado, emitiendo sobre cada una de ellas algunas observaciones.

¿Qué es una idea? No nos proponemos investigarlo aquí. ¿Qué es la percepción en su rigor ideológico? Tampoco es éste el blanco de nuestras tareas, ni conduciría al fin que deseamos. Bastará, pues, decir, en lenguaje común, que percepción es aquel acto interior con el cual nos hacemos cargo de un objeto; siendo la idea aquella imagen, representación o lo que se quiera, que sirve como de pábulo a la percepción. Así percibimos el círculo, la elipse, la tangente a una de estas curvas; percibimos la resultante de un sistema de fuerzas, la razón inversa de éstas en los brazos de una palanca, la gravitación de los cuerpos, la ley de aceleración en su descenso, el equilibrio de los fluidos; percibimos la contradicción del ser y no ser a un mismo tiempo, la diferencia entre lo esencial y accidental de los seres; percibimos los principios de la moral; percibimos nuestra existencia y la de un mundo que nos rodea; percibimos una belleza o un defecto en un poema o en un cuadro; percibimos la sencillez o complicación de un negocio, los medios fáciles o arduos para llevarle a cabo; percibimos la impresión agradable o desagradable que hace en nuestros semejantes tal o cual palabra, gesto o suceso; en breve, percibimos todo aquello de que se hace cargo nuestro espíritu y aquello que en lo interior nos parece que nos sirve de espejo para ver el objeto; aquello que ora está presente a nuestro entendimiento, ora se retira o se adormece, aguardando que otra ocasión lo despierte o que nosotros lo llamemos para volverse a presentar; aquello que no sabemos lo que es, pero cuya existencia no nos es dable poner en duda, aquello se llama idea.

Poco nos importan aquí las opiniones de los ideólogos; por cierto que para pensar bien no es necesario saber si la idea es distinta de la percepción o no, si es la sensación transformada o no, ni si nos ha venido por este o aquel conducto o si la tenemos innata o adquirida. Para la resolución de todas estas cuestiones, sobre las cuales se ha disputado siempre, y se disputará en adelante, se necesitan actos reflejos que no puede hacer quien no se ocupa de ideología, so pena de distraerse en su tarea y embarazar y extraviar lastimosamente su pensamiento. Quien piensa no puede estar continuamente pensando qué piensa y cómo piensa; de otra suerte, el objeto de su entendimiento se cambiará, y en vez de ocuparse de lo que debe se ocupará de sí mismo.

§ II. Regla para percibir bien
Percibiremos con claridad y viveza si nos acostumbramos a estar atentos a lo que se nos ofrece (Cap. II), y si además hemos procurado adquirir el necesario tino para desplegar en cada caso las facultades que se adaptan al objeto presente.

¿Se me da una definición matemática? Nadad de vaguedad, nada de abstracciones, nada de fantástico o sentimental, nada del mundo en su complicación y variedad; en este caso he de valerme de la imaginación no más que como del encerado donde trazo los signos y las figuras, y del entendimiento como del ojo para mirar. Aclararé la regla proponiendo un ejemplo de los más sencillos: una de las definiciones elementales de la geometría.

La circunferencia es una línea curva reentrante cuyos puntos distan igualmente todos de uno que se llama centro. Por lo pronto, es evidente que no se trata aquí ni de la circunferencia tal como suele tomarse en sentido metafórico cuando se la aplica a objetos no geométricos, ni en un sentido lato y grosero, como en los casos en que no se necesita precisión y rigor; debo, pues, considerar la definición dada como la expresión de un objeto de orden ideal al cual se aproximará más o menos la realidad.

Pero como las figuras geométricas se someten a la vista y a la imaginación, me valdré de una de éstas, y si es posible de ambas, para representarme aquello que quiero concebir. Trazada la figura en el encerado, o en la imaginación, veo o imagino una circunferencia; pero ¿esto me basta para comprender bien su naturaleza? No. El hombre más rudo la ve e imagina tan perfectamente como el más cumplido matemático, y no sabe darse cuenta a sí mismo de lo que es una circunferencia. Luego la vista o la imaginación de la figura no son suficientes para la idea geométrica completa. Además, que si no necesitara otra cosa, el gato que, acurrucado en una silla, está contemplando atentamente una curva que su amo acaba de trazar, y que sin duda la ve también como éste y la imagina cuando cierra los ojos, tendría de la misma una idea igualmente perfecta que Newton o Lagrange.

¿Qué se necesita, pues, para que haya una percepción intelectual? Que se conozca el conjunto de condiciones de las cuales no puede faltar ninguna sin que desaparezca la curva. Esto es lo explicado por la definición; y para que la percepción sea cabal, deberé hacerme cargo de cada una de dichas condiciones, y su conjunto formará en mi entendimiento la idea de la curva.

Quien se haya ocupado en la enseñanza habrá podido observar la diferencia que acabo de señalar. Vista una circunferencia y la manera de trazarla con el compás, el alumno más torpe la reconoce donde quiera que se le presente, y la describe sin equivocarse. En esto no cabe diferencia entre los talentos; pero viene el definir la curva, señalando las condiciones que la forman, y entonces se palpa lo que va de la imaginación al entendimiento, entonces se conoce ya al joven negado, al medianamente capaz, al sobresaliente.

—¿Qué es la circunferencia? —preguntáis al primero.

—Es esto que acabo de trazar.

—Pero, bien, ¿en qué consiste? ¿Cuál es la naturaleza de esta línea? ¿En qué se diferencia de la recta que explicamos ayer? ¿Son lo mismo la una que la otra?

—¡Oh, no! Esta es así..., redonda..., aquí hay un punto...

—¿Se acuerda usted de la definición que da el autor?

—Sí, señor; la circunferencia es una línea curva reentrante, cuyos puntos distan igualmente todos de uno que se llama centro.

—¿Por qué la llamamos curva?

—Porque no tiene sus puntos en una misma dirección.

—¿Por qué reentrante?

—Porque vuelve o entra en sí misma.

—Si no fuese reentrante, ¿sería circunferencia?

—Sí, señor.

—¿No acaba usted de decirnos que ha de serlo?

—¡Ah! Sí, señor.

—¿Por qué, en no siendo reentrante, ya no sería circunferencia?

—Porque... la circunferencia... porque...

En fin, cansado de esperar y de explicar, llamáis a otro, que os da la definición, que os explica los términos, pero que ahora se os deja la palabra curva, ahora la igualmente; que si le obligáis a una atención más perfecta, se hace cargo de lo que le decís, lo repite muy bien, pero que a poco tiene otro olvido o equivocación, dando a entender que no se ha formado todavía idea cabal, que no se da cumplida razón a sí mismo del conjunto de condiciones necesarias para formar una circunferencia.

Llegáis, por fin, a un alumno de entendimiento claro y sobresaliente: traza la figura con más o menos desembarazo, según su mayor o menor agilidad natural, recita más o menos rápidamente las definiciones, según la velocidad de la lengua; pero llamadle al análisis, y notaréis, desde luego, la claridad y precisión de sus ideas, la exactitud y concisión de sus palabras, la oportunidad y tino de las aplicaciones.

—En la definición, ¿podríamos omitir la palabra línea?

—Como aquí ya hemos advertido que solo tratamos de línea, se daría por sobrentendida; pero en rigor no, porque al decir curva podríase dudar si hablamos de superficies.

—Y expresando línea, ¿podríamos omitir curva?

—Me parece que sí..., porque añadimos reentrante, ya excluimos la recta, que no puede serlo, y además la recta tampoco puede tener todos sus puntos igualmente distantes de uno.

—Y la palabra reentrante, ¿no la pudiéramos pasar por alto?

—No, señor; porque si la curva no vuelve sobre sí misma ya no será una circunferencia; así, por ejemplo, si en ésta borro la parte A B, ya no me queda una circunferencia, sino un arco.

—Pero, añadiendo lo demás, de que todos los puntos han de distar igualmente de uno que se llama centro, bien parece que se sobrentiende que será reentrante...

—No, señor; porque en el arco que tenemos a la vista hay la equidistancia, y, sin embargo, no es reentrante.

—¿Y la palabra igualmente?

—Es indispensable; de otro modo sería no decir nada; porque una recta también tiene todos sus puntos distantes de uno que no se halle en ella; y además una curva que trazo a la ventura, rasgueando así... sobre el encerado, tiene también todos sus puntos distantes de otro cualquiera, como A..., que señalo fuera de ella.

He aquí una percepción clara, exacta, cabal, que nada deja que desear, que deja satisfecho al que habla y al que oye.

Acabamos de asistir al análisis de una idea geométrica y de señalar la diferencia entre sus grados de claridad y exactitud; veamos ahora una idea artística, y tratamos de determinar su mayor o menar perfección. En ambos casos hay percepción de una verdad; en ambos casos se necesita atención, aplicación de las facultades del alma; pero con el ejemplo que sigue palparemos que lo que en el uno daña en el otro favorece, y viceversa, y que las clasificaciones y distinciones que en el primero eran indicio de disposiciones felices, son en el segundo una prueba de que el disertante se ha equivocado al elegir su carrera.

Dos jóvenes que acaban de salir de la escuela de retórica; que recuerdan perfectamente cuanto en ella se les ha enseñado; que serían capaces de decorar los libros de texto de un cabo a otro; que responden con prontitud a las preguntas que se les hacen sobre tropos, figuras, clases de composición, etc., etc., y que, en fin, han desempeñado los exámenes a cumplida satisfacción de padres y maestros, obteniendo ambos la nota de sobresaliente por haber contestado con igual desembarazo y lucimiento, de manera que no era dable encontrar entre los dos ninguna diferencia, están repasando las materias en tiempo de vacaciones, y cabalmente leen un magnífico pasaje oratorio o poético.

Camilo vuelve una y otra vez sobre las admirables páginas, y ora derrama lágrimas de ternura, ora centellea en sus ojos el más vivo entusiasmo.

—¡Esto es inimitable —exclama—; es imposible leerlo sin conmoverse profundamente! ¡Qué belleza de imágenes, qué fuego, qué delicadeza de sentimientos, qué propiedad de expresión, qué inexplicable enlace de concisión y abundancia, de regularidad y lozanía!

—¡Oh!, sí —le contesta Eustaquio—; esto es muy hermoso; ya nos lo habían dicho en la escuela; y si lo observas, verás que todo está ajustado a las reglas del arte.

Camilo percibe lo que hay en el pasaje. Eustaquio, no; y, sin embargo, aquél discurre poco, apenas analiza, solo pronuncia algunas palabras entrecortadas, mientras éste diserta a fuer de buen retórico. El uno ve la verdad; el otro, no; ¿y por qué? Porque la verdad en este lugar es un conjunto de relaciones entre el entendimiento, la fantasía y el corazón; es necesario desplegar a la vez todas estas facultades aplicándolas al objeto con naturalidad, sin violencia ni tortura, sin distraerlas con el recuerdo de esta o aquella regla, quedando el análisis razonado y crítico para cuando se haya sentido el mérito del pasaje. Enredarse en discursos, traer a colación este o aquel precepto antes de haberse hecho cargo del escogido trozo, antes de haberle percibido, es maniatar, por decirlo así, el alma, no dejándole expedita más que una facultad, cuando las necesita todas.

§ III. Escollo del análisis

Hasta en las materias donde no entran para nada la imaginación y el sentimiento conviene guardarse de la manía de poner en prensa el espíritu obligándole a sujetarse a un método determinado cuando o por su carácter peculiar o por los objetos de que se ocupa requiere libertad y desahogo. No puede negarse que el análisis, o sea la descomposición de las ideas, sirve admirablemente en muchos casos para darles claridad y precisión; pero es menester no olvidar que la mayor parte de los seres son un conjunto, y que el mejor modo de percibirlos es ver de una sola ojeada las partes y relaciones que le constituyen. Una máquina desmontada presenta con más distinción y minuciosidad las piezas de que está compuesta; pero no se comprende tan bien el destino de ellas hasta que, colocadas en su lugar, se ve cómo cada una contribuye al movimiento total. A fuerza de descomponer, prescindir y analizar, Condillac y sus secuaces no hallan en el hombre otra cosa que sensaciones; por el camino opuesto, Descartes y Malebranche apenas encontraban más que ideas puras, un refinado espiritualismo; Condillac pretende dar razón de los fenómenos, del alma, principiando por un hecho tan sencillo como es el acercar una rosa a la nariz de su hombre-estatua, privado de todos los sentidos, excepto el olfato; Malebranche busca afanoso un sistema para explicar lo mismo, y, no encontrándole en las criaturas, recurre nada menos que a la esencia de Dios.

En el trato ordinario vemos a menudo laboriosos razonadores que conducen su discurso con cierta apariencia de rigor y exactitud, y que, guiados por el hilo engañoso, van a parar a un solemne dislate. Examinando la causa, notaremos que esto procede de que no miran el objeto sino por una cara. No les falta análisis; tan pronto como una cosa cae en sus manos la descomponen; pero tienen la desgracia de descuidar algunas partes, y si piensan en todas, no recuerdan que se han hecho para estar unidas, que están destinadas a tener estrechas relaciones, y que si estas relaciones se arrumban, el mayor prodigio podrá convertirse en descabellada monstruosidad.

§ IV. El tintorero y el filósofo

Un hábil tintorero estaba en su laboratorio ocupado en las tareas de su profesión. Acertó a entrar un observador minucioso, razonador muy analítico, y entabló desde luego discusión sobre los tintes y sus efectos, proponiéndose nada menos que convencer al tintorero de que iba a echar a perder las preciosas telas a que se aplicarían sus composiciones. A la verdad, la cosa presentaba mal aspecto, y el crítico no dejaba de apoyarse en reflexiones especiosas. Aquí se veía una serie de cazuelas con líquidos negruzcos, cenicientos, parduscos, ninguno de buen color, todos de mal olor; allí unos pedacitos de goma pegajosa, desagradable a la vista; enormes calderas estaban hirviendo, donde se revolvían trozos de madera en bruto, en las cuales iban echando unas hojas secas, que, al parecer, solo podían servir para tirar a la calle. El tintorero estaba machacando en un mortero cien y cien materias que andaba sacando ora de un pote, ora de una marmita, ora de un saquillo; y revolviéndolo todo, y pasándolo de una cazuela a otra, y echando ora acá, ora acullá, cucharadas de líquidos que apestaban y de cuyo contacto era preciso guardar el cutis porque lo roían más que el fuego, se aprestaba a vaciar los ingredientes en diferentes calderas y sepultar en aquella inmundicia gran número de materias y manufacturas de inestimable valor.

—Esto se va a desperdiciar todo —decía el analítico—. En esta cavuela hay el ingrediente A, que, como usted sabe, es extremadamente cáustico y que, además, da un color muy feo. En esta otra hay la goma B, excelente para manchar, y cuyas señales no se quitan sino con muchísimo trabajo. En esta caldera hay el palo C, que podría servir para dar un color grosero y común, pero que no alcanzo cómo ha de producir nada exquisito. En una palabra: examinando todo por separado, encuentro que usted emplea ingredientes contrarios a lo que usted se propone, y desde ahora doy por seguro que, en vez de sacar nada conforme a las bellísimas muestras que tiene usted en el despacho, va a sufrir una pérdida de consideración en su fama e intereses.

—Todo es posible, señor filósofo —decía el inexorable tintorero, tomando en sus manos las preciosas, materias y ricas manufacturas y sumergiéndolas sin compasión en las sucias y pestilentes calderas—; todo es posible, pero para dar fin a la discusión déjese usted ver por aquí dentro de pocos días.

El filósofo volvió, en efecto, y el tintorero desvaneció todas las objeciones, desplegando a sus ojos las telas que por rigurosa. demostración debían estar malbaratadas. ¡Qué sorpresa! ¡Qué humillación para el analítico! Unas mostraban finísima grana; otras, delirado verde; otras, hermoso azul; otras, exquisito naranjado; otras, subido negro, otras, un blanco ligeramente cubierto con variado color; otras ostentaban riquísimos jaspes donde campeaban a un tiempo la belleza y el capricho. Los matices eran innumerables y encantadores, manufacturas limpias, tersas, brillantes como si hubieran estado cubiertas con cristales sin sufrir el contacto de la mano del hombre. El filósofo se marchó confuso y cabizbajo, diciendo para sí: «No es lo mismo saber lo que es una cosa por sí sola, o lo que puede ser en combinación con otras; en adelante no me contentaré con descomponer y separar; que también hace prodigios el componer y reunir; testigo, el tintorero».

§ V. Objetos vistos por una sola cara

Entendimientos por otra parte muy claros y perspicaces se echan a perder lastimosamente por el prurito de desenvolver una serie de ideas que, no representando el objeto sino por un lado, acaban por conducir a resultados extravagantes. De aquí es que con la razón todo se prueba y todo se impugna; y a veces un hombre que tiene evidentemente la verdad de su parte se halla precisado a encastillarse en las convicciones y resistir con las armas, del buen sentido y cordura los ataques de un sofista que se abre paso por todas las hendiduras y se escurre al través de lo más sólido y compacto, como filtrándose por los poros. La misma sobreabundancia de ingenio produce este defecto, como las personas demasiado ágiles y briosas se mantienen difícilmente en un paso mesurado y grave.

§ VI. Inconvenientes de una percepción demasiado rápida

Es calidad preciosa la rapidez de la percepción; pero conviene estar prevenido contra su efecto ordinario, que es la inexactitud. Sucédeles con frecuencia a los que perciben con mucha presteza no hacer más que desflorar el objeto; son como las golondrinas, que, deslizándose velozmente sobre la superficie de un estanque, solo pueden recoger los insectos que sobrenadan, mientras otras aves que se sumergen enteramente o posan sobre el agua, y con pico calan muy adentro, hacen servir a su alimento hasta lo que se oculta en el fondo.

El contacto de estos hombres es peligroso, porque sea que hablen, sea que escriban, suelen distinguirse por una facilidad encantadora; y, lo que es todavía peor, comunican a todo lo que tratan cierta apariencia de método, claridad y precisión que alucina y seduce. En la ciencia se dan a conocer por sus principios claros, sus aplicaciones felices. Caracteres que no pueden menos de acompañar el talento de concepción profunda y cabal; pero que, imitados por otro de menos aventajadas partes, solo indican, a veces, superficialidad y ligereza, como brilla limpia y transparente el agua poco profunda regalando la vista con sus arenas de oro.[13]

---

13 La confusión de ideas acarrea grandes perjuicios a las ciencias; pero el aislamiento de los objetos los causa también de mucha gravedad. Uno de los vicios radicales de la escuela enciclopédica fue el considerar al hombre aislado y prescindir de las relaciones que le ligan con otros seres. El análisis lleva a descomponer, pero es necesario no llevar la descomposición tan lejos que se olvide la construcción de la máquina a que pertenecen las piezas. Algunos filósofos, a fuerza de analizar las sensaciones, se han quedado con las sensaciones solas; lo que en la ciencia ideológica y psicológica equivale a tomar el pórtico por el edificio.

Capítulo XIV. El juicio

§ I. Qué es el juicio. Manantiales de error

Para juzgar bien conduce poco el saber si el juicio es un acto distinto de la percepción o si consiste simplemente en percibir la relación de dos ideas. Prescindiré, pues, de estas cuestiones, y solo advertiré que, cuando interiormente decimos que una cosa es o no es, o que es o no es de esta o de aquella manera, entonces hacemos un juicio. Así lo entiende el uso común; y para lo que nos proponemos, esto nos basta.

La falsedad del juicio depende muchas veces de la mala percepción; así, lo que vamos a decir, aunque directamente encaminado al modo de juzgar bien, conduce no poco a percibir bien.

La proposición es la expresión del juicio.

Los falsos axiomas, las proposiciones demasiado generales, las definiciones inexactas, las palabras sin definir, las suposiciones gratuitas, las preocupaciones en favor de una doctrina son abundantes manantiales de percepciones equivocadas o incompletas y de juicios errados.

§ II. Axiomas falsos

Toda ciencia ha menester un punto de apoyo, y quien se encarga de profesarla busca con tanto cuidado este punto como el arquitecto asienta el fundamento sobre el cual ha de levantar el edificio. Desgraciadamente, no siempre se encuentra lo que se necesita, y el hombre es demasiado impaciente para aguardar que los siglos que él no ha de ver proporcionen a las generaciones futuras el descubrimiento deseado. Si no encuentra, finge; en vez de construir sobre la realidad, edifica sobre las creaciones de su pensamiento. A fuerza de cavilar y utilizar llega hasta el punto de alucinarse a sí mismo, y lo que al principio fuera un pensamiento vago, sin estabilidad ni consistencia, se convierte en verdad inconcusa. Las excepciones embarazarían demasiado; lo más sencillo es asentar una proposición universal: he aquí el axioma. Vendrán luego numerosos casos que no se comprenden en él, nada importa; con este objeto se halla concebido en términos generales y confusos o ininteligibles para que, interpretándose de mil maneras diferentes, sufra en su fondo todas las excepciones que se quiera sin perder nada de su prestigiosa reputación. Entretanto, el axioma sirve admirablemente para cimentar un raciocinio extravagante, dar peso a un juicio disparatado o desvanecer una dificultad apremiadora, y cuando se ofrecen al espíritu dudas sobre la verdad de lo que se defiende, cuando se teme que el edificio no venga al suelo con fragorosa ruina, se dice a sí mismo el espíritu: «No, no hay peligro; el cimiento es firme, es un axioma, y un axioma es un principio de eterna verdad».

Para merecer este nombre es menester que la proposición sea tan patente al espíritu como lo son al ojo los objetos que miramos presentes a la debida distancia y en medio del día. En no dejando al entendimiento enteramente convencido desde que se le ofrece, y una vez comprendido el significado de los términos con que se le anuncia, no debe ser admitido en esta clase. Viciadas las ideas por un axioma falso, vénse todas las cosas muy diferentes de lo que son en sí, y los errores son tanto más peligrosos cuanto el entendimiento descansa en más engañosa seguridad.

§ III. Proposiciones demasiado generales

Si nos fuese conocida la esencia de las cosas podríamos asentar con respecto a ella proposiciones universales, sin ningún género de excepción, porque siendo la esencia la misma en todos los seres de una misina especie, claro es que lo que del uno afirmásemos sería igualmente aplicable a todos. Pero como de lo tocante a dicha esencia conocemos poco y de una manera imperfecta, y muchas veces nada, es de ahí que por lo común no es posible hablar de los seres sino con relación a las propiedades que están a nuestro alcance y de las que a menudo no discernimos si están radicadas en la esencia de la cosa o si son puramente accidentales. Las proposiciones generales se resienten de este defecto, pues como expresan lo que nosotros concebimos y juzgamos, no pueden extenderse sino a lo que nuestro espíritu ha conocido. De donde resulta que sufren mil excepciones que no preveíamos, y tal vez descubrimos que se había tomado por regla lo que no era más que excepción. Esto sucede aun suponiendo mucho trabajo de parte de quien establece la proposición general; ¿qué será si atendemos a la ligereza con que se las suele formar y emitir?

§ IV. Las definiciones inexactas

De éstas puede decirse casi lo mismo que de los axiomas, pues que sirven de luz para dirigir la percepción y el juicio y de punto de apoyo para afianzar el raciocinio. Es sobremanera difícil una buena definición, y en muchos casos imposible. La razón es obvia; la definición explica la esencia de la cosa definida; y ¿cómo se explica lo que no se conoce? A pesar de tamaño inconveniente, existe en todas las ciencias una muchedumbre de definiciones que pasan cual moneda de buena ley, y al bien sucede con frecuencia que se levantan los autores contra las definiciones de otros, ellos, a su vez, cuidan de reemplazarlas con las suyas, las que hacen circular por toda la obra tomándolas por base en sus discursos. Si la definición ha de ser la explicación de la esencia de la cosa, y el conocer esta esencia es negocio tan difícil, ¿por qué se lleva tanta prisa en definir? El blanco de las investigaciones es el conocimiento de la naturaleza de los seres; la proposición, pues, en que se explicase esta naturaleza, es decir, la definición, debiera ser la última que emitiese el autor. En la definición está la ecuación que presenta despejada, la incógnita, y en la resolución de los problemas esta ecuación es la última.

Lo que nosotros podemos definir muy bien es lo puramente convencional, porque la naturaleza del ser convencional es aquella que nosotros mismos le damos por los motivos que bien nos parecen. Así, ya que no es posible en muchos casos definir la cosa, al menos debiéramos fijar bien lo que entendemos cuando hablamos de ella, o, en otros términos, deberíamos definir la palabra con que pretendemos expresar la cosa. Yo no sé lo que es el Sol, no conozco su naturaleza, y, por tanto, si me preguntan su definición no podré darla. Pero sé muy bien a qué me refiero cuando pronuncio la palabra Sol, y así me será fácil explicar lo que con ella significo. ¿Qué es el Sol? No lo sé. ¿Qué entiende usted por la palabra Sol? Ese astro cuya presencia nos trae el día y cuya desaparición produce la noche. Esto me lleva, naturalmente, a las palabras mal definidas.

§ V. Palabras mal definidas. Examen de la palabra «igualdad»

En la apariencia, nada más fácil que definir una palabra, porque es muy natural que quien la emplea sepa lo que se dice, y, de consiguiente, pueda explicarlo. Pero la experiencia enseña no ser así y que son muy pocos los capaces de fijar el sentido de las voces que usan. Semejante confusión nace de la que reina en las ideas y a su vez contribuye a aumentarla. Oiréis a cada paso una disputa acalorada en que los contrincantes manifiestan quizá ingenio nada común; dejadlos que den cien vueltas al objeto, que se acometan y rechacen una y mil veces, como enemigos en sangrienta batalla; entonces, si os queréis atravesar de mediador y hacer palpable la sinrazón de ambos, tornad la palabra que expresa el objeto capital de la cuestión y preguntad a cada uno: «¿Qué entiende usted por esto?». «¿Qué sentido da usted a esta palabra?» Os acontecerá con frecuencia que los dos adversarios se quedarán sin saber qué responderos, o, pronunciando algunas expresiones vagas, inconexas, manifestando bien a las claras que los habéis salido de improviso, que no esperaban el ataque por aquel flanco, siendo quizá aquella la primera vez que se ocupan, mal de su grado, en darse cuenta a sí mismos del sentido de una palabra que en un cuarto de hora han empleado centenares de veces y de que estaban haciendo infinitas aplicaciones. Pero suponed que esto no acontece y que cada cual da con facilidad y presteza la explicación pedida: estad seguro que el uno no aceptará la definición del otro, y que la discordancia que antes versaba, o parecía versar, sobre el fondo de la cuestión se trasladará de repente al nuevo terreno, entablándose disputa sobre el sentido de la palabra. He dicho o parecía versar porque si bien se ha observado el giro de la discusión, se habrá echado de ver que bajo el nombre de la cosa se ocultaba con frecuencia el significado de la palabra.

Hay ciertas voces que, expresando una idea general aplicable a muchos y muy diferentes objetos y en los sentidos más varios, parecen inventadas adrede para confundir. Todos las emplean, todos se dan cuenta a sí mismos de lo que significan, pero cada cual a su modo, resultando una algarabía que lastima a los buenos pensadores.

«La igualdad de los hombres —dirá un declamador— es una ley establecida por el mismo Dios. Todos nacemos llorando, todos morimos suspirando;
la Naturaleza no hace diferencia entre pobres y ricos, plebeyos y nobles,
y la religión nos enseña que todos tenemos un mismo origen y un mismo
destino. La igualdad es obra de Dios; la desigualdad es obra del hombre;
solo la maldad ha podido introducir en el mundo esas horribles desigualdades de que es víctima el linaje humano; solo la ignorancia y la ausencia
del sentimiento de la propia dignidad han podido tolerarlas.» Esas palabras
no suenan mal al oído del orgullo, y no puede negarse que hay en ellas
algo de especioso. Ese hombre dice errores capitales y verdades palma-
rias; confunde aquéllos con éstas, y su discurso, seductor para los incautos,
presenta a los ojos de un buen pensador una algarabía ridícula. ¿Cuál es
la causa? Toma la palabra igualdad en sentidos muy diferentes, la aplica a
objetos que distan tanto como cielo y tierra y pasa a una deducción general
con entera seguridad, como si no hubiese riesgo de equivocación.

¿Queremos reducir a polvo cuanto acaba de decir? He aquí cómo
debemos hacerlo.

—¿Qué entiende usted por igualdad?

—Igualdad, igualdad..., bien claro está lo que significa.

—Sin embargo, no será de más que usted nos lo diga.

—La igualdad está en que el uno no sea ni más ni menos que el otro.

—Pero ya ve usted que esto puede tomarse en sentidos muy varios,
porque dos hombres de seis pies de estatura serán iguales en ella, pero
será posible que sean muy desiguales en lo demás; por ejemplo: si el uno es
barrigudo, como el gobernador de la ínsula de Barataria, y el otro seco de
carnes, como el caballero de la Triste Figura. Además, dos hombres pueden
ser iguales o desiguales en saber, en virtud, en nobleza y en un millón de
cosas más; conque será bien que antes nos pongamos de acuerdo en la
acepción que da usted a la palabra igualdad.

—Yo hablo de la igualdad de la naturaleza, de esta igualdad establecida
por el mismo Criador, contra cuyas leyes nada pueden los hombres.

—¿Así, no quiere usted decir más sino que por naturaleza todos somos
iguales?

—Cierto.

—Ya; pero yo veo que la naturaleza nos hace a unos robustos a otros endebles; a unos hermosos, a otros feos; a unos ágiles, a otros torpes; a unos de ingenio despejado, a otros tontos; a unos nos da inclinaciones pacíficas, a otros violentas; a unos...; pero sería nunca acabar si quisiera enumerar las desigualdades que nos vienen de la misma naturaleza. ¿Dónde está la igualdad natural de que usted nos habla?

—Pero estas desigualdades no quitan la igualdad de derechos...

—Pasando por alto que usted ha cambiado ya completamente el estado de la cuestión, abandonando o restringiendo mucho la igualdad de la naturaleza, también hay sus inconvenientes en esa igualdad de derecho. ¿Le parece a usted si el niño de pocos años tendrá derecho para reñir y castigar a su padre?

—Usted finge absurdos...

—No, señor; que esto, y nada menos que esto, exige la igualdad de derechos; si no es así, deberá usted decirnos de qué derechos habla, de cuáles debe entenderse la igualdad y de cuáles no.

Bien claro es que ahora tratamos de la igualdad social.

—No trataba usted de ella únicamente; bien reciente es el discurso en que hablaba usted en general y de la manera más absoluta; solo que arrojado de una trinchera se refugia usted en la otra. Pero vamos a la igualdad social. Esto significará que en la sociedad todos hemos de ser iguales. Ahora pregunto: ¿en qué?, ¿en autoridad? Entonces no habrá gobierno posible. ¿En bienes? Enhorabuena; dejemos a un lado la justicia y hagamos el repartimiento; al cabo de una hora, de dos jugadores, el uno habrá aligerado el bolsillo del otro y estarán ya desiguales; pasados algunos días, el industrioso habrá aumentado su capital; el desidioso habrá consumido una porción de lo que recibió, y caeremos en la desigualdad. Vuélvase mil veces al repartimiento y mil veces se desigualarán las fortunas. ¿En consideración? Pero ¿apreciará usted tanto al hombre honrado como al tunante? ¿Se depositará igual confianza en éste que en aquél? ¿Se encargarán los mismos negocios a Metternich que al más rudo patán? Y aun cuando se quisiese, ¿podrían todos hacerlo todo?

—Esto es imposible; pero lo que no es imposible es la igualdad ante la ley.

—Nueva retirada, nueva trinchera; vamos allá. La ley dice: el que contravenga sufrirá la multa de 1.000 reales, y en caso de insolvencia, diez días de cárcel. El rico paga los 1.000 reales y se ríe de su fechoría; el pobre, que no tiene un maravedí expía su falta de rejas adentro. ¿Dónde está la igualdad ante la ley?

—Pues yo quitaría esas cosas, y establecería las penas de suerte que no resultase nunca esta desigualdad.

—Pero entonces desaparecerían las multas, arbitrio no despreciable para huecos del presupuesto y alivio de gobernantes. Además, voy a demostrarle a usted que no es posible en ninguna suposición esta pretendida igualdad. Demos que para una transgresión esté señalada la pena de 10.000 reales; dos hombres han incurrido en ella, y ambos tienen de qué pagar, pero el uno es opulento banquero, el otro un modesto artesano. El banquero se burla de los 10.000 reales, el artesano queda arruinado. ¿Es igual la pena?

—No, por cierto; mas ¿cómo quiera usted remediarlo?

—De ninguna manera, y esto es, lo que quiero persuadirle a usted, de que la desigualdad es cosa irremediable. Demos que la pena sea corporal, encontraremos la misma desigualdad. El presidio, la exposición a la vergüenza pública son penas que el hombre falto de educación y del sentimiento de dignidad sufre con harta indiferencia, sin embargo, un criminal que perteneciese a cierta categoría preferiría mil veces la muerte. La pena debe ser apreciada no por lo que es en sí, sino por el daño que causa al paciente y la impresión con que le afecta, pues de otro modo desaparecerían los dos fines del castigo: la expiación y el escarmiento. Luego una misma pena, aplicada a criminales de clases diferentes, no tiene la igualdad sino en el nombre, entrañando una desigualdad monstruosa. Confesaré con usted que en estos inconvenientes hay mucho de irremediable, pero reconozcamos estas tristes necesidades y dejémonos de ponderar una igualdad imposible.

La definición de una palabra y el discernir las diferentes aplicaciones que de ella podrían hacerse nos ha traído la ventaja de reducir a la nada un especioso sofisma y de demostrar hasta la última evidencia que el pomposo orador o propalaba absurdos o no nos decía nada que no supiésemos de antemano, pues no es mucho descubrimiento el anunciar que todos nacemos y morimos de una misma manera.

§ VI. Suposiciones gratuitas. El despeñado

A falta de un principio general, tomamos a veces un hecho que no tiene más verdad y certeza de la que nosotros le otorgamos. ¿De dónde tantos sistemas para explicar los fenómenos de la Naturaleza? De una suposición gratuita que el inventor del sistema tuvo a bien asentar como primera piedra del edificio. Los mayores talentos se hallan expuestos a este peligro siempre que se empeñan en explicar un fenómeno careciendo de datos positivos sobre su naturaleza y origen. Un efecto puede haber procedido de una infinidad de causas, pero no se ha encontrado la verdad por solo saber que ha podido proceder; es necesario demostrar que ha procedido. Si una hipótesis me explica, satisfactoriamente un fenómeno que tengo a la vista podré admirar en ella el ingenio de quien la inventara; pero poco habré adelantado para el conocimiento de la realidad de las cosas.

Este vicio de atribuir un efecto a una causa posible, salvando la distancia que vade la posibilidad a la realidad, es más común de lo que se cree, sobre todo cuando el razonador puede apoyarse en la coexistencia o sucesión de los hechos que se propone enlazar. A veces, ni aun se aguarda a saber si ha existido realmente el hecho que se designa como causa; basta que haya podido existir y que en su existencia hubiese podido producir el efecto de que se pretende dar razón.

Se ha encontrado en el fondo de un precipicio el cadáver de una persona conocida; las señales de la víctima manifiestan con toda claridad que murió despeñada. Tres suposiciones pueden excogitarse para dar razón de la catástrofe: una caída, un suicidio, un asesinato. En todos estos casos el efecto será el mismo, y en ausencia de datos no puede decirse que el uno la explique más satisfactoriamente que el otro. Numerosos espectadores están contemplando la desastrosa escena; todos ansían descubrir la causa; haced que se presente el más leve indicio; desde luego, veréis nacer en abundancia las conjeturas, y oiréis las expresiones de «es cierto, así será, no puede ser de otra manera..., como si lo estuviese mirando...; no hay testigos, no puede probarse en juicio; pero lo que es duda, no cabe».

Y ¿cuáles son los indicios? Algunas horas antes de encontrarse el cadáver, el infeliz se encaminaba hacia el lugar fatal, y no falta quien vio que estaba leyendo unos papeles, que se detenía de vez en cuando y daba muestras de inquietud. Por lo demás, es bien sabido que estos últimos días había pasado disgustos y que los negocios de su casa estaban muy mal parados. Toda la vecindad veía en su semblante muestras de pena y desazón. Asunto concluido: este hombre se ha suicidado. Asesinato no puede ser; estaba tan cerca de su casa...; además, que un asesinato no se comete de esta manera... Una desgracia es imposible, porque él conocía muy bien el terreno, y, por otra parte, no era hombre que anduviese precipitado ni con la vista distraída. Como el pobre estaba acosado por sus acreedores, hoy, día de correo, debió de recibir alguna carta apremiante y no habrá podido resistir más.

—Vamos, vamos —responderá el mayor número—, cosa clara, y tiene usted razón, cabalmente es hoy día de correo...

Llega el juez, y, al efecto de instruir las primeras diligencias, se registra la cartera del difunto.

—Dos cartas.

—¿No lo decía yo?... El correo de hoy...

—La una es de N, su corresponsal en la plaza N.

—Vamos; cabalmente, allí tenía sus aprietos.

—Dice así: «Muy señor mío: En este momento acabo de salir de la reunión consabida. No faltaban renitentes; pero, al fin, apoyado de los amigos N N, he conseguido que todo el mundo entrase en razón. Por ahora puede usted vivir tranquilo, y si su hijo de usted tuviese la dicha de restablecer algún tanto los negocios de América esta gente se prestará a todo y conservará usted su fortuna y su crédito. Los pormenores, para el correo inmediato; pero he creído que no debía diferir un momento el comunicarle a usted tan satisfactoria noticia. Entretanto, etc.. etc.». No hay por qué matarse.

—¿La otra?

—Es de su hijo...

—Malas noticias debió de traer...

—Dice así: «Mi querido padre: He llegado a tiempo, y a pocas horas de mi desembarco estaba deshecha la trampa. Todo era una estafa del señor N. Ha burlado atrozmente nuestra confianza. No soñaba en mi venida, y, al verme en su casa, se ha quedado como herido de un rayo. He conocido su turbación y me he apoderado de toda su correspondencia. Mientras me ocupaba de esto ha tomado el portante e ignoro su paradero. Todo se ha salvado, excepto algún desfalco que calculo de poca consideración. Voy corriendo porque la embarcación que sale va a darse a la vela, etc., etc.».

El correo de hoy no era para suicidarse; el de las conjeturas sale lucido, todo por haber convertido la posibilidad en realidad, por haber estribado en suposiciones gratuitas, por haberse alucinado con lo especioso de una explicación satisfactoria.

—¿Si podrá ser un asesinato?...

—Claro es, porque con este correo..., y además este hombre no carecía de enemigos.

—El otro día su colono N. le amenazó terriblemente.

—Y es muy malo.

—¡Oh, terrible!... Está acostumbrado a la vida bandolera... Vamos, tiene atemorizada la vecindad...

—¿Y cómo estaban ahora?

—A matar; esta misma mañana salían juntos de la casa del difunto y hablaban ambos muy recio.

—Y el colono ¿solía, andar por aquí?

—Siempre; a dos pasos tiene un campo, y además la cuestión estaba (sino que esto sea dicho entre nosotros), la cuestión estaba sobre esas encinas del borde del precipicio. El dueño se quejaba de que él le echaba a perder el bosque; el otro lo negaba; como que en este mismo lugar estuvieron el otro día a pique de darse de garrotazos. Miren ustedes... Sino que uno no debe perder a un infeliz... Casi cada día estaban en pendencias en este mismo lugar.

—Entonces no hable usted más... ¡Es una atrocidad! Pero ¿cómo se prueba?...

—Y hoy vean ustedes cómo no está trabajando en el campo, y tiene por allí su apero..., y se conoce que ha trabajado hoy mismo... Vamos, ya no cabe duda, es evidente; el infeliz está perdido, porque esto transpirará.

Llega uno del pueblo.

—¡Qué desgracia!

—¿No lo sabía usted?

—No, señores; ahora, mismo me lo han dicho en su casa. Iba yo a verle por si se apaciguaba con el pobre N, que está preso en la alcaldía...

—¿Preso?...

—Sí, señores; me ha venido llorando su mujer; dice que se ha excedido de palabras y que el alcalde le ha arrestado. Como ya saben ustedes que es tan matón...

—¿Y no ha salido más al campo desde que habló esta mañana con el difunto en la calle?

—Pues ¿cómo había de salir?; vayan ustedes y le encontrarán allí, donde está desde muy temprano; el pobrecito estaba labrando ahí...

Nuevo chasco: el asesino estaba a larga distancia; el preso era el colono; nuevo desengaño para no fiarse de suposiciones gratuitas, para no confundir la realidad con la posibilidad y no alucinarse con plausibles apariencias.

§ VII. Preocupación en favor de una doctrina

He aquí uno de los más abundantes manantiales de error; esto es, la verdadera rémora de las ciencias, uno de los obstáculos que más retardan sus progresos. Increíble sería la influencia de la preocupación si la historia del espíritu humano no la atestiguara con hechos irrecusables.

El hombre dominado por una preocupación no busca, ni en los libros ni en las cosas, lo que realmente hay, sino lo que le conviene para apoyar sus opiniones. Y lo más sensible es que se porta de esta suerte, a veces con la mayor buena fe, creyendo, sin asomo de duda, que está trabajando, por la causa de la verdad. La educación, los maestros y autores de quienes se ha recibido las primeras luces sobre una ciencia, las personas con quienes vivimos de continuo o tratamos con más frecuencia, el estado o profesión y otras circunstancias semejantes contribuyen a engendrar en nosotros el hábito de mirar las cosas siempre bajo un mismo aspecto, de verlas siempre de la misma manera.

Apenas dimos los primeros pasos en la carrera de una ciencia, se nos ofrecieron ciertos axiomas como de eterna verdad, se nos presentaron ciertas proposiciones como sostenidas por demostraciones irrefragables, y las razones que militaban por la otra parte nunca se nos hizo considerarlas como pruebas que examinar, sino como objeciones que soltar. ¿Había alguna de nuestras razones que claudicaba por un lado? Se acudía, desde luego, a sostenerla, a manifestar que en todo caso no era aquélla la única, que estaba acompañada de otras cumplidamente satisfactorias y que, si bien ella sola quizá no bastaría no obstante, añadida a las demás, no dejaba de pesar en la balanza y de inclinarla más y más a favor nuestro. ¿Presentaban los adversarios alguna dificultad de espinosa solución? El número de las respuestas suplía a su solidez. El gravísimo autor A contesta de esta manera, el insigne B de otra, el sabio C de tal otra; cualquiera de las tres es suficiente; escójase la que mejor parezca, con entera seguridad de que el Aquiles de los adversarios habrá recibido la herida en el tendón. No se trata de convencer, sino de vencer; el amor propio se interesa en la contienda, y conocidos son los infinitos recursos de este maligno agente. Lo que favorece se abulta y exagera; lo que obsta se disminuye, se desfigura u oculta; la buena fe protesta algunas veces desde el fondo del alma, pero su voz es ahogada y acallada con una palabra de paz en encarnizado combate.

Si así no fuere, ¿cómo será posible explicar que durante largos siglos se hayan visto escuelas tan organizadas, como disciplinados ejércitos agrupados alrededor de una bandera? ¿Cómo es que una serie de hombres ilustres por su saber y virtudes viesen todas una cuestión de una misma manera, al paso que sus adversarios, no menos esclarecidos que ellos, lo veían todo de una manera opuesta? ¿Cómo es que para saber cuáles eran las opiniones de un autor no necesitásemos leerle, bastándonos, por lo común, la orden a que pertenecía o la escuela de donde había salido? ¿Podría ser ignorancia de la materia cuando consumían su vida en estudiarla? ¿Podría ser que no leyesen las obras de sus adversarios? Esto se verificaría en muchas, pero de otros no cabe duda que las consultarían con frecuencia: ¿Podría ser mala fe? No, por cierto, pues que se distinguían por su entereza cristiana.

Las causas son las señaladas más arriba: el hombre, antes de inducir a otros al error, se engaña muchas veces a sí propio. Se aferra a un sistema, allí se encastilla con todas las razones que pueden favorecerle, su ánimo se va acalorando a medida que se ve atacado, hasta que al fin, sea cual fuere el número y la fuerza de los adversarios, parece que se dice a sí mismo: «Este es tu puesto, es preciso defenderle; vale más morir con gloria que vivir con ignominiosa cobardía».

Por este motivo, cuando se trata de convencer a otros, es preciso separar cuidadosamente la causa de la verdad de la causa del amor propio; importa sobremanera persuadir al contrincante de que cediendo nada perderá en reputación. No ataques nunca la claridad y perspicacia de su talento; de otro modo se formalizará el combate, la lucha será reñida, y aun teniéndole bajo vuestros pies y con la espada en la garganta no recabaréis que se confiese vencido.

Hay ciertas palabras de cortesía y deferencia que en nada se oponen a la verdad; en vacilando el adversario, conviene no economizarlas si deseáis que se dé a partido antes que las cosas hayan llegado a extremidades desagradables.[14]

---

14   La «duda» de Descartes fue una especie de revolución contra la autoridad científica, y, por tanto, fue llevada por muchos a una exageración indebida. Sin embargo, no es posible desconocer que había en las escuelas necesidad de un sacudimiento que las sacase del letargo en que se encontraban. La autoridad de algunos escritores se había levantado más alto de lo que convenía, y era menester un ímpetu como el de la filosofía de Descartes para derribar a los ídolos. El respeto debido a los grandes hombres no ha de rayar en culto, ni la consideración a su dictamen degenerar en ciega sumisión. Por ser grandes hombres no dejan de ser hombres y de manifestarlo así en los errores, olvidos y defectos de sus obras. Summi enim sunt homines tamen, decía Quintiliano. Y San Agustín confiesa que la infalibilidad la atribuye a los libros sagrados; pero que en cuanto a las obras de los hombres, por más alto que rayen en virtud y sabiduría, no por esto se cree obligado a tener por verdadero todo cuanto ellos han dicho o escrito.

Capítulo XV. El raciocinio

§ I. Lo que valen los principios y las reglas de la dialéctica

Cuando los autores tratan de esta operación del entendimiento amontonan muchas reglas para dirigirla, apoyándolas en algunos axiomas. No disputaré sobre la verdad de éstos, pero dudo mucho que la utilidad de aquéllas sea tanta como se ha pretendido. En efecto; es innegable que las cosas que se identifican con una tercera se identifican entre sí; que de dos cosas que se identifican entre sí si la una es distinta de una tercera lo será también la otra; que lo que se afirma o niega de todo un género o especie debe afirmarse o negarse del individuo contenido en ellos, y, además, es también mucha verdad que las reglas de argumentación fundadas en dichos principios son infalibles. Pero yo tengo la dificultad en la aplicación y no puedo convencerme de que sean de grande utilidad en la práctica.

En primer lugar, confieso que estas reglas contribuyen a dar al entendimiento cierta precisión, que puede servir, en algunos casos, para concebir con más claridad y atender a los vicios que entrañe un discurso; bien que a veces esta ventaja quedará neutralizada con las inconvenientes acarreados por la presunción de que se sabe raciocinar, porque no se ignoran las reglas del raciocinio. Puede uno saber muy bien las reglas de un arte y no acertar a ponerlas en práctica. Tal recitaría todas las reglas de la oratoria sin equivocar una palabra, que no sabría escribir una página sin chocar no diré con los preceptos del arte, sino con el buen sentido.

§ II. El silogismo. Observaciones sobre este instrumento dialéctico

Formaremos cabal concepto de la utilidad de dichas reglas si consideramos que quien raciocina no las recuerda si no se ve precisado a formular un argumento a la manera escolástica, cosa que, en la actualidad, ha caído en desuso. Los alumnos aprenden a conocer si tal o cual silogismo peca contra esta o aquella regla; y esto lo hacen en ejemplos tan sencillos, que al salir de la escuela nunca encuentran nada que a ellos se parezca. «Toda virtud es loable; la justicia es virtud, luego es loable.» Está muy bien; pero cuando se me ofrece discernir si en tal o cual acto se ha infringido la justicia y la ley tiene algo que castigar; si me propongo investigar en qué consiste la justicia, analizando los altos principios en que estriba y las utilidades que su imperio acarrea al individuo y a la sociedad, ¿de qué me servirá dicho ejemplo u otros semejantes? Los teólogos y juristas quisiera que me dijesen si en sus discursos les han servido mucho las decantadas reglas.

«Todo metal es mineral; el oro es metal, luego es mineral.» «Ningún animal es insensible; los peces son animales, luego no son insensibles.» «Pedro es culpable.» «Esta onza de oro no tiene el debido peso; esta es la que Juan me ha dado, luego la onza que Juan me ha dado no tiene el debido peso.» Estos ejemplos, y otros por el mismo tenor, son los que suelen encontrarse en las obras de lógica que dan reglas para los silogismos, y yo no alcanzo qué utilidad pueden traer al discurso de los alumnos.

La dificultad en el raciocinio no se quita con estas frivolidades, más propias para perder el tiempo en la escuela que para enseñar. Cuando el discurso se traslada de los ejemplos a la realidad no encuentra nada semejante, y entonces o se olvida completamente de las reglas o, después de haber ensayado el aplicarlas continuamente, se cansa bien pronto de la enojosa e inútil tarea. Cierto sujeto, muy conocido mío, se había tomado el trabajo de examinar todos sus discursos a la luz de las reglas dialécticas; no sé si en la actualidad conservará todavía este peregrino humor; mientras tuve ocasión de tratarle no observé que alcanzase gran resultado.

Analicemos algunos de estos ejemplos y comparémoslos con la práctica.

Trátase de la pertenencia de una posesión. Todos los bienes que fueron de la familia N debieron pasar a la familia M; pero el mucho tiempo transcurrido y otras circunstancias hacen que se suscite un pleito sobre el manso B, de que esta última se halla en posesión, fundándose en que sus derechos a ella le vienen de la familia N. Claro es que el silogismo del posesor ha de ser el siguiente: Todos los bienes que fueron de la familia N me pertenecen; es así que el manso B se halla en este caso, luego el manso B me pertenece. Para no complicar, supondremos que no haya dificultad en la primera proposición, o sea en la mayor, y que toda la disputa recaiga sobre la menor; es decir, que le incumbe probar que efectivamente el manso B perteneció a la familia N.

Todo el pleito gira, no en si el silogismo es concluyente, sino en si se prueba la menor o no. Y pregunto ahora: ¿pensará nadie en el silogismo?, ¿sirve de nada el recordar que lo que se dice de todos se ha de decir de cada uno? Cuando se haya llegado a probar que el manso B perteneció a la familia N, ¿será menester ninguna regla para deducir que la familia M es legítima poseedora? El discurso se hace, es cierto; existe el silogismo, no cabe duda; pero es cosa tan clara, es tan obvia la deducción, que las reglas dadas para sacarla más bien que otra cosa parecerán un puro entretenimiento especulativo. No estará el trabajo en el silogismo, sino en encontrar los títulos para probar que el manso B perteneció realmente a la familia N, en interpretar cual conviene las cláusulas del testamento, donación o venta por donde lo había adquirido; en esto y en otros puntos consistirá la dificultad; para esto sería necesario agudizar el discurso, prescribiéndole atinadas reglas a fin de discernir la verdad entre muchos y complicados y contradictorios documentos. Gracioso sería, por lo demás, el preguntar a los abogados y al juez cuántas veces han pensado en semejantes reglas cuando seguían con ojo atento el hilo que debía, respectivamente, conducirlos al objeto deseado.

«La moneda que no reúne las calidades prescritas por la ley no debe recibirse; esta onza de oro no las tiene, luego, no debe recibirse.» El raciocinio es tan concluyente como inútil. Cuando yo esté bien instruido de las circunstancias exigidas por la ley monetaria vigente, y además haya experimentado que esta onza de oro carece de ellas, se la devolveré al dador sin discursos; y si se traba disputa no versará sobre la legitimidad de la consecuencia, sino sobre si a tantos o cuantos gramos de déficit se ha de tomar todavía, si está bien pesada o no, si lleva esta o aquella señal y otras cosas semejantes.

Cuando el hombre discurre no anda en actos reflejos sobre su pensamiento, así como los ojos cuando miran no hacen contorsiones para verse a sí mismos. Se presenta una idea, se la concibe con más o menos claridad; en ella se ve contenida otra u otras; con éstas se suscita el recuerdo de otras, y así se va caminando con suavidad, sin cavilaciones sin embarazarse a cada paso con la razón de aquello que se piensa.

§ III. El entimema

La evidencia de estas verdades ha hecho que se contase entre las formas de argumentación el entimema, el cual no es más que un silogismo en que se calla, por sobrentendida, alguna de sus proposiciones. Esta forma se la enseñó a los dialécticos la experiencia de lo que estaban viendo a cada paso, pues pudieron notar que en la práctica se omitía, por superfluo, el presentar por extenso todo el hilo del raciocinio. Así, en el último ejemplo, el silogismo por extenso sería el que se ha puesto al principio, pero en forma de entimema se convertiría en este otro: «Esta onza no tiene las condiciones prescritas por la ley; luego no debo recibirla»; o, en estilo vulgar y más conciso y expresivo: «No la tomo, es corta».

§ IV. Reflexiones sobre el término medio

Todo el artificio del silogismo consiste en comparar los extremos con un término medio para deducir la relación que tienen entre sí. Cuando se conocen ya y se tienen presentes esos extremos y ese término medio; nada más sencillo que hacer la comparación; pero cabalmente entonces ya no es necesaria la regla, porque el entendimiento ve al instante la consecuencia buscada. ¿Cómo se encuentra ese término medio?¿Cómo se conocen los dos extremos cuando se hacen investigaciones sobre un objeto del cual se ignora lo que es? Sé muy bien que si este mineral que tengo en las manos fuese oro, tendría tal calidad; pero el embarazo está en que ni se me ocurre que esto pueda ser oro, y, por tanto, no pienso en uno de los dos extremos; ni, aun cuando pensara en ello, me encuentro con medios de comprobarlo. Sabe muy bien el juez que si el hombre que pasa por su lado fuera el asesino a quien persigue desde mucho tiempo, debería enviarle al suplicio; pero la dificultad está en que al ver al culpable no piensa en el asesino; y si pensara en él y sospechase que es el individuo que está presente, no puede condenarle, por falta de pruebas. Tiene los dos extremos, mas no el término medio; término que no se le ofrecerá ciertamente bajo formas dialécticas. ¿Cómo se llama este hombre? Su patria, su residencia ordinaria, los antecedentes de su conducta, su modo de vivir en la actualidad, el lugar donde se hallaba cuando se cometió el asesinato, testigos que le vieron en las inmediaciones del sitio en que se encontró la víctima; su traje, estatura, fiso-nomía; señales sangrientas que se han notado en su ropa, el puñal escon-dido, el azoramiento con que llegó a deshora a su casa pocos momentos después del desastre, algunas prendas que se han encontrado en su poder y que se parecen mucho a otras que tenía el difunto, sus contradicciones, su reconocida enemistad con el asesinado; he aquí los términos medios, o más bien un conjunto de circunstancias que han de indicar si el preso es el verdadero asesino. ¿Y para qué aprovecharán las reglas del silogismo? Ahora habrá que atender a una palabra, después a un hecho; aquí se habrá de examinar una señal, más allá se habrán de cotejar dos o más coinciden-cias. Será preciso atender a las cualidades físicas, morales y sociales del individuo; será necesario apreciar el valor de los testigos; en una palabra, deberá el juez revolver la atención en todas direcciones, fijarla sobre mil y mil objetos diferentes y pesarlo todo en justa y escrupulosa balanza para no dejar sin castigo al culpable o no condenar al inocente.

Lo diré de una vez: los ejemplos que suelen abundar en los libros de dialéctica de nada sirven para la práctica; quien creyese que con aquel mecanismo ha aprendido a pensar, puede estar persuadido de que se equi-voca. Si lo que acabo de exponer no le convence, la experiencia le desen-gañará.

§ V. Utilidad de las formas dialécticas

Sin embargo de lo dicho, no negaré que esas formas dialécticas sean útiles, aun en nuestro tiempo, para presentar con claridad y exactitud el encade-namiento de las ideas en el raciocinio, y que si no valen mucho como medio de invención, sean a veces provechosas como conducto de enseñanza. Así es que, lejos de pretender que se las destierre del todo de las obras ele-mentales, conviene que se las conserve, no en toda su sequedad, pero sí en todo su vigor. Nervos et ossa las llamaba Melchor Cano con mucha opor-tunidad; no se destruyan, pues, esos nervios y huesos; basta cubrirlos con piel blanda y colorada para que no repugnen ni ofendan. Porque es preciso confesar que ahora, a fuerza de desdeñar las formas, se cae en el extremo opuesto, sumamente dañoso al adelanto de las ciencias y a la causa de la verdad. Antes los discursos eran descarnados en demasía; presentaban, por decirlo así, desnuda la armazón; pero ahora tanto es el cuidado de la exterioridad, tal el olvido de lo interior, que en muchos discursos no se encuentran más que palabras, que serían bellas si serlo pudieran palabras vacías. Con el auxilio de las formas dialécticas traveseaban en demasía los ingenios sutiles y cavilosos; con las formas oratorias se envuelven a menudo los espíritus huecos. Est modus in rebus.[15]

---

15 Voy a compendiar en pocas palabras lo más útil que dicen los dialécticos sobre la percepción, juicio y raciocinio; término, proposición y argumentación.

Según los dialécticos, la percepción, es el conocimiento de la cosa, sin afirmación o negación; el juicio es la afirmación o negación; el raciocinio es el acto del entendimiento con el que de una cosa inferimos otra.

Pienso en la virtud sin afirmar o negar nada de ella; tengo una percepción. Interiormente afirmo que la virtud es loable; formo un juicio. De aquí infiero que para merecer la verdadera alabanza es preciso ser virtuoso; esto es un raciocinio.

El objeto interior de la percepción se llama idea.

El término, o vocablo, es la expresión de la cosa percibida. La palabra «América» no expresa la idea del nuevo Continente, sino el mismo Continente. Es cierto que no existiera el término si no existiese la idea y que ésta sirve como de nudo para enlazar el término con la cosa; pero no lo es menos que cuando expresamos «América» entendemos la cosa misma, no la idea. Así decimos: «La América es un país hermoso», y es evidente que esto no lo afirmamos de la idea.

Al pensar en los metales conozco que el ser «metal» es común a muchas cosas que, por otra parte, son diferentes, como la plata, el oro, el plomo, etc.; al pensar en los brutos veo que hay algo en que convienen el camello, el águila, la serpiente, la mariposa y todos los demás, a saber: el «vivir y sentir», o el ser animales. Cuando expreso esta que conviene a muchos, diciendo: «metal», «animal», «cuerpo», «hombre justo», «malo», etc., el término se denomina «común».

El término común tomado en general es aquel cuyo significado conviene a muchos, pero como puede suceder que convenga a muchos, o bien tan solo en cuanto se consideran reunidos, o bien que se aplique a cualquiera de ellos por separado, suele decirse que en el primer caso el término es colectivo; en el segundo, distributivo. «Academia» es un término común colectivo porque expresa la «colección» de los académicos; pero no de tal suerte que cada uno de estos pueda llamarse «academia». «Sabio» es término común distributivo porque se aplica a muchos, de manera que cualquier individuo que posea la sabiduría pueda llamarse sabio.

Término singular es el que expresa un solo individuo, como Pirineos, Mar Negro, Madrid, etc.

Me parece que el término colectivo no debería contarse como una especie del común, porque entonces hay el inconveniente de que la división no está bien hecha. Decimos: el término es común o singular. El común se divide en colectivo y distributivo. Para que una división sea bien hecha se requiere que de dos miembros opuestos el uno no pertenezca al otro, lo que se verifica si adoptamos la división expresada. En efecto; la palabra «nación» es común, distributivamente, porque conviene a todas las naciones, y colectivamente, porque se aplica a una reunión. Francia es común colectivo porque se aplica a un conjunto de hombres, y singular porque expresa una sola nación, un verdadero individuo de la especie de las naciones. Luego el término colectivo no debe contarse entre los comunes, como contrapuestos al singular, pues hay nombres colectivos comunes y los hay singulares.

El término común se divide en unívoco, equívoco y análogo. Unívoco es el que tiene para muchos un significado idéntico, como hombre, animal, corpóreo. Equívoco es el que le tiene diferente como león, que expresa un animal y un signo celeste. Análogo, el que lo tiene en parte idéntico y en parte diferente, como sano, que se aplica al alimento que conserva la salud, al medicamento que la restablece, al hombre que la posee; piadoso, que se aplica a la persona, a un libro, a una acción, a una imagen. «Amo» se dice de los monarcas; así esa fórmula «el rey, mi augusto amo» se dice de los que tienen esclavos, se dice de los que tienen dependientes o criados, se dice del dueño de la habitación.

De muchos términos se verifica que envuelven una idea general, susceptible de varias modificaciones; y el emplearlos sin hacer la competente distinción da lugar a confusión de ideas y estériles disputas. Usamos a cada paso las palabras rey, monarca, soberano; hablamos sobre lo que ellas significan, asentando nuestros respectivos sistemas. Y, sin embargo, es imposible no desacertar gravísimamente si en cada cuestión no se fija con exactitud lo que estas palabras expresan. Soberano es el sultán, soberano es el emperador de Rusia, soberano es el rey de Prusia, soberano es el rey de Francia, soberana, es la reina de Inglaterra, y, no obstante, en ninguno de estos casos la soberanía expresa lo mismo.

La definición es la explicación de la cosa. Si explica la esencia, se llama esencial; si se contenta con darla a conocer, sin penetrar en su naturaleza, se apellida descriptiva.

Cuando la cosa explicada es la significación de una palabra, se llama definición del nombre: definitivo nominis. Conviene no confundir la definición del nombre con su etimología; porque, siendo esta última la explicación del origen de la palabra, acontece muchas veces que el sentido usual es muy diferente del etimológico. La etimología ilustra para conocer el verdadero significado, pero no lo determina. Así, por ejemplo, la palabra obispo, episcopus, que, atendida su etimología griega, significa vigilante y en su acepción latina, superintendente, nos indica en cierto modo las atribuciones pastorales, pero dista mucho de determinarlas en su verdadero sentido. Así, esta palabra significaba entre los latinos el magistrado a cuyo cargo corría el cuidado del pan y demás comestibles. Cicerón, escribiendo a Ático, le dice: Vult enim Pompejus me esse quem tota hoec Campania, et maritima ora habent episcopum ad quem delectas et negotii summa referatur. (Lib. 7. «Epist.»)

Capítulo XVI. No todo lo hace el discurso

Las calidades de una buena definición son claridad y exactitud. Será clara, si no puede menos de entenderla quien no ignore la significación de las palabras; será exacta si explica de tal manera la cosa definida que ni le añada ni le quite.

La mejor regla para asegurarse de la bondad de una definición es aplicarla desde luego a las cosas definidas y observar si las comprende a todas y a ellas solas.

La división es la distribución de un todo en sus partes. Según son éstas toma distintos nombres, llamándose actual cuando existen en realidad y potencial cuando no son más que posibles. La actual se subdivide en metafísica, física e integral. Metafísica es la que distribuye el todo en partes metafísicas, como el hombre en animal y racional; física, la que le distribuye en partes físicas, como el hombre en cuerpo y alma; integral, la que le distribuye en partes que expresan cantidad, como el hombre en cabeza, pies, manos, etc. La potencial es la que distribuye un todo en aquellas partes que nosotros le podemos concebir. Así, considerando como un todo la idea abstracta «animal», podemos dividirle en racional e irracional. Si lo expresado por la división potencial pertenece a la esencia de la cosa, se llama esencial; si no, accidental. Será esencial si divido el animal en racional e irracional; será accidental si le divido por sus colores u otras calidades semejantes.

La buena división debe: primero, agotar el todo; segundo, no atribuirle partes que no tenga; tercero, no incluir una parte en las otras; cuarto, proceder con orden, ya sea que éste se funde en la naturaleza de las cosas o en la generación o distribución de las ideas.

Si afirmo una cosa de otra formo un juicio; si lo enuncio con palabras tengo una proposición. Afirmo interiormente que la tierra es un esferoide: he aquí un juicio; digo o escribo: «La tierra es un esferoide»: he aquí la proposición.

En todo juicio hay relación de dos ideas, o más bien de los objetos que ellas representan; lo mismo ha de suceder en la proposición; el término que expresa aquello de que afirmamos o negamos se llama sujeto; lo que afirmamos o negamos se denomina predicado, y el verbo «ser», que expreso o sobrentendido se halla siempre en la proposición, se apellida unión o cópula porque representa el enlace de las dos ideas. Así, en el ejemplo anterior, la «tierra» es el sujeto, «esferoide» el predicado y «es» la cópula.

Si hay afirmación, la proposición se llama afirmativa; si hay negación, negativa. Pero conviene advertir que para que una proposición sea negativa no hasta que la partícula no afecte alguno de sus términos, sino que es preciso que afecte al verbo. «La ley «no» manda pagar». «La ley manda «no» pagar». La primera es negativa; la segunda, afirmativa; el sentido es muy diferente con solo mudar de lugar el «no».

Las proposiciones se dividen en universales, indefinidas, particulares y singulares, según que el sujeto es singular, indefinido, particular o universal. «Todo cuerpo es grave» es proposición universal a causa de la palabra «todo». «El hombre es inconstante»: la proposición es indefinida, por no expresarse si lo son todos o alguno. «Algunos son engañosos»: la proposición es particular, porque el sujeto está restringido por el adjunto «alguno». «Gonzalo de Córdoba fue insigne capitán»: la proposición es singular, por serlo el sujeto.

Para ser singular la proposición no es preciso que el nombre sea propio; basta una palabra cualquiera que lo determine, como si digo: «Esta moneda es falsa».

Tocante a las proposiciones indefinidas, puede preguntarse si el sujeto se toma en sentido universal o particular; y a esta cuestión dan origen dos motivos: primero, el no estar aquél acompañado de término universal ni particular; segundo, el observarse que el uso les señala a unas un sentido universal y a otras no.

La proposición indefinida equivale a la universal, en sentido absoluto, si se trata de materias pertenecientes a la esencia de las cosas o alguna de sus propiedades que pueda considerarse necesaria; equivale a universal moral, es decir, para la mayor parte de los casos, si versa sobre calidades que así lo demanden, y, por fin, a particular si así lo indica la cosa de que se habla. «Los cuerpos son pesados» equivale a decir: «Todos los cuerpos son pesados». «Los alemanes son meditabundos» no equivale a decir que todos lo sean, sino que éste es uno de caracteres de aquella nación.

Las proposiciones son simples o compuestas. Las simples son las que expresan la relación de un solo predicado a un solo sujeto, como todas las de los ejemplos anteriores. Las compuestas son las que contienen más de un sujeto o predicado, y, por lo mismo, explícita o implícitamente, comprenden más de una proposición. Con la clasificación y los ejemplos, se comprenderá mejor en qué consiste una proposición compuesta. Los dialécticos suelen distribuirlas en varias clases; indicaré las principales.

Proposición copulativa es la que expresa el enlace de dos afirmaciones o negaciones. «El oro, y la plata son metales». Equivale a estas dos reunidas: el oro es metal y la plata es metal. «El oro es amarillo y el oro es dúctil». Para que estas proposiciones sean verdaderas se necesita que lo sean las dos partes, porque la afirmación no se limita a la una, sino que se extiende a las dos. A la misma clase pueden reducirse estas negativas: «Ni la codicia ni la soberbia son virtudes». «La templanza no es dañosa ni al alma ni al cuerpo», etc.

Disyuntiva es la proposición en que entre dos o más extremos se afirma la existencia de uno. Las acciones humanas son o buenas o malas. «A estas horas se habrá ejecutado el designio, o no se ejecutará nunca». Para la verdad de estas proposiciones se necesita que no haya medio entre los extremos señalados. Un papel o es blanco o es negro; la proposición es falsa, porque puede ser de otros colores.

Proposición condicional es la que se afirma una cosa con condición. «Si el viento sopla, el tiempo será frío». «Si hiela, se echarán a perder los frutos». Para la verdad de estas proposiciones se necesita que, en realidad, la primera parte traiga consigo la segunda, porque esto es lo que se afirma, mas no que la segunda traiga la primera, porque de esto se prescinde. Así, en el último ejemplo se dice que al hielo seguirá la perdición de los frutos, pero no que si se pierden los frutos haya hielo, porque no se afirma que los frutos no puedan perderse por otras causas.

Poco diré sobre las formas de argumentación. Los dialécticos las han distribuído en muchas clases y señaládoles abundantes reglas, todo con mucho ingenio. Ya he indicado lo que pensaba de su utilidad. Para inventar sirven poco o nada; para exponer, mucho,

§ I. La inspiración

Es un error el figurarse que los grandes pensamientos son hijos del discurso; éste, bien empleado, sirve algún tanto para enseñar, pero poco para inventar. Casi todo lo que el mundo admira de más feliz, grande y sorprendente es debido a la inspiración, a esa luz instantánea que brilla de repente en el entendimiento del hombre, sin que él mismo sepa de dónde le viene. Inspiración, la apellido, y con mucha propiedad, porque no cabe nombre más adaptado para explicar este admirable fenómeno.

Está un matemático dando vueltas a un intrincado problema; se ha hecho cargo de todos los datos, nada le queda que practicar de lo que para semejantes casos está prevenida. La resolución no se encuentra; se han tanteado varios planteos y a nada conducen. Se han tomado al acaso diferentes cantidades por si se da en el blanco; todo es inútil. La cabeza está fatigada, la pluma descansa sobre el papel, nada escribe. La atención del calculador está como adormecida de puro fija; casi no sabe si piensa. Cansado de forcejear, por abrir una puerta tan bien cerrada, parece que ha desistido de su empeño y que se ha sentado en el umbral aguardando si alguien abrirá por la parte de adentro. «Ya lo veo —exclama de repente—; esto es...» Y, cual otro Arquímedes, sin saber lo que le sucede, saltaría del baño y echaría a correr gritando: «¡Lo he encontrado!... ¡Lo he encontrado!».

Acontece a menudo que después de largas horas de meditación no se ha podido llegar a un resultado satisfactorio; y cuando el ánimo está distraído, ocupado en asuntos totalmente diferentes, se le presenta de improviso la

---

y, en general, el acostumbrarse a ellas por algún tiempo deja en el entendimiento una claridad y precisión que no se pierden fácilmente y se hacen sentir en todos los estudios. Silogismo es la argumentación en que se comparan dos términos con un tercero para inferir la relación que ellos tienen entre sí. «Lo simple es incorruptible; el alma es simple, luego es incorruptible». Los extremos son «alma» e «incorruptible»; el término medio es «simple».

Entimema es un silogismo abreviado. «El alma es simple, luego es incorruptible».

El dilema es una argumentación fundada en una proposición disyuntiva, que por todos los extremos hiere al adversario. «O el cristianismo se difundió con milagros o sin ellos: si con milagros, el cristianismo es verdadero; si sin milagros, el cristianismo es verdadero también, pues se difundió con un gran milagro, que es el difundirse sin milagros».

verdad como una aparición misteriosa. Hallábase Santo Tomás de Aquino en la mesa del rey de Francia, y como no debía de ser malcriado y descortés, no es regular que escogiese aquel puesto para entregarse a meditaciones profundas. Pero antes de la hora del convite estaría en la celda ocupado en sus ordinarias tareas, aguzando las armas de la razón para combatir a los enemigos de la Iglesia. Natural es que le sucediese lo que suelen experimentar todos los que tienen por costumbre penetrar en el fondo de las cosas, que aun cuando han dejado la meditación en que estaban embebidos, se les ocurre con frecuencia el punto en cuestión, como si viniese a llamar a la puerta, preguntando si le toca otra vez el turno. Y he aquí que, sin saber cómo, se siente inspirado, ve lo que antes no veía, y, olvidándose de que estaba en la mesa del rey, da sobre ella una palmada, exclamando: «¡Esto es concluyente contra los maniqueos!...».

§ II. La meditación

Cuando el hombre se ocupa en comprender algún objeto muy difícil, tan lejos está de andar con la regla y compás en la mano para dirigir sus meditaciones, que las más de las veces queda absorto en la investigación, sin advertir que medita, ni aun que existe. Mira las cosas ahora por un lado, después por otro; pronuncia interiormente el nombre de aquella que examina; da una ojeada a lo que rodea el punto principal; no se parece a quien sigue un camino trillado, como sabiendo el término a que ha de llegar, sino a quien, buscando en la tierra un tesoro cuya existencia sospecha, pero de cuyo lugar no está seguro, anda excavando, acá y acullá, sin regla fija.

Y, si bien se observa, no puede suceder de otra manera, cuando ya de antemano no se conoce la verdad que se busca. El que tiene a la vista un pedazo de mineral cuya naturaleza conoce, cuando trate de manifestar a otros lo que él sabe sobre la misma, se valdrá del procedimiento más sencillo y más adaptado para el efecto. Pero, si no tuviese dicho conocimiento, entonces le revolvería y miraría repetidas aquel indicio formaría sus conjeturas, y, al fin, echaría mano de experimentos a propósito no para manifestar que es tal, sino para descubrir cuál es.

§ III. Invención y enseñanza

De esto nace la diferencia entre el método de enseñanza y el de invención; quien enseña sabe adónde va y conoce el camino que ha de seguir, porque ya le ha recorrido otras veces; mas el que descubre, tal vez no se propone nada determinado, sino examinar lo que hay en el objeto que le ocupa; quizá se prefija un blanco, pero ignorando si es posible alcanzarle o dudando si existe, si es más que un capricho de su imaginación; y, en caso de estar seguro de su existencia, no conoce el sendero que a él le ha de conducir.

Por este motivo los más elevados descubrimientos se enseñan por principios muy diferentes de los que guiaron a los inventores; y el cálculo infinitesimal es debido a la geometría, y ahora se llega a sus aplicaciones geométricas por una serie de procedimientos puramente algebraicos. Así, se levanta en una cordillera de escarpadas montañas un picacho inaccesible, donde, al parecer, se divisan algunos restos de un antiguo edificio; un hombre curioso y atrevido concibe el designio de subir allá; mira, tantea, trepa por altísimos peñascos, se escurre por pasadizos impracticables, se aventura por el estrechísimo borde de espantosos derrumbaderos, se ase de endebles plantas y carcomidas raíces y, al fin, cubierto de sudor y jadeando de cansancio, toca la deseada cumbre y, levantando los brazos, clama con orgullo: «¡Ya estoy arriba!». Entonces domina de una ojeada todas las vertientes de las cordilleras, lo que antes no veía sino por partes ahora lo ve en su conjunto; mira hacia los puntos por donde había tanteado, ve la imposibilidad de subir por allí y se ríe de su ignorancia. Contempla las escabrosidades por donde acaba de atravesar, y se envanece de su temeraria osadía. Y ¿cómo será posible que por estas malezas suban los que te están mirando? Pero ved ahí un sendero muy fácil; desde abajo no se descubre, desde arriba sí. Da muchos rodeos, es verdad; se ha de tomar a larga distancia, pero es accesible hasta a los más débiles y menos atrevidos. Entonces desciende corriendo, se reúne con los demás, les dice: «Seguidme», los conduce a la cima, sin cansancio ni peligro, y allí les hace disfrutar de la vista del monumento y de los magníficos alrededores que el picacho domina.

§ IV. La intuición

Mas no se crea que las tareas del genio sean siempre tan laboriosas y pesadas. Uno de sus caracteres es la intuición, el ver sin esfuerzo lo que otros no descubrían sino con mucho trabajo, el tener a la vista el objeto inundado de luz cuando los demás están en tinieblas. Ofrecedle una idea, un hecho, que quizá para otros serán insignificantes; él descubre mil y mil circunstancias y relaciones antes desconocidas. No había más que un pequeño círculo, y al clavarse en él la mágica mirada, el círculo se agita, se dilata, va extendiéndose como la aurora al levantarse el Sol. Ved: no había más que una débil ráfaga luminosa; pocos instantes después brilla el firmamento con inmensas madejas de plata y de oro; torrentes de fuego inundan la bóveda celeste del oriente al ocaso, del aquilón al sur.

§ V. No está la dificultad en comprender, sino en atinar. El jugador de ajedrez. Sobiezk. Las víboras de Aníbal

Hay en este punto una particularidad muy digna de notarse, y que tal vez no ha sido observada, y es que muchas verdades no son difíciles en sí, y que, sin embargo, a nadie se ocurren sino a los hombres de talento. Cuando éstos las presentan, o las hacen advertir, todo el mundo las ve tan claras, tan sencillas, tan obvias, que parece extraño no se las haya visto antes.

Dos hábiles jugadores de ajedrez están empeñados en una complicada partida. Uno de ellos hace una jugada, al parecer tan indiferente... «Tiempo perdido», dicen los espectadores; luego abandona una pieza que podía muy bien defender y se entretiene en acudir a un punto por el cual nadie le amenaza. «Vaya una humorada —exclaman todos—; esto le hará a usted mucha falta» «¿Qué quieren ustedes? —dice el taimado—; no atina uno en todo»; y continúa como distraído. El adversario no ha penetrado la intención, no acude al peligro, juega; y el distraído, que perdía tiempo y piezas, ataca por el flanco descubierto, y con maligna sonrisa dice: «Jaque mate». «Tiene razón —gritan todos—; y ¿cómo no lo habíamos visto?; y una cosa tan sencilla..., pues claro; perdió el tiempo para enfilar por aquel lado, abandonó una pieza para abrirse paso; acudió allí, no para defenderse, sino para cerrar aquella salida; parece imposible que no lo hubiéramos advertido.»

Están los turcos acampados delante de Viena; cada cual discurre por dónde se deberá atacarlos cuando llegue el deseado refuerzo a las órdenes del rey de Polonia. Las reglas del arte andan de boca en boca; los proyectos son innumerables. Llega Sobieski, echa una ojeada sobre el ejército enemigo: «Es mío —dice—; está mal acampado». Al día siguiente ataca; los turcos son derrotados y Viena es libre. Y después de visto el plan de ataque y su feliz éxito, todos dirán: «Los turcos cometieron tal o cual falta; tenía razón el rey: estaban mal acampados»; todos veían la verdad, la encontraban muy sencilla, pero después de habérsela mostrado.

Todos los matemáticos sabían las propiedades de las progresiones aritméticas y geométricas: que el exponente de 1 era 0, que el de 10 era 1, que el de 100 era 2, y así, sucesivamente, y que el de los números medios entre 1 y 19 era un quebrado; pero nadie veía que con esto se pudiese tener un instrumento de tantos y tan ventajosos usos como son las tablas de los logaritmos. Neper dijo: «Helo aquí», y todos los matemáticos vieron que era una cosa muy sencilla.

Nada más fácil que el sistema de nuestra numeración y, sin embargo, no lo conocieron ni los griegos ni los romanos. ¿Qué fenómeno más sencillo, más patente a nuestros ojos que la tendencia de los fluidos a ponerse a nivel, a subir a la misma altura de la cual descienden? ¿No lo estamos viendo a cada paso en las retortas y en todos los vasos donde hay dos o más tubos de comunicación? ¿Qué cosa más sencilla que la aplicación de esta ley de la Naturaleza a objeto de tanta utilidad como es la conducción de las aguas? Y, sin embargo, ha debido transcurrir mucho tiempo antes que la Humanidad se aprovechara de la lección que estaba recibiendo todos los días en un fenómeno tan sencillo.

Dos artesanos poco diestros se hallaban en una obra. El uno consulta al otro; ambos cavilan, ensayan, malbaratan, sin conseguir nada. Acuden por fin a un tercero, de aventajada nombradía: «A ver si usted nos saca de apuros». «Muy sencillo: de esta manera.» «Tiene usted razón; era tan fácil, y no habíamos sabido dar en ello.»

Está Aníbal a la víspera de un combate naval; da sus disposiciones y, entretanto, vuelven a bordo algunos soldados, que llevan un gran número de vasos de barro bien tapados, cuyo contenido conocen muy pocos.

Comienza la refriega; los enemigos se ríen de que los marinos de Aníbal les arrojen aquellos vasos en vez de flechas; el barro se hace pedazos y el daño que causa es muy poco. Pasan algunos momentos; un marino siente una picadura atroz; al grito del lastimado sucede el de otro; todos vuelven la vista y notan con espanto que la nave está llena de víboras. Introdúcese el desorden. Aníbal maniobra con destreza y la victoria se decide en su favor. Ciertamente que nadie ignoraba que era posible recoger muchas víboras y encerrarlas en vasos de barro y tirarlos a las naves enemigas; pero la ocurrencia solo la tuvo el astuto cartaginés. Y él, sin duda, encontró el infernal ardid sin raciocinios ni cavilaciones; bastóle, tal vez, que alguien mentase la palabra víbora para atinar, desde luego, en que este reptil podía servirle de excelente auxiliar.

¿Qué nos dicen estos ejemplos? Nos dicen que el talento consiste muchas veces en ver una relación que está patente y en la cual nadie atina. Ella, en sí, no es difícil, y la prueba está en que tan pronto como alguno la descubre y la señala con el dedo, diciendo: «Mirad», todos la ven sin esfuerzo y hasta se admiran de no haberla advertido. Así que el lenguaje, llevado por la fuerza misteriosa de las cosas, los llama a estos pensamientos: ocurrencia, golpes, inspiraciones, expresando de esta manera que no costaron trabajo, que se ofrecieron por sí mismos.

§ VI. Regla para meditar

De lo dicho inferiré que para pensar bien no es buen sistema poner el espíritu en tortura, sino que es conveniente dejarle con cierto desahogo. Está meditando sobre un objeto; al parecer no adelanta; con la atención sobre una cosa, diríase que está dormitando. No importa; no lo violentéis; mira si descubre algún indicio que le guíe; se asemeja al que tiene en la mano una cajita cerrada con un resorte misterioso, en la cual se quiere poner a prueba el ingenio, por si encuentra el modo de abrirla. La contempla largo rato, la vuelve repetidas veces, ora aprieta con el dedo, ora forcejea con la uña, hasta que, al fin, permanece un instante inmóvil y dice: «Aquí está el resorte; ya está abierta».

§ VII. Carácter de las inteligencias elevadas. Notable doctrina de Santo Tomás de Aquino

¿Por qué no se ocurren a todos ciertas verdades sencillas? ¿Cómo es que el linaje humano haya de mirar cual espíritus extraordinarios a los que ven cosas que, al parecer, todo el mundo había podido ver? Esto es buscar la razón de un arcano de la Providencia; esto es preguntar por qué el Criador ha otorgado a algunos hombres privilegiados una gran fuerza de intuición, o sea visión intelectual inmediata, y la ha negado al mayor número.

Santo Tomás de Aquino desenvuelve sobre este particular una doctrina admirable. Según el santo doctor, el discurrir es señal de poco alcance del entendimiento; es una facultad que se nos ha concedido para suplir a nuestra debilidad, y así es que los ángeles entienden, mas no discurren. Cuanto más elevada es una inteligencia, menos ideas tiene, porque encierra en pocas lo que las más limitadas tienen distribuido en muchas. Así, los ángeles de más alta categoría entienden por medio de pocas ideas; el número se va reduciendo a medida que las inteligencias criadas se van acercando al Criador, el cual como ser infinito e inteligencia infinita, todo lo ve en una sola idea, única, simplicísima, pero infinita: su misma esencia. ¡Cuán sublime teoría! Ella sola vale un libro; ella prueba un profundo conocimiento de los secretos del espíritu; ella nos sugiere innumerables aplicaciones con respecto al entendimiento del hombre.

En efecto; los genios superiores no se distinguen por la mucha abundancia de las ideas, sino en que están en posesión de algunas capitales, anchurosas, donde hacen caber al mundo. El ave rastrera se fatiga revoloteando y recorre mucho terreno, y no sale de la angostura y sinuosidad de los valles; el águila remonta su majestuoso vuelo, posa en la cumbre de los Alpes, y desde allí contempla las montañas, los valles, la corriente de los ríos, divisa vastas llanuras pobladas de ciudades y amenizadas con deliciosas vegas, galanas praderas, ricas y variadas mieses.

En todas las cuestiones hay un punto de vista principal dominante; en él se coloca el genio. Allí tiene la clave, desde allí lo domina todo. Si al común de los hombres no les es posible situarse de golpe en el mismo lugar, al menos deben procurar llegar a él a fuerza de trabajo, no dudando que con esto se ahorrarán muchísimo tiempo y alcanzarán los resultados más ventajosos. Si bien se observa, toda cuestión y hasta toda ciencia tienen uno o pocos puntos capitales a los que se refieren los demás. En situándose en ellos, todo se presenta sencillo y llano; de otra suerte, no se ven más que detalles y nunca el conjunto. El entendimiento humano, ya de suyo tan débil, ha menester que se le muestren los objetos tan simplificados como sea dable; y, por lo mismo, es de la mayor importancia desembarazarlos de follaje inútil, y que, además, cuando sea preciso cargarle con muchas atenciones simultáneas, se las distribuya, de suerte que queden reducidas a pocas clases, y cada una de éstas vinculada en un punto. Así se aprende con más facilidad, se percibe con lucidez y exactitud y se auxilia poderosamente la memoria.

§ VIII. Necesidad del trabajo

De las doctrinas de este capítulo sobre la inspiración e intuición, ¿podremos inferir la conveniencia de abandonar el discurso, y hasta el trabajo, y de entregarnos a una especie de quietismo intelectual? No, ciertamente. Para el desarrollo de toda facultad hay una condición indispensable: el ejercicio. En lo intelectual, como en lo físico, el órgano que no funcione se adormece, pierde de su vida; el miembro que no se mueve se paraliza. Aun los genios más privilegiados no llegan a adquirir su fuerza hercúlea sino después de largos trabajos. La inspiración no desciende sobre el perezoso; no existe cuando no hierven en el espíritu ideas y sentimientos fecundantes. La intuición, el ver del entendimiento, no se adquiere sino con un hábito engendrado por el mucho mirar. La ojeada rápida, segura y delicada de un gran pintor no se debe solo a la Naturaleza, sino también a la dilatada contemplación y observación de los buenos modelos; y la magia de la música no se desenvolvería en la organización más armónica, sujeta únicamente a oír sonidos ásperos y destemplados.[16]

---

16 He recordado con elogio una doctrina de Santo Tomás, y no puedo menos de advertir lo muy útil que considero la lectura de las obras de aquel insigne doctor a cuantos deseen entregarse a estudios profundos sobre el espíritu humano. Si bien es verdad que se halla en ellas el estilo de la época, también es cierto que más de una vez se asombra el lector de que en medio de la ignorancia, que todavía era mucha en el siglo XIII, hubiese un hombre que a tan vasta erudición reuniese un espíritu tan penetrante, tan profundo, tan exacto.

Capítulo XVII. La enseñanza

§ I. Dos objetos de la enseñanza. Diferentes clases de profesores

Distinguen comúnmente los dialécticos entre el método de enseñanza y el de invención. Sobre uno y otro voy a emitir algunas observaciones.

La enseñanza tiene dos objetos: primero, instruir a los alumnos en los elementos de la ciencia; segundo, desenvolver su talento para que al salir de la escuela puedan hacer los adelantos proporcionados a su capacidad.

Podría parecer que estos dos objetos no son más que uno solo, sin embargo no es así. Al primero alcanzan todos los profesores que poseen medianamente la ciencia; al segundo no llegan sino los de un mérito sobresaliente. Para lo primero basta conocer el encadenamiento de algunos hechos y proposiciones cuyo conjunto forma el cuerpo de la ciencia; para lo segundo es preciso saber cómo se ha construido esa cadena que enlaza un extremo con otro; para lo primero bastan hombres que conozcan los libros; para lo segundo son necesarios hombres que conozcan las cosas.

Más diré: puede muy bien suceder que un profesor superficial sea más a propósito para la simple enseñanza de los elementos que otro muy profundo, pues que éste, sin advertirlo, se dejará llevar a discursos que complicarán la sencillez de las primeras nociones, y así dañará a la percepción, de los alumnos poco capaces.

La clara explicación de los términos, la exposición llana de los principios en que se funda la ciencia, la metódica coordinación de los teoremas y de sus corolarios, he aquí el objeto de quien no se propone más que instruir en los elementos.

Pero al que extienda más allá sus miradas y considere que los entendimientos de los jóvenes no son únicamente tablas donde se hayan de tirar algunas líneas que permanezcan allí inalterables para siempre, sino campos que se han de fecundar con preciosa, semilla, a éste le incumben tareas más elevadas y más difíciles. Conciliar la claridad con la profundidad, hermanar la sencillez con la combinación, conducir por camino llano y amaestrar al propio tiempo en andar por senderos escabrosos, mostrando las angostas y enmarañadas veredas por donde pasaron los primeros inventores, inspirar vivo entusiasmo, despertar en el talento la conciencia de las propias fuerzas, sin dañarle con temeraria presunción, he aquí las atribuciones del profesor que considera la enseñanza elemental no como fruto, sino como semilla.

§ II. Genios ignorados de los demás y de sí mismos

¡Cuán pocos son los profesores dotados de esta preciosa habilidad! Y ¿cómo es posible que los haya en el lastimoso abandono en que yace este ramo? ¿Quién cuida de aficionar a la enseñanza a los hombres de capacidad elevada? ¿Quién procura fijarlos en esta ocupación, si se deciden alguna vez a emprenderla? Las cátedras son miradas a lo más como un hincapié para subir más arriba; con las arduas tareas que ellas imponen se unen mil y mil de un orden diferente, y se desempeña corriendo y a manera de distracción lo que debería absorber al hombre entero.

Así, cuando entre los jóvenes se encuentra alguno en cuya frente chispea la llama del genio, nadie la advierte, nadie se lo avisa, nadie se lo hace sentir; y, encajonado entre los buenos talentos, prosigue su carrera sin que se le haya hecho experimentar el alcance de sus fuerzas. Porque es preciso saber que estas fuerzas no siempre las conoce el mismo que las posee, aun cuando sean con respecto a lo mismo que le ocupa. Podrá muy bien suceder que el fuego del genio permanezca toda la vida entre cenizas por no haber habido una mano que las sacudiera. ¿No vemos a cada paso que una ligereza extraordinaria, una singular flexibilidad de ciertos miembros una gran fuerza muscular y otras calidades corporales están ocultas, hasta que un ensayo casual viene a revelárselas al que las posee? Si Hércules no manejara más que un bastoncito, nunca creyera ser capaz de blandir la pesada clava.

§ III. Medios para descubrir los talentos ocultos y apreciarlos en su valor

Un profesor de matemáticas que explique a sus alumnos la teoría de las secciones cónicas les dará una idea clara y exacta de dichas curvas, presentándoles las ecuaciones que expresan su naturaleza y deduciendo las propiedades que de ésta se originan. Hasta aquí, el discípulo aprende bien los elementos, pero no se ejercita en el desarrollo de sus fuerzas intelectuales; nada se le ofrece que pueda hacerle sentir el talento de invención, si es que en realidad le posea. Pero si el profesor le hace notar que aquella ecuación fundamental, al parecer de mera convención, no es probable que se le haya establecido sin motivo, desde luego, el joven se halla mal seguro sobre la base que reputaba sólida y busca el medio de darle algún apoyo. Si el alumno no acierta en el principio generador de dichas curvas, se le puede hacer notar el nombre que llevan y recordarle que la sección, paralela a la base del coro es un círculo. Entonces, naturalmente, el alumno corta el cono con planos en diferentes posiciones, y a la primera ojeada advierte que si la sección es cerrada, y no paralela a la base, resultan curvas cuya figura se parece a la que se ha llamado elipse. Ya imagina la sección más cercana al paralelismo, ya más distante, y siempre nota que la figura es una elipse, con la única diferencia de su mayor aplanación por los lados o bien de la mayor diferencia de los ejes. ¿Será posible expresar por una ecuación la naturaleza de esta curva? ¿Hay algunos datos conocidos? ¿Tienen alguna relación con las propiedades del cono y de la sección paralela? ¿La mayor o menor inclinación del plano cambia la naturaleza de la sección? Dando al plano otras posiciones, de suerte que no salga cerrada la sección, ¿qué curvas resultan? ¿Hay alguna semejanza entre ellas y las parábolas e hipérbolas? Esta y otras cuestiones se ofrecen al discípulo dotado de capacidad; y si es de muy felices disposiciones, veréisle al instante tirar líneas dentro del cono, compararlas unas con otras, concebir triángulos, calcular sus relaciones y tantear mil caminos para llegar a la ecuación deseada. Entonces no aprende simplemente las primeras nociones de la teoría; se ha convertido ya en inventor; su talento encuentra pábulo en qué cebarse; y cuando, aislado en los procedimientos de primera enseñanza, contaba muchos iguales en la inteligencia de la doctrina explicada, ahora echaréis de ver que deja a sus compañeros muy atrás, que ellos no han dado un paso, mientras él o ha obtenido el resultado que se buscaba o adelantado en el verdadero camino. Entonces da a conocer sus fuerzas, y las conoce él mismo; entonces se palpa que su capacidad es superior a la rutina y que quizá, andando el tiempo, podrá ensanchar el dominio de la ciencia.

Un profesor de derecho natural explicará cumplidamente los derechos y deberes de la patria potestad y las obligaciones de los hijos con respecto a los padres, aduciendo las definiciones y razones que en tales casos se acostumbran. Hasta aquí llegan los elementos, pero nada se encuentra para desenvolver el genio filosófico de un alumno privilegiado, ni que pueda hacerle sobresalir entre el común de sus compañeros, dotados de una capacidad regular. El hábil profesor desea tomar la medida de los talentos que hay en la cátedra, y el tiempo que le sobra después de la explicación le emplea en hacer un experimento.

—Sobre estos deberes, ¿le parece a usted si nos dicen algo los sentimientos del corazón? Las luces de la filosofía, ¿están de acuerdo con las inspiraciones de la Naturaleza? A esta pregunta responderán hasta los medianos, observando que los padres, naturalmente, quieren a los hijos, y éstos a los padres, y que así están enlazados nuestros deberes con nuestros afectos, instigándonos éstos al cumplimiento de aquéllos. Hasta aquí no hay diferencia entre los alumnos que se llaman de buen talento. Pero prosigue el profesor analizando la materia, y pregunta:

—¿Qué le parece a usted de los hijos que se portan mal con los padres y no corresponden con la debida gratitud al amor que éstos les prodigaron?

—Que faltan a un deber sagrado y desoyen la voz de la Naturaleza.

—¿Pero cómo es que vemos tan a menudo a los hijos no cumplir como deben con sus padres, mientras éstos, si en algo faltan, suele ser por sobreabundancia de amor y ternura?

—En esto hacen muy mal los hijos —dirá el uno.

—Los hombres se olvidan fácilmente de los beneficios recibidos, dirá el otro; quién alegará que los hijos, a medida que adelantan en edad, se hallan distraídos por mil atenciones diferentes; quién recordará que los nuevos afectos engendrados en sus ánimos, a causa de la familia de que se hacen cabezas, disminuyen el que deben a sus padres, y cada cual andará señalando razones más o menos adaptadas, más o menos sólidas, pero ninguna que satisfaga del todo. Si entre vuestros alumnos se encuentra alguno que haya de adquirir con el tiempo esclarecida nombradía dirigidle la misma pregunta, a ver si acierta a decir algo que la desentrañe y la ilustre.

—Es demasiado cierto, os responderá, que los hijos faltan con mucha frecuencia a sus deberes para con sus padres; pero, si no me engaño, la razón de esto se halla, en la misma naturaleza de las cosas. Cuando más necesario es para la conservación y buen orden de los seres el cumplimiento de un deber, el Criador ha procurado asegurar más dicho cumplimiento. El mundo se conserva más o menos bien, a pesar del mal comportamiento de los hijos; pero el día que los padres se portasen mal, y olvidasen el cuidar de sus hijos, el linaje humano caminaría a su ruina. Así, es de notar que los hijos, ni aun los mejores, no profesan a sus padres un afecto tan vivo y ardiente como los padres a los hijos. El Criador podía, sin duda, comunicar a los hijos un amor tan apasionado y tierno como lo es el de los padres, pero esto no era necesario, y por lo mismo no lo ha hecho. Y es de notar que las madres, que han menester mayor grado de este amor y ternura, lo tienen llevado hasta los límites del frenesí, habiéndolas pertrechado el Criador contra el cansancio que pudieran producirles los primeros cuidados de la infancia. Resulta, pues, que la falta del cumplimiento de los deberes en los hijos no procede precisamente de que éstos sean peores, pues ellos, si llegan a ser padres, se portan como lo hicieron los suyos, sino de que el amor filial, es de suyo menos intenso que el paternal, ejerce mucho menos ascendiente y predominio sobre el corazón, y por lo mismo se amortigua con más facilidad; es menos fuertes para superar obstáculos y ejerce menor influencia sobre la totalidad de nuestras acciones.

En las primeras respuestas encontrabais discípulos aprovechados; en ésta descubrís al joven filósofo que empieza a descollar, como entre raquíticos arbustos se levanta la tierna encina, que, andando los años, se hará notar en el bosque por su corpulento tronco y soberbia copa.

§ IV. Necesidad de los estudios elementales

No se crea por lo dicho que juzgue conveniente emancipar a la juventud de la enseñanza de los elementos; muy al contrario; opino que quien ha de aprender una ciencia, por grandes que sean las fuerzas de que se sienta dotado, es preciso que se sujete a esta mortificación, que es como el noviciado de las letras. De esto procuran muchos eximirse, apelando a artículos de diccionario que contienen lo bastante para hablar de todo sin entender de nada; pero la razón y la experiencia manifiestan que semejante método no puede servir sino a formar lo que llamamos eruditos a la violeta.

En efecto; hay en toda ciencia y profesión un conjunto de nociones primordiales, voces y locuciones que le son propias, las cuales no se aprenden bien sino estudiando una obra elemental; de suerte que cuando no mediaran otras consideraciones, la presente bastaría a demostrar los inconvenientes de tomar otro camino. Estas nociones primordiales y esas voces y locuciones deben ser miradas con algún respeto por quien entra de nuevo en la carrera, pues ha de suponer que no en vano han trabajado hasta aquí los que a ella se dedicaron. Si el recién venido tiene desconfianza de sus predecesores, si espera poder reformar la ciencia o profesión y hasta variarla radicalmente al menos ha de reflexionar que es prudente enterarse de lo que han dicho los otros, que es temerario el empeño de crearlo todo por sí solo, y es exponerse a perder mucho tiempo el no quererse aprovechar en nada de las fatigas ajenas. El maquinista más extraordinario empieza quizá a dedicarse a su profesión en la tienda de un modesto artesano, y por grandes esperanzas que puedan fundarse en sus brillantes disposiciones no deja por esto de aprender los nombres y el manejo de los instrumentos y enseres del trabajo. Con el tiempo hará en ellos muchas variaciones, los tendrá de otra materia más adaptada, cambiará su forma y tal vez su nombre; mas por ahora es preciso que los tome tal como los encuentra, que se ejercite con ellos hasta que la reflexión y la experiencia le hayan demostrado los inconvenientes de que adolecen y las mejoras de que son susceptibles.

Puede aplicarse a todas las ciendas el consejo que se da a los que quieren aprender la historia: antes de comenzar su estudio es necesario leer un compendio. A este propósito son notables las palabras de Bossuet en la dedicatoria que precede a su Discurso sobre la historia universal. Asienta la necesidad de estudiar la historia en compendio para evitar confusión y ahorrar fatiga, y luego añade: «Esta manera de exponer la historia universal la compararemos a la descripción de los mapas geográficos: la historia universal es el mapa general comparado con las historias particulares de cada país y de cada pueblo. En los mapas particulares veis menudamente lo que es un reino o una provincia en sí misma; en los universales aprendéis a fijar estas partes del mundo en su todo; en una palabra: veis la parte que ocupa París o la isla de Francia en el reino, la que el reino ocupa en la Europa y la que la Europa ocupa en el universo». Pues bien: la oportuna y luminosa comparación entre el Mapamundi y los particulares se aplica a todos los ramos de conocimientos. En todos hay un conjunto de que es preciso hacerse cargo para comprender mejor las partes y no andar confuso y perdido en la manera de ordenarlas. Aun las ideas que se adquieren por este método son casi siempre incompletas, a menudo inexactas y algunas veces falsas; pero todos estos inconvenientes aún no pesan tanto como los que resultan de acometer a tientas, sin antecedentes ni guía, el estudio de una ciencia.

Las obras elementales, se nos dirá, no son más que un esqueleto; es verdad, pero, tal como es, ahorra muchísimo trabajo; hallándole formado ya, os será más fácil corregir sus defectos, cubrirle de nervios, músculos y carne; darle calor, movimiento y vida.

Entre los que han estudiado por principios una ciencia y los que, por decirlo así, han cogido sus nociones al vuelo en enciclopedias y diccionarios hay siempre una diferencia que no se escapa a un ojo ejercitado. Los primeros se distinguen por la precisión de ideas y propiedad de lenguaje; los otros se lucen tal vez con abundantes y selectas noticias, pero a la mejor ocasión dan un solemne tropiezo, que manifiesta su ignorante superficialidad.[17]

---

17   La carrera de la enseñanza debiera ser una profesión en que se fijaran definitivamente los que la abrazasen. Desgraciadamente no sucede así, y una tarea de tanta gravedad y trascendencia se desempeña como a la aventura y solo mientras se espera otra colocación mejor. El origen del mal no está en los profesores sino en las leyes, que no los protegen lo bastante y no cuidan de brindarles con el aliciente y estímulo que el hombre necesita en todo. Un solo profesor bueno es capaz en algunos años de producir beneficios inmensos a un país; él trabaja en una modesta cátedra, sin más testigo que unos pocos jóvenes; pero estos jóvenes se renuevan con frecuencia, y a la vuelta de algunos años ocupan los destinos más importantes de la sociedad.

Capítulo XVIII. La invención

§ I. Lo que debe hacer quien carezca del talento de invención

Creo haber dicho lo suficiente con respecto a los métodos de enseñar y aprender; paso a tratar del método de invención.

Conocidos todos los elementos de una ciencia, y llegado el hombre a edad y posición en que puede dedicarse a estudios de mayor extensión y profundidad, está en el caso de seguir senderos menos trillados y acometer empresas más osadas. Si la naturaleza no le ha dotado del talento de invención, preciso le será contentarse por toda su vida con el método elemental, bien que tomado en mayor escala. Necesita guías, y este servicio le prestarán las obras magistrales. Mas no se crea que deba entenderse condenado a ciego servilismo y no haya de atreverse a discordar nunca de la autoridad de sus maestros; en la milicia científica y literaria no es tan severa la disciplina que no sea lícito al soldado dirigir algunas observaciones a su jefe.

§ II. La autoridad científica

Los hombres capaces de alzar y llevar adelante una bandera son muy pocos, y mejor es alistarse en las filas de un general acreditado que no andar a manera de miserable guerrillero, afectando la importancia de insigne caudillo.

Diciendo esto no es mi ánimo predicar la autoridad en materias puramente científicas y literarias; en todo el decurso de la obra he dado bastante a entender que no adolezco de tal achaque; solo me propongo indicar una necesidad de nuestro entendimiento, que, siendo por lo común muy flaco, ha menester un apoyo. La hiedra, entrelazándose con un árbol, se levanta a grande altura; si creciese sin arrimo yacería tendida por el suelo, pisoteada por los transeúntes. Además, que no por haber hecho esta observación se ha de cambiar el orden regular de las cosas, pues con ella más bien he consignado un hecho que ofrecido un consejo. Sí, un hecho, porque, a pesar de tanto como se blasona de independencia, es más claro que la luz del mediodía que esta independencia no existe, que gran parte de la humanidad anda guiada por algunos caudillos, y que éstos, a su talante, la llevan por el camino de la verdad o del error.

Este es un hecho de todos los países y de todos los siglos; hecho indestructible, porque está fundado en la misma naturaleza del hombre. El débil siente la superioridad del fuerte y se humilla en su presencia; el genio no es el patrimonio del linaje humano, es un privilegio a pocos concedido; quien lo posee ejerce sobre los demás un ascendiente irresistible. Se ha observado con mucha verdad que las masas tienen una tendencia al despotismo; esto dimana de que sienten su incapacidad para dirigirse, y, naturalmente, buscan un jefe; la que se experimenta en la guerra y la política se nota también en las ciencias. La generalidad de los que las profesan son también masas, son verdadero vulgo, que entregado a sí mismo no sabría qué hacerse; por lo mismo se arremolina, a manera de grupos populares, en torno de los que le hablan algo mejor de lo que él sabe y manifiestan conocimientos que él no posee. El entusiasmo penetra también en la plebe sabia, y lo mismo que la otra en sus asonadas, aplaude y grita: «¡Muy bien, muy bien...; tú lo entiendes mejor que nosotros; tú serás nuestro jefe...!».

§ III. Modificaciones que ha sufrido en nuestra época la autoridad científica

A medida que se han generalizado los conocimientos con el inmenso desarrollo de la prensa, se ha podido creer que el indicado fenómeno había desaparecido; pero no es así, lo que ha hecho ha sido modificarse. Cuando los caudillos eran pocos, cuando el mando estaba entre pocas escuelas, andaban los entendimientos a manera de ejércitos disciplinados, siendo tan patente la dependencia que no era posible equivocarse. Ahora sucede de otra manera: los caudillos y las escuelas son en mayor número; la disciplina se ha relajado; pasan los soldados de uno a otro campo; éstos se adelantan un poco, aquéllos se quedan rezagados, algunos se separan y se empeñan en escaramuzas sin instrucciones ni órdenes de sus jefes; diríase que los grandes ejércitos han dejado de existir y que cada cual marcha por su lado; pero no os hagáis ilusiones: los ejércitos existen, a pesar de ese desorden; todos saben bien a cuál pertenecen; si desertan del uno, se unirán al otro, y cuando se vean en aprieto, todos replegarán en la dirección donde saben que está el cuerpo principal para cubrir su retirada.

Y si entrar quisiéramos en minuciosas cuentas hallaríamos que no es tan exacto que los caudillos de ahora sean en mucho mayor número que los de tiempos anteriores. Formando un cuadro de clasificaciones científicas y literarias encontraríamos fácilmente que en cada género son muy pocos los que llevan la bandera y que sobre sus pasos se precipita la multitud ahora como siempre.

El teatro y la novela, ¿no tienen un pequeño número de notabilidades, cuyas obras se imitan hasta el fastidio? La política, la filosofía, la historia, ¿no cuentan también unos pocos adalides, cuyos nombres se pronuncian sin cesar y cuyas opiniones y lenguaje se adoptan sin discernimiento? La independiente Alemania, ¿no tiene sus escuelas filosóficas, tan marcadas y caracterizadas como serlo pudieron las de Santo Tomás, Escoto y Suárez? ¿Qué son en Francia la turba de filósofos universitarios sino humildes discípulos de Cousin? ¿Y qué ha sido Cousin a su vez sino un vicario de Hegel y de Schelling? Y su filosofía, que también forcejea por introducirse entre nosotros, ¿no comienza con tono magistral, exigiendo respeto y deferencia, a manera de ministerio sagrado que se dirige a la conversión de las gentes sencillas? La mayor parte de los que profesan la filosofía de la historia ¿hacen más que recitar trozos de las obras de Guizot o de otros escritores muy contados? Los que se complacen en declamaciones sobre elevados principios de legislación, ¿no son con frecuencia plagiarios de Becaria y Filangieri? Los utilitarios, ¿nos dicen, por ventura, otra cosa que lo que acaban de leer en Bentham? Los escritores sobre derecho constitucional, ¿no tienen siempre en la boca a Benjamín Constant?

Reconozcamos, pues, un hecho que tan de bulto se presenta, y no nos lisonjeemos de haber destruido lo que es más fuerte que nosotros, pero guardémonos de sus malos efectos en cuanto nos sea posible. Si a causa de la debilidad de nuestras luces estamos precisados a valernos de las ajenas, no las recibamos tampoco con innoble sumisión, no abdiquemos el derecho de examinar las cosas por nosotros mismos, no consintamos que nuestro entusiasmo por ningún hombre llegue a tan alto punto que, sin advertirlo, le reconozcamos como oráculo infalible. No atribuyamos a la criatura lo que es propio del Criador.

§ IV. El talento de invención. Carrera del genio

Si el entendimiento es tal que pueda conducirse a sí mismo; si al examinar las obras de los grandes escritores se siente con fuerza para imitarlos y se encuentra entre ellos no como pigmeo entre gigantes, sino como entre sus iguales, entonces el método de invención le conviene de una manera particular, entonces no debe limitarse a saber los libros, es preciso que conozca las cosas; no ha de contentarse con seguir el camino trillado, sino que ha de buscar veredas que le lleven mejor, más recto y, si es posible, a puntos más elevados. No admita idea sin analizar, ni proposición sin discutir, ni raciocinio sin examinar, ni regla sin comprobar; fórmese una ciencia propia, que le pertenezca como su sangre, que no sea una simple recitación de lo que ha leído, sino el fruto de lo que ha observado y pensado.

¿Qué reglas deberá tener presentes? Las que se han señalado más arriba para todo pensador. El entrar en pormenores sería inútil y tal vez imposible, que el empeño de trazar al genio una marcha fija es no menos temerario que el de sujetar las expresiones de animada fisonomía al mezquino círculo de compasados gestos. Cuando le veis abalanzarse brioso a su gigantesca carrera no le dirijáis palabras insulsas, ni consejos estériles, ni reglas que no ha de observar; decidle tan solo: «Imagen de la divinidad, marcha a cumplir los destinos que te ha señalado el Criador; no te olvides de tu principio y de tu fin; tú levantas el vuelo y no sabes adónde vas. Alza los ojos al cielo y pregúntaselo a tu hacedor. Él te mostrará su voluntad; cúmplela fielmente, que en cumplirla están cifrados tu grandor y tu gloria».[18]

---

[18] Esa inclinación del hombre a seguir la autoridad de otro hombre da lugar a elevadas consideraciones sobre la fe, sobre el principio de la autoridad de la Iglesia católica y sobre el origen y carácter de las extraviadas sectas que han perturbado y perturban el mundo. Como en otra obra traté extensamente esta materia, me basta referirme a lo que en ella dije. Véase El protestantismo comparado con el catolicismo en sus relaciones con la civilización europea. Tomo I.

Capítulo XIX. El entendimiento, el corazón y la imaginación

§ I. Discreción en el uso de las facultades del alma. La reina Dido. Alejandro

He dicho (Cap. XII) que para conocer la verdad de ciertas materias era necesario desplegar a un mismo tiempo diferentes facultades del alma, y entre ellas he contado el sentimiento. Ahora añadiré que si bien esto es preciso cuando se trata de aquellas verdades, cuya naturaleza consiste en relaciones con dicho sentimiento, como todo lo bello o tierno, o melancólico o sublime, no lo es cuando la verdad pertenece a un orden distinto que nada tiene que ver con nuestra facultad de sentir.

Si quiero apreciar todo el mérito de Virgilio en el episodio de Dido es menester que no raciocine con sequedad, sino que imagine y sienta; pero si me propongo juzgar bajo el aspecto moral la conducta de la reina de Cartago es preciso que me despoje de todo sentimiento y que deje encomendado a la fría razón el fallar conforme a los eternos principios de la virtud.

Al leer a Quinto Curcio admiro al héroe macedón, y me complazco en verle cuando se arroja impávido al través del Gránico, vence en Arbela, persigue y anonada a Darío y señorea el Oriente. En todo esto hay grandeza, hay rasgos que no fueran debidamente apreciados si se cerrara el corazón a todo sentimiento. La sublime narración del sagrado Texto (Machab., lib. I, capítulo I) no será estimada en su justo valor por quien no haga más que analizar con frialdad. «Y sucedió que después que Alejandro Macedón, hijo de Filipo, que fue el primero que reinó en Grecia, salido de la tierra de Cethim, derrotó a Darío, rey de los persas y de los medos; dio muchas batallas y conquistó las fortalezas de todos, y mató a los reyes de la tierra. Y pasó hasta los confines del mundo, y se apoderó de los despojos de numerosas gentes, y la tierra calló en su presencia...» Cuando uno llega a esta expresión el libro se cae de las manos y el asombro se apodera del alma. En presencia de un hombre la tierra calló... Sintiendo con viveza la fuerza de esta imagen se forma la mayor idea que formarse pueda del héroe conquistador. Si para conocer esta verdad abstraigo, y discurro, y cavilo, y ahogo mis sentimientos, nada comprenderé; es preciso que me olvide de toda filosofía, que no sea más que hombre, y que, dejando la fantasía en libertad y el corazón abierto, mire al hijo de Filipo, saliendo de la tierra de Cethim, marchando con pasos de gigante hasta la extremidad del orbe y contemple la tierra que amedrentada calla. Pero si me propongo examinar la justicia y la utilidad de aquellas conquistas, entonces será preciso cortar el vuelo a la imaginación, amortiguar los sentimientos de admiración y entusiasmo; será preciso olvidar al joven monarca rodeado de sus falanges y descollando entre sus guerreros como el Júpiter de la fábula entre el cortejo de los dioses; será necesario no pensar más que en los eternos principios de la razón y en los intereses de la humanidad. Si al hacer este examen dejo campear la fantasía y dilatarse el corazón, erraré, porque la radiante aureola que orla las sienes del conquistador me deslumbrará, me quitará la osadía de condenarle, me inclinará a la indulgencia por tanto genio y heroísmo, y se lo perdonaré todo cuando vea que en la cumbre de su gloria, a la edad de treinta y tres años, se postra en un lecho y conoce que se muere. *Et post hoc decidit in lectum, et cognovit quia moreretur.* (Machab., lib. I, cap. I.)

§ II. Influencia del corazón sobre la cabeza. Causas y efectos

A cada paso se observa la mucha influencia que sobre nuestra conducta tienen las pasiones, y el insistir en probar esto sería demostrar una verdad demasiado conocida. Pero no se ha reparado tanto en los efectos de las pasiones sobre el entendimiento, aun con respecto a verdades que nada tienen que ver con nuestras acciones. Quizá sea éste uno de los puntos más importantes del arte de pensar, y por lo mismo lo expondré con algún detenimiento.

Si nuestra alma estuviese únicamente dotada de inteligencia, si pudiese contemplar los objetos sin ser afectada por ellos, sucedería que en no alterándose dichos objetos los veríamos siempre de una misma manera. Si el ojo es el mismo, la distancia la misma, el punto de vista el mismo, la cantidad y la dirección de la luz las mismas, la impresión que recibamos no podrá menos de ser siempre la misma. Pero cambiada una cualquiera de estas condiciones, cambiará la impresión, el objeto será más o menos grande, los colores más o menos vivos o quizá del todo diferentes: su figura sufrirá considerables modificaciones o tal vez se convertirá en otra nada semejante. La Luna conserva siempre su misma figura, y, no obstante, nos presenta de continuo variedad de fases; una roca informe y desigual se nos ofrece a lo lejos como una cúpula que corona un soberbio edificio, y el monumento que mirado de cerca es una maravilla del arte, se divisa a larga distancia como una peña irregular, desgajada, caída a la ventura en las faldas del monte.

Lo propio sucede con el entendimiento: los objetos son a veces los mismos, y, no obstante, se ofrecen muy diferentes no solo a distintas personas, sino a una misma, sin que para esta mudanza sea necesario mucho tiempo. Quizá un instante de intervalo es suficiente para cambiar la escena; nos hallamos ya en otra parte, se ha corrido un velo y todo ha variado, todo ha tomado otras formas y colores; diríase que los objetos han sido tocados con la varita de un mago.

¿Y cuál es la causa? Es que el corazón se ha puesto en juego, es que nosotros nos hemos mudado, nos parece que se han mudado los objetos. Así, al darse a la vela la embarcación que nos lleva, el puerto y las costas huyen a toda prisa; cuando en realidad nada se ha movido, sino la nave.

Y nótese que esta mudanza no se realiza tan solo cuando el ánimo se conmueve profundamente y puede decirse que las pasiones están levantadas; en medio de una calma aparente sufrimos a menudo esta alteración en la manera de ver, alteración tanto más peligrosa cuanto menos se hacen sentir las causas que la producen. Se han dividido en ciertas clases las pasiones del corazón humano; pero sea que no se hayan comprendido todas en la clasificación filosófica, sea que cada una de ellas entrañe en su seno otras muchas que deben ser consideradas como sus hijas o como transformaciones de una misma, lo cierto es que quien observe con atención la variedad y graduación de nuestros sentimientos creerá estar asistiendo a las mudables ilusiones de una visión fantasmagórica. Hay momentos de calma, y de tempestad, de dulzura y de acritud, de suavidad y de dureza, de valor y de cobardía, de fortaleza y de abatimiento, de entusiasmo y de desprecio, de alegría y de tristeza, de orgullo y de anonadamiento, de esperanza y de desesperación, de paciencia y de ira, de postración y de actividad, de expansión y de estrechez, de generosidad y de codicia, de perdón y de venganza, de indulgencia y de severidad, de placer y de malestar, de saboreo y de tedio, de gravedad y de ligereza, de elevación y de frivolidad, de seriedad y de chiste, de...; pero ¿adónde vamos a parar enumerando la variedad de

disposiciones que experimenta nuestra alma? No es más mudable e inconstante el mar azotado por los huracanes, mecido por el céfiro, rizado con el
aliento de la aurora, inmóvil con el peso de una atmósfera de plomo, dorado
con los rayos del Sol naciente, blanqueado con la luz del astro de la noche,
tachonado con las estrellas del firmamento, ceniciento como el semblante
de un difunto, brillante con los fuegos del mediodía, tenebroso y negro como
la boca de una tumba.

§ III. Eugenio: sus transformaciones en veinticuatro horas

Érase una hermosa mañana de abril; Eugenio se había levantado muy temprano, había extendido maquinalmente el brazo a su librería y con el tomito
en la mano, pero sin abrir, se había asomado al balcón, que daba vista a
una risueña campiña. ¡Qué día más bello! ¡Qué hora tan embelesante! El Sol
se levanta en el horizonte matizando las nubecillas con primorosos colores
y desplegando en todas direcciones madejas de luz, como la dorada cabe-
llera ondeante sobre la cabeza de un niño; la tierra ostenta su riqueza y
sus galas; el ruiseñor gorjea y trina en la cercana arboleda; el labrador se
encamina a su campo, saludando al luminar del día con cantares de dicha
y de amor. Eugenio contempla aquella escena con un placer inexplicable.
Su ánimo, tranquilo, sosegado, apacible, se presta fácilmente a emociones
gratas y suaves. Goza de completa salud, disfruta de pingüe fortuna; los
negocios de la familia andan con viento en popa, y cuantos le rodean se
esmeran en complacerle. Su corazón no está agitado por ninguna pasión
violenta; anoche concilió sin dificultad el sueño, que no se ha interrumpido
hasta el rayar del alba, y espera que las horas se adelanten para entregarse
al ordinario curso de sus tranquilas tareas.

Abre por fin el libro: es una novela romántica. Un desgraciado, a quien
el mundo no ha podido comprender, maldice a la sociedad, a la humanidad
entera; maldice a la tierra y al cielo; maldice lo pasado, lo presente y lo futuro;
maldice al mismo Dios; se maldice a sí mismo, y, cansado de mirar un Sol
helado y sombrío, una tierra mustia y agostada, de arrastrar una existencia
que pesa sobre su corazón, que le oprime, que le ahoga como los brazos del
verdugo al infeliz ajusticiado, se propone dar fin a sus días. Miradle: ya está
en el borde del precipicio fatal, ya vuelve en torno su cabeza desgreñada, su

semblante pálido, sus ojos hundidos e inflamados, sus facciones alteradas, y antes de consumar el atentado se queda un momento en silencio y luego reflexiona sobre la Naturaleza, sobre los destinos del hombre, sobra la injusticia de la sociedad. «Esto es exagerado —dice con impaciencia Eugenio—; en el mundo hay mucho malo, pero no lo es todo. La virtud no está todavía desterrada de la tierra; yo conozco muchas personas que, sin atroz calumnia, no pueden ser contadas entre los criminales. Hay injusticias, es cierto; pero la injusticia no es la regla de la sociedad, y, si bien se observa, los grandes crímenes son excepciones monstruosas. La mayor parte de los actos que se cometen contra la virtud proceden de nuestra debilidad; nos dañan a nosotros mismos, pero no traen perjuicios a otros, no aterrorizan al mundo, y los más se consuman sin llegar a su noticia. Ni es verdad que el bienestar sea tan imposible; los infortunados son muchos, pero no todo dimana de injusticia y crueldad; en la misma naturaleza de las cosas se encuentra la razón de estos males, que además no son ni tantos ni tan negros como se nos pintan aquí. No sé qué modo de mirar los objetos tienen esos hombres; se quejan de todo, blasfeman de Dios, calumnian a la humanidad entera y cuando se elevan a consideraciones filosóficas llevan el alma por una región de tinieblas donde no encuentra más que un caos desesperante. Cuando vuelve de semejantes excursiones no sabe pronunciar otras palabras que maldición y crimen. Esto es insoportable, esto es tan falso en filosofía como feo en literatura.» Así discurría Eugenio, y cerraba buenamente el libro, y apartaba de su mente aquellos tétricos recuerdos, entregándose de nuevo a la contemplación de la bella Naturaleza.

Pasan las horas, suena la de comenzar sus tareas; y aquel día parece el de las desgracias. Todo va mal; diríase que le han alcanzado a Eugenio las maldiciones del suicida. Muy de mañana corre por la casa un mal humor terrible; N ha pasado malísima noche; M se ha levantado indispuesto, y todos son más agrios que zumo de fruta verde. A Eugenio se le pega también algo de la malignidad atmosférica que le rodea, pero todavía conserva alguna cosa de las apacibles emociones de la salida del Sol.

El día se va encapotando, el tiempo no será tan bueno como se prometía el espectador de la mañana. Sale Eugenio a sus diligencias, la lluvia comienza, el paraguas no basta para cubrir al viandante, y en una calle estrecha y atestada de lodo se encuentra Eugenio con un caballo que galopa, sin atender a que los chispazos de fango de sus cascos dejan al pobre pasajero pedestre hecho una lástima de pies a cabeza. Ya es preciso retroceder, volverse a casa, entre irritado y mohíno, no maldiciendo tan alto como el romántico, pero sí haciendo no muy piadosa plegaria para el caballo y el jinete. La vida no es ya tan bella, pero todavía es soportable; la filosofía se va encapotando como el tiempo, pero el Sol no ha desaparecido aún. Los destinos de la humanidad no son desesperantes, pero los lances de los hombres son algo pesados. Al fin siempre sería mejor que las caras domésticas no fueran de cuaresma, que las calles estuviesen limpias, o que, si estaban sucias, no galopasen los caballos a la inmediación de los transeúntes.

Sobre una desgracia viene otra. Reparado Eugenio del primer descalabro, vuelve a sus diligencias, dirigiéndose a casa de su amigo, quien le ha de comunicar noticias satisfactorias con respecto a un negocio de importancia. Por lo pronto es recibido con frialdad; el amigo procura eludir la conversación sobre el punto principal, y finge ocupaciones apremiadoras que le obligan a aplazar para otro día el tratar del asunto. Eugenio se despide algo desabrido y receloso, y se devana los sesos por adivinar el misterio; pero una feliz casualidad le hace encontrar con otro amigo, que le revela la trama del primero, y le avisa que no se duerma si no quiere ser víctima de la perfidia más infame. Marcha presuroso a tomar sus providencias, acude a otros que puedan informarle de la verdadera situación de las cosas, le explican la traición, se compadecen de su desgracia; pero todos convienen en que ya es tarde. La pérdida es crecida y además irreparable; el pérfido ha tomado sus medidas con tanta precaución que el desgraciado Eugenio no ha advertido la estratagema hasta que se ha visto enredado sin remedio. Acudir a los tribunales es imposible, porque el negocio no lo consiente; reprochar al pérfido la negrura de su acción es desahogo estéril; con tomar una venganza nada se remedia y se aumentan los males del vengador. No hay más que resignarse. Eugenio se retira a su casa, entra en su gabinete, se entrega a todo el dolor que consigo trae el frustrarse tantas esperanzas y un cambio inevitable en su posición social. El libro está todavía sobre la mesa, su vista le recuerda las reflexiones de la mañana y exclama en su interior: «¡Oh cuán miserablemente te engañabas cuando reputabas exageración las infernales pinturas que del mundo hacen esos hombres! No puede negarse, tienen razón; esto es horrible, desconsolador, desesperante, pero es la realidad. El hombre es un animal depravado; la sociedad es una cruel madrastra, mejor diré un verdugo, que se complace en atormentarnos, que nos insulta y se mofa de nuestras angustias al mismo tiempo que nos cubre de ignominia y nos da la muerte. No hay buena fe, no hay amistad, no hay gratitud, no hay generosidad, no hay virtud sobre la tierra: todo es egoísmo, miras interesadas, perfidias, traición, mentira. Para tanto padecer, ¿por qué se nos ha dado la vida? ¿Dónde está la Providencia, dónde la justicia de Dios, dónde...?».

Aquí llegaba Eugenio, y, como ven nuestros lectores, la dulce y apacible y juiciosa filosofía de la mañana se había trocado en pensamientos satánicos, en inspiraciones de Belzebub. Nada se había mudado en el mundo, todo proseguía en ordinaria carrera, y ni el hombre ni la sociedad podían decirse peores, ni entregados a otros destinos, por haberle sucedido a Eugenio una desgracia improvista. Quien se ha mudado es él: sus sentimientos son otros; su corazón, lleno de amargura, derrama la hiel sobre el entendimiento, y éste, obedeciendo a las inspiraciones del dolor y de la desesperación, se venga del mundo pintándole con los colores más horribles. Y no se crea que Eugenio procede de mala fe: ve las cosas tal como las expresa, así como las expresaba por la mañana, tal como a la sazón las veía.

Dejando a Eugenio en el terrible dónde..., que, a no dudarlo habría abortado una blasfemia horripilante si no se interrumpiera el monólogo con la llegada de un caballero que, con la libertad de amigo, penetra en el gabinete sin detenerse en antesalas.

—Vamos, mi querido Eugenio, ya sé que te han jugado una mala partida.

—¡Cómo ha de ser!

—Es mucha perfidia.

—Así anda el mundo.

—Lo que importa es remediarlo.

—¿Remedio?... Es imposible...

—Muy sencillo.

—Me gusta la frescura.

—Todo está en aprontar más fondos, aprovechar el correo de hoy y ganarle por la mano.

—¿Pero cómo los apronto? Sus cálculos estriban sobre la imposibilidad en que me hallo de hacerlo, y como sabía el estado de mis negocios, efecto de los desembolsos hechos hasta aquí para el maldito objeto, está bien seguro que no podré tomarle la delantera.

—Y si esos fondos estuviesen ya prestos…

—No soñemos…

—Pues mira: estábamos reunidos varios amigos para el negocio que tú no ignoras, se nos ha referido lo que te acaba de suceder y el desastre que iba a ocasionarte. La profunda impresión que me ha producido puedes suponerla, y habiendo pedido permiso a los socios para abandonar por mi parte el proyecto y venir a ofrecerte mis recursos, todos, instantáneamente, han seguido mi ejemplo; todos han dicho que arrostraban con gusto el riesgo de aplazar sus operaciones y de sacrificar su ganancia hasta que tú hubieses salido airoso del negocio.

—Pero yo no puedo consentir…

—Déjate…

—Pero y si esos caballeros, a quienes no conozco siquiera…

—Tu desconfianza estaba ya prevista; aprovecha el correo; yo me voy, y en esta cartera encontrarás todo lo que se necesita. Adiós, mi querido Eugenio.

La cartera ha caído al lado del libro fatal; Eugenio se avergüenza de haber anatematizado la humanidad sin excepciones; la hora del correo no le permito filosofar, pero siente que su filosofía toma un sesgo menos desesperante. A la mañana siguiente el Sol asomará hermoso y radiante como hoy, el ruiseñor cantará en el ramaje, el labrador se dirigirá a sus faenas y Eugenio volverá a ver las cosas como las veía antes de sus fatales aventuras. En veinticuatro horas, que, por cierto, no han alterado nada ni en la naturaleza ni en la sociedad, la filosofía de Eugenio ha recorrido un espacio inmenso para volver como los astros al mismo punto de donde partiera.

§ IV. Don Marcelino: sus cambios políticos

Don Marcelino acaba de salir de unas elecciones en que los partidarios han luchado en tremenda batalla. La fuerza muscular ha tenido también su voto; se han blandido puñales, se han menudeado los garrotazos, la campanilla del presidente ha resonado entre el ruido de voces estentóreas y de pulmones de bronce. Don Marcelino pertenece al partido derrotado y ha tenido que salvarse a escape. Lo que es valor, ya se ve, no le faltaba; pero ha sido preciso no olvidar las consideraciones de prudencia y decoro.

La desagradable impresión no se le borrará en algunos días, y es notable que ella basta para echar a perder sus ideas liberales. «Desengáñense ustedes, señores —dice con el tono de la más profunda convicción—: esto es una farsa, un absurdo; nos hemos empeñado en una barbaridad; no hay más remedio que un brazo fuerte; el absolutismo tiene sus inconvenientes, pero del mal el menos. El gobierno representativo, el gobierno de la razón ilustrada y de la voluntad libre es muy hermoso en las páginas de las obras de derecho constitucional y en los artículos de periódicos, pero en la realidad no medran más que la intriga, la inmoralidad y, sobre todo, la impudencia, y la audacia. Yo ya estoy desengañado y he palpado bien aquello de: Otros vendrán que me abonarán.»

A consecuencia de los disturbios, la autoridad militar toma una actitud imponente, declara el estado de sitio, la Constitución se suspende, los revoltosos se amedrentan y la ciudad recobra su calma. Don Marcelino, puede entregarse sin recelo a sus paseos ordinarios; reina la mayor seguridad de día como de noche, y así el cuitado elector va olvidando la escena de los campanillazos, gritos, garrotes y puñales.

Ocúrresele entretanto hacer un viaje y necesita su pasaporte. A la entrada de la casa de la policía hay numerosa guardia de tropa; don Marcelino se va a entrar por la primera puerta que se le ofrece, y el granadero le dice: «Atrás». Encamínase a la otra, y el centinela le grita en alta y destemplada voz: «Paisano, la capa». Quítase el embozo, prosigue algo mohíno, y los esbirros que se resienten de la rigidez gubernativa le dicen en ademán descortés: «No vaya usted tan aprisa, aguarde usted su turno». Llegado a la mesa, el oficial le dirige mil preguntas investigadoras, le mira de pies a cabeza, como si sospechase que el pobre don Marcelino es uno de los jefes del motín del otro día. Al fin le entrega el pasaporte con ademán desdeñoso, baja la cabeza y no se digna devolver el saludo que el viajero le dirige con afabilidad y cortesía.

El paciente se marcha muy disgustado, pero no piensa que aquella escena haya debido modificar sus opiniones políticas. Reúnese con sus amigos; la conversación gira sobre las últimas ocurrencias, y se eleva poco a poco hasta la región de las teorías de gobierno. Don Marcelino ya no será el absolutista del otro día.

—¡Qué escándalo —dice uno de los circunstantes—; yo no puedo recordarlo sin detestar esas trampas!

—Ciertamente —responde don Marcelino—, pero en todo hay inconvenientes; mire usted: el absolutismo proporciona quietud; pero, ¿qué sé yo?, también tiene sus cosas. A los hombres no conviene gobernarles con palo, y al fin es necesario no olvidar la dignidad propia.

—¿Pero la olvidan, por ventura, los que viven bajo un gobierno absoluto?

—Yo no digo eso, pero sí que es preciso no precipitarse en condenar las formas representativas, porque no puede negarse que las absolutas tienen cierta rigidez de que se resienten hasta las últimas ruedas del gobierno.

El lector conocerá que don Marcelino, sin advertirlo siquiera, piensa en la escena del pasaporte; el rudo «atrás» del granadero; el grito del centinela: «Paisano, la capa»; la descortesía de los esbirros y del oficial han bastado para introducir en sus ideas políticas una reforma de alguna consideración.

Desgraciadamente, el oficial de la policía había llevado muy lejos sus sospechas. Librado el pasaporte, no pudo menos de indicar a su principal que se le había presentado un sujeto, de quien recelaba, según las señas, no fuese uno de los que buscaba la autoridad. Sin saber cómo, en el acto de subir don Marcelino a la diligencia es detenido, conducido a la cárcel y allí se le fuerza a pasar algunos días, sin que basten a libertarle las vehementes presunciones que en su favor ofrecen un traje muy decente y cómodo, un cuerpo bien nutrido y un semblante pacato. No se necesitaba más para que acabasen de desplomarse con estrépito sus convicciones absolutistas, ya algo desmoronadas con el negocio del pasaporte. Lo brusco de la captura, lo incómodo de la cárcel, lo pesado y quisquilloso y ofensivo de los interrogatorios bastan y sobran para que salga don Marcelino de la prisión con su liberalismo rejuvenecido, con su afición a la tabla de derechos, con su odio a la arbitrariedad, con su aversión al gobierno militar, con su vehemente deseo de que la seguridad personal y demás garantías constitucionales sean una verdad. Su fe política es en la actualidad muy viva; en cuanto a firmeza, aguardad que vengan otras elecciones o que un día de ruido le asusten las carreras y los gritos de la calle. Será difícil que las nuevas convicciones resistan a tan dura prueba.

§ V. Anselmo: sus variaciones sobre la pena de muerte

Anselmo, joven aficionado al estudio de las altas cuestiones de legislación, acaba de leer un elocuente discurso en contra de la pena de muerte. Lo irreparable de la condenación del inocente, lo repugnante y horroroso del suplicio, aun cuando lo sufra el verdadero culpable; la inutilidad de tal castigo para extirpar ni disminuir el crimen, todo está pintado con vivos colores, con pinceladas magníficas; todo realzado con descripciones patéticas, con anécdotas que hacen estremecer. El joven se halla profundamente conmovido, imagínase que medita, y no hace más que sentir; cree ser un filosofo que juzga, cuando no es más que un hombre que se compadece. En su concepto, la pena de muerte es inútil, y aun cuando no fuera injusta es bastante la inutilidad para hacer su aplicación altamente criminal. Este es un punto en que la sociedad debe reflexionar seriamente para libertarse de esa costumbre cruel que le han legado generaciones menos ilustradas. Las convicciones del nuevo adepto nada dejan que desear; en ellas se combinan razones sociales y humanitarias; al parecer, nada fuera capaz de conmoverlas.

El joven filósofo habla sobre el particular con un magistrado de profundo saber y dilatada experiencia, quien opina que la abolición de la pena de muerte es una ilusión irrealizable. Desenvuelve, en primer lugar, los principios de justicia en que se funda, pinta con vivos colores las fatales consecuencias que resultarían de semejante paso, retrata a los hombres desalmados, burlándose de toda otra pena que no sea el último suplicio, recuerda las obligaciones de la sociedad en la protección del débil y del inocente, refiere algunos casos desastrosos en que resaltan la crueldad del malvado y los padecimientos de la víctima; el corazón del joven ya experimenta impresiones nuevas; una santa indignación levanta su pecho, el celo de la justicia le inflama; su alma sensible se identifica y eleva con la del magistrado; se enorgullece de saber dominar los sentimientos de injusta compasión, de sacrificarlos en las aras de los grandes intereses de la humanidad, e imaginándose ya sentado en un tribunal, revestido con la toga de un magistrado, parece que el corazón le dice: «Sí, también sabrías ser justo, también sabrías vencerte a ti mismo; también sabrías, si necesario fuese, obedecer a los impulsos de tu conciencia, y con la mano en el corazón y la vista en Dios pronunciar la sentencia fatal en obsequio de la justicia».

§ VI. Algunas observaciones para precaverse del mal influjo del corazón

Nada más importante para pensar bien que el penetrarse de las alteraciones que produce en nuestro modo de ver la disposición de ánimo en que nos hallamos. Y aquí se encuentra la razón de que nos sea tan difícil sobreponernos a nuestra época, a nuestras circunstancias peculiares, a las preocupaciones de la educación, al influjo de nuestros intereses; de aquí procede que se nos haga tan duro el obrar y hasta el pensar conforme a las prescripciones de la ley eterna, el comprender lo que se eleva sobre la región del mundo material, el posponer lo presente a lo futuro. Lo que está delante de nuestros ojos, lo que afecta en la actualidad, he aquí lo que comúnmente decide de nuestros actos y aun de nuestras opiniones.

Quien desea pensar bien es preciso que se acostumbre a estar mucho sobre sí, recordando continuamente esta importantísima verdad; es necesario que se habitúe a concentrarse, a preguntarse con mucha frecuencia: «¿Tienes el ánimo bastante tranquilo? ¿No estás agitado por alguna pasión que te presenta las cosas diferentes de lo que son en sí? ¿Estás poseído de algún afecto secreto que sin sacudir con violencia tu corazón le domina suavemente, por medio de una fascinación que no adviertes? En lo que ahora piensas, juzgas, prevés, conjeturas, ¿obras quizá bajo el imperio de alguna impresión reciente que trastornando tus ideas te muestra trastornados los objetos? Pocos días, o pocos momentos antes, ¿pensabas de esta manera? ¿Desde cuándo has modificado tus opiniones? ¿No es desde que un suceso agradable o desagradable, favorable o adverso han cambiado tu situación? ¿Te has ilustrado más sobre la materia, has adquirido nuevos datos o tienes tan solo nuevos intereses? ¿Qué es lo que ha sobrevenido, razones o deseos? Ahora que estás agitado por una pasión, señoreado por

151

tus afectos, juzgas de esta manera y tu juicio te parece acertado; pero si con la imaginación te trasladas a una situación diferente, si supones que ha transcurrido algún tiempo, ¿conjeturas si las cosas se te presentarán bajo el mismo aspecto, con el mismo color?».

No se crea que esta práctica sea imposible; cada cual puede probarlo por experiencia propia, y echará de ver que le sirve admirablemente para dirigir el entendimiento y arreglar la conducta. No llega por común a tan alto grado la exaltación de nuestros afectos que nos prive completamente del uso de la razón; para semejantes casos no hay nada que prescribir, porque entonces hay la enajenación mental, sea duradera o momentánea. Lo que hacen ordinariamente las pasiones es ofuscar nuestro entendimiento, torcer el juicio, pero no cegar del todo aquél ni destituirnos de éste. Queda siempre en el fondo del alma una luz que se amortigua, mas no se apaga; y el que brille más o menos en las ocasiones críticas depende, en buena parte, del hábito de atender a ella, reflexionar sobre nuestra situación, de saber dudar de nuestra aptitud para pensar bien en el acto, de no tomar los chispazos de nuestro corazón por luz suficiente para guiarnos y de considerar que no son propios sino para deslumbrarnos.

§ VII. El amigo convertido en monstruo

Que las pasiones nos cieguen es una verdad tan trivial que nadie la desconoce. Lo que nos falta no es el principio abstracto y vago, sino una advertencia continuada de sus efectos, un conocimiento práctico, minucioso, de los trastornos que esta maligna influencia produce en nuestro entendimiento; lo que no se adquiere sin penoso trabajo, sin dilatado ejercicio. Los ejemplos aducidos más arriba manifiestan bastante la verdad cuya exposición me ocupa; no obstante, creo que no será inútil aclararla con algunos otros.

Tenemos un amigo cuyas bellas cualidades nos encantan, cuyo mérito nos apresuramos a encomiar siempre que la ocasión se nos brinda y de cuyo afecto hacia nosotros no podemos dudar. Niéganos un día un favor que le pedimos, no se interesa bastante por la persona que le recomendamos, recíbenos alguna vez con frialdad, nos responde con tono desabrido o nos da otro cualquier motivo de resentimiento. Desde aquel instante experimentamos un cambio notable en la opinión sobre nuestro amigo; tal vez una revolución completa. Ni su talento es tan claro, ni su voluntad tan recta, ni su índole tan suave, ni su corazón tan bueno, ni su trato tan dulce, ni su presencia tan afable, en todo hallamos que corregir, que enmendar; en todo nos habíamos equivocado; el lance que nos afecta ha descorrido el velo, nos ha sacado de la ilusión; y fortuna si el hombre modelo no se ha trocado de repente en un monstruo.

¿Es probable que fuera tanto nuestro engaño? No; lo es, sí, que nuestro afecto anterior no nos dejaba ver sus lunares y que nuestro actual resentimiento los exagera o los finge. Por ventura, ¿no creíamos posible que el amigo pudiese negarse a prestar un favor, o se portase mal en un negocio, o en un momento de mal humor se olvidase de su ordinaria afabilidad y cortesía? Ciertamente que esto no era imposible a nuestros ojos: si se nos hubiese preguntado sobre el particular hubiéramos respondido que era hombre y, por lo mismo, estaba sujeto a flaquezas, pero que esto nada rebajaba de sus excelentes prendas. Pues ahora, ¿por qué tanta exageración? El motivo está patente: nos sentimos heridos; y quien piensa, quien juzga, no es el entendimiento ilustrado con nuevos datos, sino el corazón, irritado, exasperado, quizá sediento de venganza.

¿Queremos apreciar lo que vale nuestro nuevo juicio? He aquí un medio muy sencillo. Imaginémonos que el lance desagradable no ha pasado con nosotros, sino con una persona que nos sea indiferente; aun cuando las circunstancias sean las mismas, aun cuando las relaciones entre el amigo ofensor y la persona ofendida sean tan afectuosas y estrechas como las que mediaban entre él y nosotros, ¿sacaremos del hecho las mismas consecuencias? Es seguro que no; conoceremos que ha obrado mal, se lo diremos quizá con libertad y entereza, habremos tal vez descubierto una mala cualidad de su índole que se nos había ocultado; pero no dejaremos por esto de reconocer las demás prendas que le adornan, no le juzgaremos indigno de nuestro aprecio, proseguiremos ligados con él con los mismos vínculos de amistad. Ya no será un hombre que nada tiene laudable, sino una persona que, dotada de mucho bueno, está sujeta a lo malo. Y estas variaciones de juicio sucederán aun suponiendo al amigo culpable en realidad, aun olvidado el ser muy fácil que nuestra pasión o interés nos hayan cegado lastimosamente, haciendo que no atendiésemos a los gravísimos y justos; motivos que le habrán impulsado a obrar de la manera que nosotros reprendemos, haciéndonos prescindir de antecedentes que conocíamos muy bien, de la conducta que nosotros hemos observado, y, en fin, trastornando de tal manera nuestro juicio, que un proceder muy justo y razonable nos haya parecido el colmo de la injusticia, de la perfidia, de la ingratitud. ¡Cuántas veces nos bastaría, para rectificar nuestro juicio, el mirar la cosa con ánimo sosegado, como negocio que no nos interesa!

§ VIII. Cavilosas variaciones de los juicios políticos

¿Están en el Poder nuestros amigos políticos o aquellos que más nos convienen, y dan algunas providencias contrarias a la ley? «Las circunstancias —decimos— pueden más que los hombres y las leyes; el gobierno no siempre puede ajustarse a estricta legalidad; a veces, lo más legal es lo más ilegítimo; y, además, así los individuos, como los pueblos, como los gobiernos, tienen un instinto de conservación que se sobrepone a todo, una necesidad a cuya presencia ceden todas las consideraciones y todos los derechos.» La infracción de la ley, ¿se ha hecho con lisura, confesándola sin rodeos y excusándose con la necesidad? «Bien hecho —decimos—; la franqueza es una de las mejores prendas de todo gobierno; ¿de qué sirve engañar a los pueblos y empeñarse en gobernar con ficciones y mentiras?» ¿Se ha procurado no quebrantar la ley, pero se la ha aludido con una cavilación fútil, interpretándola en sentido abiertamente contrario a la mente del legislador? «La ocurrencia ha sido feliz —decimos—; al menos se muestra tan profundo respeto a la ley, que no se le desmiente ni en la última extremidad. La legalidad es cosa sagrada, contra la cual es preciso no atentar nunca; no hace poco el gobierno que, no pudiendo salvar el fondo, deja intactas las formas. Si algo hay de arbitrariedad, al menos no se presenta con la irritante férula del despotismo. Esto es preciso para la libertad de los pueblos.»

Los hombres del poder, ¿son nuestros adversarios? El asunto es muy diferente. «La ilegalidad no era necesaria, y, además, aun cuando lo fuese, la ley es antes que todo. ¿Adónde vamos a parar si se concede a los gobiernos la facultad de quebrantarla cuando lo juzguen necesario? Esto equivale a autorizar el despotismo; ningún gobernante infringe las leyes sin decir que la infracción está justificada por necesidad urgente e indeclinable.»

El gobierno, ¿ha confesado abiertamente la infracción de la ley? «Esto es intolerable —exclamamos—; esto es añadir a la infracción el insulto; siquiera se hubiese echado mano de algún ligero disfraz...; es el último extremo de la impudencia, es la ostentación de la arbitrariedad más repugnante. Está visto, en adelante no será menester andarse con rodeos; no hiciera más el autócrata de las Rusias.»

El gobierno ¿ha procurado salvar las formas, guardando cierta apariencia de legalidad? «No hay peor despotismo —exclamamos— que el ejercido en nombre de la ley; la infracción no es menos negra por andar acompañada de pérfida hipocresía. Cuando un gobierno, en casos apurados, quebranta la ley y lo confiesa paladinamente, parece que con su confesión pide perdón al público y le da una garantía de que el exceso no será repetido; pero el cometer ilegalidades a la sombra de la misma ley es profanarla torpemente, es abusar de la buena fe de los pueblos, es abrir la puerta a todo linaje de desmanes. En no respetando la mente de la ley, todo se puede hacer con la ley en la mano; basta asirse de una palabra ambigua para contrariar abiertamente todas las miras del legislador.»

§ IX. Peligro de la mucha sensibilidad. Los grandes talentos. Los poetas

Hay errores de tanto bulto, hay juicios que llevan tan manifiesto sello de la pasión, que no alucinan a quien no está cegado por ella. No está la principal dificultad en semejantes casos, sino en aquellos en que, por presentarse más disfrazados, no se conoce el motivo que habrá falseado el juicio. Desgraciadamente, los hombres de elevado talento adolecen muy a menudo del defecto que estamos censurando. Dotados por lo común de una sensibilidad exquisita, reciben impresiones muy vivas, que ejercen grande influencia sobre el curso de sus ideas y deciden de sus opiniones. Su entendimiento penetrante encuentra fácilmente razones en apoyo de lo que se propone defender, y sus palabras y escritos arrastran a los demás con ascendiente fascinador.

Esta será, sin duda, la causa de la volubilidad que se nota en hombres de genio reconocido; hoy ensalzan lo que mañana maldicen; es para ellos un dogma inconcuso lo que mañana es miserable preocupación. En una misma obra se contradicen, tal vez de una manera chocante, y os conducen a consecuencias que jamás hubierais sospechado fueran conciliables con sus principios. Os equivocaríais si siempre achacaseis a mala fe estas singulares anomalías; el autor habrá sostenido el sí y el no con profunda convicción, porque, sin que él lo advirtiese esta convicción solo dimanaba de un sentimiento vivo, exaltado; cuando su entendimiento se explayaba con pensamientos admirables, por su belleza y brillantez, no era más que un esclavo del corazón, pero esclavo hábil, ingenioso, que correspondía a los caprichos de su dueño ofreciéndole exquisitas labores.

Los poetas, los verdaderos poetas, es decir, aquellos hombres a quienes ha otorgado el Criador elevada concepción, fantasía creadora y corazón de fuego, están más expuestos que los demás a dejarse llevar por las impresiones del momento. No les negaré la facultad de levantarse a las más altas regiones del pensamiento, ni diré que les sea imposible moderar el vuelo de su ingenio y adquirir el hábito de juzgar con acierto y tino; pero, a no dudarlo, habrán menester más caudal de reflexión y mayor fuerza de carácter que el común de los hombres.

§ X. El poeta y el monasterio

Un viajero poeta, atravesando una soledad, oye el tañido de una campana, que le distrae de las meditaciones en que estaba embelesado. En su alma no se albergaba la fe, pero no es inaccesible a las inspiraciones religiosas. Aquel sonido piadoso en el corazón del desierto cambia de repente la disposición de su espíritu y le lleva a saborearse en una melancolía grave y severa. Bien pronto descubre la silenciosa mansión donde buscan asilo, lejos del mundo, la inocencia y el arrepentimiento. Llega, apéase, llama, con una mezcla de respeto y de curiosidad; y al pisar los umbrales del monasterio se encuentra con un venerable anciano, de semblante sereno, de trato cortés y afable. El viajero es obsequiado con afectuosa cordialidad, es conducido a la iglesia, a los claustros, a la biblioteca, a todos los lugares donde hay algo que admirar o notar. El anciano monje no se aparta de su lado, sostiene la conversación con discernimiento y buen gusto, se muestra tolerante con las opiniones del recién venido, se presta a cuanto puede complacerle y no se separa de él sino cuando suena la hora del cumplimiento de sus deberes. El corazón del viajero está dulcemente conmovido; el silencio, interrumpido tan solo por el canto de los salmos; la muchedumbre de objetos religiosos que inspiran recogimiento y piedad, unidos a las estimables cualidades y a la bondad y condescendencia del anciano cenobita, inspiran al corazón del viajero sentimientos de religión, de admiración y gratitud, que señorean vivamente su alma. Despidiéndose de su venerable huésped, se aleja meditabundo, llevándose aquellos gratos recuerdos que no olvidará en mucho tiempo. Si en semejante situación de espíritu le place a nuestro poeta intercalar en sus relaciones de viaje algunas reflexiones sobre los institutos religiosos, ¿qué os parece que dirá? Es bien claro. Para él la institución estará en aquel monasterio, y el monasterio estará personificado en el monje cuya memoria le embelesa. Contad, pues, con un elocuente trozo en favor de los institutos religiosos, un anatema contra los filósofos que los condenan, una imprecación contra los revolucionarios que los destruyen, una lágrima de dolor sobre las ruinas y las tumbas.

Pero ¡ay del monasterio y de todos los institutos monásticos si el viajero se hubiese encontrado con un huésped de mal talante, de conversación seca y desabrida, poco aficionado a bellezas literarias y artísticas y de humor nada bueno para acompañar curiosos! A los ojos del poeta, el monje desagradable habría sido la personificación del instituto, y en castigo del mal recibimiento hubiera sido condenado este género de vida, y acusado de abatir el espíritu, estrechar el corazón, apartar del trato de los hombres, formar modales ásperos y groseros y acarrear innumerables males sin producir ningún bien. Y, sin embargo, la realidad de las cosas habría permanecido la misma en uno y otro supuesto, mediando solo la casualidad que depara al viajero acogida más o menos halagüeña.

§ XI. Necesidad de tener ideas fijas

Las reflexiones que preceden muestran la necesidad de tener ideas fijas y opiniones formadas sobre las principales materias; y cuando esto no sea dable, lo mucho que importa el abstenerse de improvisarlas, abandonándonos a inspiraciones repentinas. Se ha dicho que los grandes pensamientos nacen del corazón; y pudiera haberse añadido que del corazón nacen también los grandes errores. Si la experiencia no lo hiciese palpable, la razón bastaría a demostrarlo. El corazón no piensa ni juzga, no hace más que sentir; pero el sentimiento es un poderoso resorte que mueve el alma y despliega y multiplica sus facultades. Cuando el entendimiento va por el camino de la verdad y del bien, los sentimientos nobles y puros contribuyen a darle fuerza y brío; pero los sentimientos innobles o depravados pueden extraviar al entendimiento más recto. Hasta los sentimientos buenos, si se exaltan en demasía, son capaces de conducirnos a errores deplorables.

§ XII. Deberes de la oratoria, de la poesía y de las bellas artes

Nacen de aquí consideraciones muy graves sobre el buen uso de la oratoria y, en general, de todas las artes que o llegan al entendimiento por conducto del corazón o al menos se valen de él como de un auxiliar poderoso. La pintura, la escultura, la música, la poesía, la literatura en todas sus partes tienen deberes muy severos que se olvidan con demasiada frecuencia. La verdad y la virtud, he aquí los dos objetos a que se han de dirigir: la verdad para el entendimiento, la virtud para el corazón; he aquí lo que han de proporcionar al hombre por medio de las impresiones con que le embelesan. En desviándose de este blanco, en limitándose a la simple producción del placer, son estériles para el bien y fecundas para el mal.

El artista que solo se propone halagar las pasiones, corrompiendo las costumbres, es un hombre que abusa de sus talentos y olvida la misión sublime que le ha encomendado el Criador al dotarle de facultades privilegiadas que le aseguran ascendiente sobre sus semejantes; el orador que sirviéndose de las galas de la dicción y de su habilidad para mover los afectos y hechizar la fantasía, procura hacer adoptar opiniones erradas, es un verdadero impostor, no menos culpable que quien emplea medios quizá más repugnantes, pero mucho menos peligrosos. No es lícito persuadir cuando no es lícito convencer; cuando la convicción es un engaño la persuasión es una perfidia. Esta doctrina es severa, pero indudable; los dictámenes de la razón no pueden menos de ser severos cuando se ajustan a las prescripciones de la ley eterna, que es severa también porque es justa e inmutable.

Inferiremos de lo dicho que los escritores u oradores dotados de grandes cualidades para interesar y seducir son una verdadera calamidad pública cuando las emplean en defensa del error. ¿Qué importa el brillo si solo sirve a deslumbrar y perder? Las naciones modernas han olvidado estas verdades al resucitar entre ellas la elocuencia popular que tanto dañó a las antiguas repúblicas; en las asambleas deliberantes donde se ventilan los altos negocios del Estado, donde se falla sobre los grandes intereses de la sociedad, no debiera resonar otra voz que la de una razón clara, sesuda, austera. La verdad es la misma, la realidad de las cosas no se muda porque se haya excitado el entusiasmo de la asamblea y de los espectadores y se haya decidido una votación con los acentos de un orador fogoso. Es o no verdad lo que se sustenta, es o no útil lo que se propone: he aquí lo único a que se ha de atender; lo demás es extraviarse miserablemente, es olvidarse del fin de la deliberación, es jugar con los grandes intereses de la sociedad, es sacrificarlos al pueril prurito de ostentar dotes oratorias, a la mezquina vanidad de arrancar aplausos.

Ya se ha observado que todas las asambleas, y muy particularmente en el principio de las revoluciones, adolecen de espíritu de invasión y se distinguen por sus resoluciones desatinadas. La sesión comienza tal vez con felices auspicios, pero se retoma un sesgo peligroso; los ánimos se conmueven, la mente se ofusca, la exaltación sube de punto, llega a rayar en frenesí; y una reunión de hombres que por separado habrían sido razonables se convierten en una turba de insensatos y delirantes. La causa es obvia: la impresión, del momento es viva, prepondera sobre todo, lo señorea todo; con la simpatía natural al hombre se propaga como un fluido eléctrico, y corriendo adquiere velocidad y fuerza; lo que al principio era chispa es a pocos momentos una conflagración espantosa.

El tiempo, los desengaños y escarmientos amaestran algún tanto a las naciones, haciendo que se vaya embotando la sensibilidad y no sea tan peligrosa la fascinación oratoria; triste remedio para el mal la repetición de sus daños. Como quiera, ya que no es posible cambiar el corazón de los hombres, serán dignos de gloria y prez los oradores esclarecidos que emplean en defensa de la verdad y de la justicia las mismas armas que otros usan en pro del error y del crimen. Al lado del veneno la Providencia suele colocar el antídoto.

§ XIII. Ilusión causada por los pensamientos revestidos de imágenes

A más del peligro de errar que consigo trae la moción de los afectos hay otro, tal vez menos reparado y que, sin embargo, es de mucha trascendencia, cual es el de los pensamientos revestidos con una imagen brillante. Es indecible el efecto que este artificio produce; tal pensamiento, no más que superficial, pasa por profundo merced a su disfraz grave y filosófico; tal otro, que presentado desnudo fuera una vulgaridad, mostrándose con nobles atavíos oculta su origen plebeyo, y una proposición que enunciada con sequedad mostraría de bulto que es inexacta o falsa, o quizá un solemne despropósito, es contada entre las verdades que no consienten duda si anda cubierta con ingenioso velo.

He dicho que los daños en este punto son de mucha trascendencia, porque suelen adolecer de semejante defecto los autores profundos y sentenciosos; y como quiera que sus palabras se escuchan con tanto respeto y acatamiento cuanto es más fuerte el tono de convicción con que se expresan, resulta que el lector incauto recibe como axioma inconcuso o máxima de eterna verdad lo que a veces no es más que un sueño del pensador o un lazo tendido adrede a la buena fe de los poco avisados.[19]

---

19 Podría escribirse una excelente obra con el título de Moral literaria y artística. El asunto es tan útil como fecundo. Si esta obra la ejecutase un escritor de crítica segura y delicada y de moral pura, podría ser de gran provecho. El abuso, cada día mayor, que de las más bellas dotes de alma se está haciendo para extraviar y corromper aumentaría la importancia de semejante trabajo. Ojalá que esta indicación despierte la voluntad de alguno que se sienta con fuerzas para ello.

Capítulo XX. Filosofía de la Historia

§ I. En qué consiste la filosofía de la Historia. Dificultad de adquirirla

No trato aquí de la Historia bajo el aspecto crítico, sino únicamente bajo el filosófico. Lo relativo a la simple investigación de los hechos está explicado en el Capítulo XI.

¿Cuál es el método más a propósito para comprender el espíritu de una época, formarse ideas claras y exactas sobre su carácter, penetrar las causas de los acontecimientos y señalar a cada cual sus propios resultados? Esto equivale a preguntar cuál es el método conveniente para adquirir la verdadera filosofía de la Historia.

¿Será con la elección de los buenos autores? ¿Pero cuáles son los buenos? ¿Quién nos asegura que no los ha guiado la pasión? ¿Quién sale fiador de su imparcialidad? ¿Cuántos son los que han escrito la Historia del modo que se necesita para enseñarnos la filosofía que le corresponde? Batallas, negociaciones, intrigas palaciegas, vidas y muertes de príncipes, cambios de dinastías, de formas políticas, a esto se reducen la mayor parte de las historias; nada que nos pinte al individuo con sus ideas, sus afectos, sus necesidades, sus gustos, sus caprichos, sus costumbres; nada que nos haga asistir a la vida íntima de las familias y de los pueblos; nada que en el estudio de la Historia nos haga comprender la marcha de la Humanidad. Siempre en la política, es decir, en la superficie; siempre en lo abultado y ruidoso, nunca en las entrañas de la sociedad, en la naturaleza de las cosas, en aquellos sucesos que, por recónditos y de poca apariencia, no dejan de ser de la mayor importancia.

En la actualidad se conoce ya este vacío y se trabaja por llenarle. No se escribe la Historia sin que se procure filosofar sobre ella. Esto, que en sí es bueno, tiene otro inconveniente, cual es que en lugar de la verdadera filosofía de la Historia se nos propina con frecuencia la filosofía del historiador. Más vale no filosofar que filosofar mal; si queriendo profundizar la Historia la trastorno, preferible sería que me atuviese al sistema de nombres y fechas.

§ II. Se indica un medio para adelantar en la filosofía de la Historia

Preciso es leer las historias, y, a falta de otras, debe uno atenerse a las que existen; sin embargo, yo me inclino a que este estudio no basta para aprender la filosofía de la Historia. Hay otro más a propósito y que, hecho con discernimiento, es de un efecto seguro: el estudio inmediato de los monumentos de la época. Digo inmediato, esto es, que conviene no atenerse a lo que nos dice de ellos el historiador, sino verlos con los propios ojos.

Pero este trabajo, se me dirá, es muy pesado, para mucho imposible, difícil para todos. No niego la fuerza de esta observación, pero sostengo que en muchos casos el método que propongo ahorra tiempo y fatigas. La vista de un edificio, la lectura de un documento, un hecho, una palabra, al parecer insignificante y en que no ha reparado el historiador, nos dicen mucho más y más claro, y más verdadero y más exacto, que todas sus narraciones.

Un historiador se propone retratarme la sencillez de las costumbres patriarcales: recoge abundantes noticias sobre los tiempos más remotos y agota el caudal de su erudición, filosofía y elocuencia para hacerme comprender lo que eran aquellos tiempos y aquellos hombres y ofrecerme lo que se llama una descripción completa. A pesar de cuanto me dice, yo encuentro otro medio más sencillo, cual es el asistir a las escenas donde se me presenta en movimiento y vida lo que trato de conocer. Abro los escritores de aquellas épocas, que no son ni en tanto número ni tan voluminosos, y allí encuentro retratos fieles que enseñan y deleitan. La Biblia y Homero nada me dejan que desear.

§ III. Aplicación a la Historia del espíritu humano

La inteligencia humana tiene su historia, como la tienen los sucesos exteriores; historia tanto más preciosa cuanto nos retrata lo más íntimo del hombre y lo que ejerce sobre él poderosa influencia. Hállanse a cada paso descripciones de escuelas y del carácter y tendencia del pensamiento en esta o aquella época; es decir, que son muchos los historiadores del entendimiento; pero si se desea saber algo más que cuatro generalidades, siempre inexactas y a menudo totalmente falsas, es preciso aplicar la regla establecida: leer los autores de la época que se desea conocer. Y no se crea que es absolutamente necesario revolverlos todos, y que así este método se haga impracticable para el mayor número de los lectores, una sola página de un escritor nos pinta más al vivo su espíritu y su época que cuanto podrían decirnos los más minuciosos historiadores.

§ IV. Ejemplo sacado de las fisonomías que aclara lo dicho sobre el modo de adelantar en la filosofía de la Historia

Si el lector se contenta con lo que le dicen los otros, y no trata de examinarlo por sí mismo, logrará tal vez un conocimiento histórico, pero no intuitivo; sabrá lo que son los hombres y las cosas, pero no lo verá; dará razón de la cosa, pero no será capaz de pintarla. Una comparación aclarará mi pensamiento. Supongamos que se me habla de un sujeto importante que no puedo tratar ni ver, y, curioso yo de saber algo de su figura y modales, pregunto a los que le conocen personalmente. Me dirán, por ejemplo, que es de estatura más que mediana, de espaciosa y despejada frente, cabello negro y caído con cierto desorden, ojos grandes, mirada viva y penetrante, color pálido, facciones animadas y expresivas; que en sus labios asoma con frecuencia la sonrisa de la amabilidad, y que de vez en cuando anuncia algo de maligno; que su palabra es mesurada y grave, pero que con el calor de la conversación se hace rápida, incisiva y hasta fogosa, y así me irán ofreciendo un conjunto físico y moral para darme la idea más aproximada posible; si supongo que estas y otras noticias son exactas, que se me ha descrito con toda fidelidad el original, tengo una idea de lo que es la persona que llamaba mi curiosidad, y podré dar cuenta de ella a quien, como yo, estuviese deseoso de conocerla. Pero ¿es esto bastante para formar un concepto cabal de la misma, para que se me presente a la imaginación tal como es en sí? Ciertamente que no. ¿Queréis una prueba? Suponed que el que ha oído la relación es un retratista de mucho mérito: ¿será capaz de retratar a la persona descrita? Que lo intente, y, concluida la obra, preséntese de improviso el original; es bien seguro que no se le conocerá por la copia.

Todos habremos experimentado por nosotros mismos esta verdad: cien y cien veces habremos oído explicar la fisonomía de una persona; a nuestro modo, nos hemos formado en la imaginación una figura en la cual hemos procurado reunir las cualidades oídas; pues bien: cuando se presenta la persona encontramos tanta diferencia que nos es preciso retocar mucho el trabajo, si no destruirle totalmente. Y es que hay cosas de que es imposible formarse idea clara y exacta sin tenerlas delante, y las hay en gran número y sumamente delicadas, imperceptibles por separado y cuyo conjunto forma lo que llamamos la fisonomía. ¿Cómo explicaréis la diferencia de dos personas muy semejantes? No de otra manera que viéndolas; se parecen en todo, no sabríais decir en qué discrepan; pero hay alguna cosa que no las deja confundir: a la primera ojeada lo percibís, sin atinar lo que es.

He aquí todo mi pensamiento. En las obras críticas se nos ofrecen extensas y tal vez exactas descripciones del estado del entendimiento en tal o cuál época, y, a pesar de todo, no la conocemos aún; si se nos presentasen trozos de escritores de tiempos diferentes no acertaríamos a clasificarlos cual conviene, y nos fatigaríamos en recordar las cualidades de unos y de otros, pero esto no nos evitaría el caer en equivocaciones groseras, en disparatados anacronismos. Con mucho menos trabajo saliéramos airosos del empeño si hubiésemos leído los autores de que se trata, quizá no disertaríamos con tanto aparato de erudición y crítica, pero juzgaríamos con harto más acierto. «El giro del pensamiento —diríamos—, el estilo el lenguaje revelan un escritor de tal época; este trozo es apócrifo; aquí se descubre la mano de tal otro tiempo», y así andaríamos clasificando sin temor de equivocarnos, por más que no pudiésemos hacernos comprender bien de aquellos que, como nosotros, no conociesen de vista a aquellos personajes. Si entonces se nos dijera: «¿Y tal cualidad?, ¿cómo es que no se encuentra aquí?, ¿por qué otra se halla en mayor grado?, ¿por qué...?». «Imposible será —replicaríamos quizá nosotros— satisfacer todos los escrúpulos de usted; lo que puedo asegurar es que los personajes que figuran aquí los tengo bien conocidos y que no puedo equivocarme sobre los rasgos de su fisonomía, porque los he visto muchas veces.»[20]

---

20   La filosofía de la Historia, si bien ha adelantado algo en los últimos tiempos es, sin embargo, una ciencia muy atrasada. Probablemente sufrirá modificaciones no menos profundas que

Capítulo XXI. Religión

§ I. Insensato discurrir de los indiferentes en materia de religión

Impropio fuera de este lugar un tratado de religión, pero no lo serán algunas reflexiones para dirigir el pensamiento en esta importantísima materia. De ella resultará que los indiferentes o incrédulos son pésimos pensadores.

La vida es breve, la muerte cierta; de aquí a pocos años el hombre que disfruta de la salud más robusta y lozana habrá descendido al sepulcro y sabrá por experiencia lo que hay de verdad en lo que dice la religión sobre los destinos de la otra vida. Si no creo, mi incredulidad, mis dudas, mis invectivas, mis sátiras, mi indiferencia, mi orgullo insensato no destruyen la realidad de los hechos; si existe otro mundo donde se reservan premios al bueno y castigos al malo, no dejará ciertamente de existir porque a mí me plazca el negarlo, y, además, esta caprichosa negativa no mejorará el destino que, según las leyes eternas, me haya de caber. Cuando suene la última hora será preciso morir y encontrarme con la nada o con la eternidad. Este negocio es exclusivamente mío, tan mío como si yo existiera solo en el mundo; nadie morirá por mí, nadie se pondrá en mi lugar en la otra vida privándome del bien o librándome del mal. Estas consideraciones me muestran con toda evidencia la alta importancia de la religión, la necesidad que tengo de saber lo qué hay de verdad en ella, y que si digo: «Sea lo que fuere de la religión, ni quiero pensar en ella», hablo como el más insensato de los hombres.

Un viajero encuentra en su camino un río caudaloso; le es preciso atravesarle, ignora si hay algún peligro en este o aquel vado, y está oyendo que muchos que se hallan como él a la orilla ponderan la profundidad del agua en determinados lugares y la imposibilidad de salvarse el temerario que a tantearlos se atreviese. El insensato dice: «¿Qué me importan a mí

---

otra ciencia, también nueva: la economía política. Para los católicos hay en esta clase de estudios el grave inconveniente de que varias de las obras principales que en esta materia se han escrito han salido de manos de protestantes o escépticos, así es que se las encuentra llenas de errores, y equivocaciones en lo concerniente a la Iglesia. Verdad es que últimamente en Inglaterra, en Francia y en Alemania se está rehaciendo la Historia en un sentido favorable al catolicismo; pero esta es una mina riquísima de la cual no se ha explotado más que una pequeña parte. Los tesoros abundan: solo se necesita trabajo.

esas cuestiones?» y se arroja al río sin mirar por dónde. He aquí el indiferente en materias de religión.

§ II. El indiferente y el género humano

La humanidad entera se ha ocupado y se está ocupando de la religión; los legisladores la han mirado como el objeto de la más alta importancia; los sabios la han tomado por materia de sus más profundas meditaciones; los monumentos, los códigos, los escritos de las épocas que nos han precedido nos muestran de bulto este hecho que la experiencia cuida de confirmar; se ha discurrido y disputado inmensamente sobre la religión; las bibliotecas están atestadas de obras relativas a ella, y hasta en nuestros días la Prensa va dando otras a luz en número muy crecido; cuando, pues, viene el indiferente y dice: «Todo esto no merece la pena de ser examinado; yo juzgo sin oír: estos sabios son todos unos mentecatos; éstos legisladores, unos necios; la humanidad entera es una miserable ilusa; todos pierden lastimosamente el tiempo en cuestiones que nada importan», ¿no es digno de que esa humanidad, y esos sabios, y esos legisladores se levanten contra él, arrojen sobre su frente el borrón que él les ha echado y le digan a su vez: «¿Quién eres tú, que así nos insultas, que así desprecias los sentimientos más íntimos del corazón y todas las tradiciones de la humanidad; que así declaras frívolos lo que en toda la redondez de la tierra se reputa grave e importante? ¿Quién eres tú? ¿Has descubierto, por ventura, el secreto de no morir? Miserable montón de polvo, ¿olvidas que bien pronto te dispersará el viento? Débil criatura, ¿cuentas acaso con medios para cambiar tu destino en esa región que desconoces? La dicha o la desdicha, ¿son para ti indiferentes? Si existe ese juez, de quien no quieres ocuparte, ¿esperas que se dará por satisfecho si al llamarte a juicio le respondes: "¿Y a mí qué me importaban vuestros mandatos ni vuestra misma existencia?". Antes de desatar tu lengua con tan insensatos discursos date una mirada a ti mismo, piensa, en esa débil organización que el más leve accidente, es capaz de trastornar, y que brevísimo tiempo ha de bastar a consumir, y entonces siéntate sobre una tumba, recógete y medita».

§ III. Tránsito del indiferentismo al examen. Existencia de Dios

Curado el buen pensador de achaque del indiferentismo, convencido profundamente de que la religión es el asunto de más elevada importancia, debiera pasar más adelante y discurrir de esta manera: «¿Es probable que todas las religiones no sean más que un cúmulo de errores y que la doctrina que las rechaza a todas sea verdadera?».

Lo primero que las religiones establecen o suponen es la existencia de Dios. ¿Existe Dios? ¿Existe algún Hacedor del Universo? Levanta los ojos al firmamento, tiéndelos por la faz de la tierra, mira lo que tú mismo eres, y viendo por todas partes grandor y orden di, si te atreves: «El acaso es quien ha hecho el mundo; el acaso me ha hecho a mí; el edificio es admirable, pero no hay arquitecto; el mecanismo es asombroso, pero no hay artífice; el orden existe sin ordenador, sin sabiduría para concebir el plan, sin poder para ejecutarle». Este raciocinio, que tratándose de los más insignificantes artefactos sería despreciable y hasta contrario al sentido común, ¿se podrá aplicar al universo? Lo que es insensato con respecto a lo pequeño, ¿será cuerdo con relación a lo grande?

§ IV. No es posible que todas las religiones sean verdaderas

Son muchas y muy varias las religiones que dominan en los diferentes puntos de la tierra; ¿sería posible que todas fuesen verdaderas? El sí y el no, con respecto a una misma cosa, no puede ser verdadero a un mismo tiempo. Los judíos dicen que el Mesías no ha venido; los cristianos, que sí; los musulmanes respetan a Mahoma como insigne profeta; los cristianos le miran como solemne impostor; los católicos sostienen que la Iglesia es infalible en puntos de dogma y de moral; los protestantes lo niegan; la verdad no puede estar por ambas partes, unos u otros se engañan. Luego es un absurdo el decir que todas las religiones son verdaderas.

Además, toda religión se dice bajada del cielo; la que lo sea será la verdadera, las restantes no serán otra cosa que ilusión o impostura.

§ V. Es imposible que todas las religiones sean igualmente agradables a Dios

¿Es posible que todas las religiones sean igualmente agradables a Dios y que se dé igualmente por satisfecho con todo linaje de cultos? No. A la verdad infinita no puede serle acepto el error, a la bondad infinita no puede serle grato el mal; luego, al afirmar que todas las religiones son igualmente buenas, que con todos los cultos el hombre llena bien sus deberes para con Dios, es blasfemar de la verdad y bondad del Criador.

§ VI. Es imposible que todas las religiones sean una invención humana

¿No sería lícito pensar que no hay ninguna religión verdadera, que todas son inventadas por el hombre? No. ¿Quién fue el inventor? El origen de las religiones se pierde en la noche de los tiempos: allí donde hay hombres, allí hay sacerdote, altar y culto. ¿Quién será ese inventor, cuyo nombre se habría olvidado, y cuya invención se habría difundido por toda la tierra, comunicándose a todas las generaciones? Si la invención tuvo lugar entre pueblos cultos, ¿cómo se logró que la adoptasen los bárbaros y hasta los salvajes? Si nació entre bárbaros, ¿cómo no la rechazaron las naciones cultas? Diréis que fue una necesidad social y que su origen está en la misma cuna de la sociedad. Pero entonces se puede preguntar: ¿Quién conoció esta necesidad, quién discurrió los medios de satisfacerla, quién excogitó un sistema tan a propósito para enfrenar y regir a los hombres? Y una vez hecho el descubrimiento, ¿quién tuvo en su mano todos los entendimientos y todos los corazones para comunicarles esas ideas y sentimientos que han hecho de la religión una verdadera necesidad y, por decirlo así, una segunda naturaleza?

Vemos a cada paso que los descubrimientos más útiles, más provechosos, más necesarios permanecen limitados a esta o aquella nación, sin extenderse a las otras durante mucho tiempo y no propagándose sino con suma lentitud a las más inmediatas o relacionadas; ¿cómo es que no haya sucedido lo mismo en lo tocante a la religión? ¿Cómo es que en la invención maravillosa hayan tenido conocimiento todos los pueblos de la tierra, sea cual fuere su país, lengua, costumbres, barbarie o civilización, grosería o cultura?

Aquí no hay medio: o la religión procede de una revelación primitiva o de una inspiración de la naturaleza; en uno y otro caso, hallamos su origen divino; si hay revelación, Dios ha hablado al hombre; si no la hay, Dios ha escrito la religión en el fondo de nuestra alma. Es indudable que la religión no puede ser invención humana, y que, a pesar de lo desfigurada y adulterada que la vemos en diferentes tiempos y países, se descubre en el fondo del corazón humano un sentimiento descendido de lo alto; al través de las monstruosidades que nos presenta la Historia columbramos la huella de una revelación primitiva.

§ VII. La revelación es posible

¿Es posible que Dios haya revelado algunas cosas al hombre? Sí. Él, que nos ha dado la palabra, no estará privado de ella; si nosotros poseemos un medio de comunicarnos recíprocamente nuestros pensamientos y afectos, Dios, todopoderoso e infinitamente sabio, no carecerá seguramente de medios para transmitirnos lo que fuere de su agrado. Ha criado la inteligencia, ¿y no podría ilustrarla?

§ VIII. Solución de una dificultad contra la revelación

Pero Dios, objetará el incrédulo, es demasiado grande para humillarse a conversar con su criatura; mas entonces también deberíamos decir que Dios es demasiado grande para haberse ocupado en criarnos. Criándonos nos sacó de la nada; revelándonos alguna verdad perfecciona su obra; ¿y cuándo se ha visto que un artífice desmereciese por mejorar su artefacto? Todos los conocimientos que tenemos nos vienen de Dios, porque Él es quien os ha dado la facultad de conocer, y Él es quien o ha grabado en nuestro entendimiento las ideas o ha hecho que pudiéramos adquirirlas por medios que todavía se nos ocultan. Si Dios nos ha comunicado un cierto orden de ideas, sin que nada haya perdido de su grandor, es un absurdo el decir que se rebajaría si nos transmitiese otros conocimientos por conducto distinto del de la naturaleza. Luego la revelación es posible, luego quien dudare de esta posibilidad ha de dudar al mismo tiempo de la omnipotencia, hasta de la existencia de Dios.

§ IX. Consecuencia de los párrafos anteriores

Importa muchísimo el encontrar la verdad en materias de religión (§§ I y II); todas las religiones no pueden ser verdaderas (§ IV); si hubiese una revelada por Dios, aquélla sería la verdadera (§ V); la religión no ha podido ser invención humana (§ VI); la revelación es posible (§ VII); lo que falta, pues, averiguar es si esta revelación existe y dónde se halla.

§ X. Existencia de la revelación

¿Existe la revelación? Por el pronto salta a los ojos un hecho que da motivo a pensar que sí. Todos los pueblos de la tierra hablan de una revelación, y la humanidad no se concierta para tramar una impostura. Esto prueba una tradición primitiva, cuya noticia ha pasado de padres a hijos, y que, si bien ofuscada y adulterada, no ha podido borrarse de la memoria de los hombres.

Se objetará que la imaginación ha convertido en voces el ruido del viento y en apariciones misteriosas los fenómenos de la Naturaleza, y así el débil mortal se ha creído rodeado de seres desconocidos que le dirigían la palabra, y le descubrían los arcanos de otros mundos. No puede negarse que la objeción es especiosa; sin embargo, no será difícil manifestar que es del todo insubsistente y fútil.

Es cierto que cuando el hombre tiene idea de la existencia de seres desconocidos, y está convencido de que éstos se ponen en relación con él, fácilmente se inclina a imaginar que ha oído acentos fatídicos y se han ofrecido a sus ojos espectros venidos del otro mundo. Mas no sucede ni puede suceder así en no abrigando el hombre semejante convicción, y mucho menos si ni aun llega a tener noticia de que existen dichos seres, pues entonces no es dable conjeturar de dónde procedería una ilusión tan extravagante. Si bien se observa, todas las creaciones de nuestra fantasía, hasta las más incoherentes y monstruosas, se forman de un conjunto de imágenes de objetos que otras veces hemos visto y que a la sazón reunimos del modo que place a nuestro capricho o nos sugiere nuestra cabeza enfermiza. Los castillos encantados de los libros de caballería, con sus damas enanos, salones, subterráneos, hechizos y todas sus locuras, son un informe agregado de partes muy reales que la imaginación del escritor componía a su manera, sacando al fin un todo que solo cambia en los sueños de un delirante. Lo propio sucede en lo demás; la razón y la experiencia están acordes en atestiguarnos este fenómeno ideológico. Si suponemos, pues, que no se tiene idea alguna de otra vida distinta de la presente, ni de otro mundo que el que está a nuestra vista, ni de otros vivientes que los que moran con nosotros en la tierra, el hombre fingirá gigantes, fieras monstruosas y otras extravagancias por este estilo, mas no seres invisibles, no revelaciones de un cielo que no conoce, no dioses que le ilustren y dirijan. Ese mundo nuevo, ideal, puramente fantástico, no le ocurrirá siquiera, porque semejante ocurrencia no tendrá, por decirlo así, punto de partida, carecerá de antecedentes que puedan motivarla. Y aun suponiendo que este orden de ideas se hubiese ofrecido a algún individuo, ¿cómo era posible que de ello participase la humanidad entera? ¿Cuándo se habrá visto semejante contagio intelectual y moral?

Sea lo que fuere del valor de estas reflexiones, pasemos a los hechos; dejemos lo que haya podido ser y examinemos lo que ha sido.

§ XI. Pruebas históricas de la existencia de la revelación

Existe una sociedad que pretende ser la única depositaria e intérprete de las revelaciones con que Dios se ha dignado favorecer al linaje humano; esta pretensión debe llamar la atención del filósofo que se proponga investigar la verdad.

¿Qué sociedad es ésa? ¿Ha nacido de poco tiempo a esta parte? Cuenta dieciocho siglos de duración, y estos siglos no los mira sino como un periodo de su existencia, pues subiendo más arriba va explicando su no interrumpida genealogía y se remonta hasta el principio del mundo. Que lleva dieciocho siglos de duración, que su historia se enlaza con la de un pueblo cuyo origen se pierde en la antigüedad más remota es tan cierto como que han existido las repúblicas de Grecia y Roma.

¿Qué títulos presenta en apoyo de su doctrina? En primer lugar, está en posesión de un libro que es, sin disputa, el más antiguo que se conoce, y que además encierra la moral más pura, un sistema de legislación admirable y contiene una narración de prodigios. Hasta ahora nadie ha puesto en duda el mérito, eminente, de este libro, siendo esto tanto más de extrañar cuanto una gran parte de él nos ha venido de manos de un pueblo cuya cultura no alcanzó ni con mucho a la de otros pueblos de la antigüedad.

¿Ofrece la dicha sociedad algunos otros títulos que justifiquen sus pretensiones? A más de los muchos, a cuál más graves e imponentes, he aquí uno que por sí solo basta. Ella dice que se hizo la transición de la sociedad vieja a la nueva del modo que estaba pronosticado en el libro misterioso; que llegada la plenitud de los tiempos apareció sobre la tierra un Hombre-Dios, quien fue a la vez el cumplimiento de la ley antigua y el autor de la nueva; que todo lo antiguo era una sombra y figura, que este Hombre-Dios fue la realidad; que Él fundó la sociedad que apellidamos Iglesia católica, le prometió su asistencia hasta la consumación de los siglos, selló su doctrina con su sangre, resucitó al tercer día de su crucifixión y muerte, subió a los cielos, envió al Espíritu Santo, y que al fin del mundo ha de venir a juzgar a los vivos y a los muertos.

¿Es verdad que en este Hombre se cumpliesen las antiguas profecías? Es innegable; leyendo algunas de ellas parece que uno está leyendo la historia evangélica.

¿Dio algunas pruebas de la divinidad de su misión? Hizo milagros en abundancia, y cuanto él profetizó o se ha cumplido exactamente o se va cumpliendo con puntualidad asombrosa.

¿Cuál fue su vida? Sin tacha en su conducta, sin límite para hacer el bien. Desprecio las riquezas y el poder mundano, arrostró con serenidad las privaciones, los insultos, los tormentos y, por fin, una muerte afrentosa.

¿Cuál es su doctrina? Sublime cual no cupiera jamás en mente humana; tan pura en su moral, que le han hecho justicia sus más violentos enemigos.

¿Qué cambio social produjo este Hombre? Recordad lo que era el mundo romano y ved lo que es el mundo actual; mirad lo que son los pueblos donde no ha penetrado el cristianismo y lo que son aquellos que han estado siglos bajo su enseñanza y la conservan todavía, aunque algunos alterada y desfigurada.

¿De qué medios dispuso? No tenía donde reclinar su cabeza. Envió a doce hombres salidos de la ínfima clase del pueblo; se esparcieron por los cuatro ángulos de la tierra, y la tierra los oyó y creyó.

Esta religión, ¿ha pasado por el crisol de la desgracia? ¿No ha sufrido contrariedad de ninguna clase? Ahí está la sangre de infinitos mártires, ahí los escritos de numerosos filósofos que la han examinado, ahí los muchos monumentos que atestiguan las tremendas luchas que ha sostenido con los príncipes, con los sabios, con las pasiones, con los intereses, con las preocupaciones, con todos cuantos elementos de resistencia pueden combinarse sobre la tierra.

¿Dé qué medios se valieron los propagadores del cristianismo? De la predicación y del ejemplo, confirmados por los milagros. Estos milagros la crítica más escrupulosa no puede rechazarlos, que si los rechaza poco importa, pues entonces confiesa el mayor de los milagros, que es la conversión del mundo sin milagros.

El cristianismo ha contado entre sus hijos a los hombres más esclarecidos por su virtud y sabiduría; ningún pueblo antiguo ni moderno se ha elevado, a tan alto grado de civilización y cultura como los que le han profesado; sobre ninguna religión se ha disputado ni escrito tanto como sobre la cristiana; las bibliotecas están llenas de obras maestras de crítica y filosofía debidas a hombres que sometieron humildemente su entendimiento en obsequio de la fe; luego esa religión está a cubierto de los ataques que se pueden dirigir contra las que han nacido y prosperado entre pueblos groseros e ignorantes. Ella tiene, pues, todos los caracteres de verdadera, de divina.

§ XII. Los protestantes y la Iglesia católica

En los últimos siglos los cristianos se han dividido: unos han permanecido adictos a la Iglesia católica, otros han conservado del cristianismo lo que les ha parecido bien, y a consecuencia del principio fundamental que han asentado y que entrega la fe a discreción de cada creyente se han fraccionado en innumerables sectas.

¿Dónde estará la verdad? Los fundadores de las nuevas sectas son de ayer; la Iglesia católica señala la sucesión de sus pastores, que sube hasta Jesucristo; ellos han enseñado diferentes doctrinas, y una misma secta las ha variado repetidas veces; la Iglesia católica ha conservado intacta la fe que le transmitieron los apóstoles; la novedad y la variedad se hallan, pues, en presencia de la antigüedad y de la unidad; el fallo no puede ser dudoso.

Además, los católicos sostienen que fuera de la Iglesia no hay salvación; los protestantes afirman que los católicos también pueden salvarse, y así ellos mismos reconocen que entre nosotros nada se cree ni practica que pueda acarrearnos la condenación eterna. Ellos, en favor de su salvación, no tienen sino un voto; nosotros, en pro de la nuestra, tenemos el suyo y el nuestro; aun cuando juzgáramos solamente por motivos de prudencia humana, ésta nos aconseja que no abandonásemos la fe de nuestros padres.

En esta breve reseña se contiene el hilo del discurso de un católico, que, conforme a lo que dice San Pedro, quiera estar preparado para dar cuenta de su fe, y manifestar que, ateniéndose a la católica, no se desvía de las reglas de bien pensar. Ahora añadiré algunas observaciones que sirvan a prevenir peligros en que zozobra con harta frecuencia la fe de los incautos.

§ XIII. Errado método de algunos impugnadores de la religión

En el examen de las materias religiosas siguen muchos un camino errado. Toman por objeto de sus investigaciones un dogma, y las dificultades que contra él levantan las creen suficientes para destruir la verdad de la religión o, al menos, para ponerla en duda. Eso es proceder de un modo que atestigua cuán poco se ha meditado sobre el estado de la cuestión.

En efecto; no se trata de saber si los dogmas están al alcance de nuestra inteligencia, ni si damos completa solución a todas las dificultades que contra este o aquel puedan objetarse; la religión misma es la primera en decirnos que estos dogmas no podemos comprenderlos con la sola luz de la razón; que mientras estamos en esta vida es necesario que nos resignemos a ver los secretos de Dios al través de sombras y enigmas, y por esto nos exige la fe. El decir, pues, «yo no quiero creer porque no comprendo» es enunciar una contradicción; si lo comprendieses todo, claro es que no se te hablaría de fe. El argumento contra la religión fundándose en la incomprensibilidad de sus dogmas es hacerle un cargo de una verdad que ella misma reconoce, que acepta, y sobre la cual, en cierto modo, hace estribar su edificio. Lo que se ha de examinar es si ella ofrece garantías de veracidad y de que no se

174

engaña en lo que propone; asentado el principio de su infalibilidad, todo lo demás se allana por sí mismo, pero si éste nos falta es imposible dar un paso adelante. Cuando un viajero de cuya inteligencia y veracidad no podemos dudar nos refiere cosas que no comprendemos, ¿por ventura le negaremos nuestra fe? No, ciertamente. Luego, una vez asegurados de que la Iglesia no nos engaña, poco importa que su enseñanza sea superior a nuestra inteligencia.

Ninguna verdad podría subsistir si bastasen a hacernos dudar de ella algunas dificultades que no alcanzásemos a desvanecer. De esto se seguiría que un hombre de talento esparciría la incertidumbre sobre todas las materias cuando se encontrase con otros que no le igualasen en capacidad, porque es bien sabido que en mediando esta indiferencia no le es dado al inferior deshacerse de los lazos con que le enreda el que le aventaja.

En las ciencias, en las artes, en los negocios comunes de la vida hallamos a cada paso dificultades que nos hacen incomprensible una cosa de cuya existencia no nos es permitido dudar. Sucede a veces que la cosa no comprendida nos parece rayar en lo imposible; mas si por otra parte sabemos que existe, nos guardamos de declararla tal, y, conservando la convicción de su existencia, recordamos el poco alcance de nuestro entendimiento. Nada más común que oír: «No comprendo lo que ha contado fulano, me parece imposible; pero, en fin, es hombre veraz y que sabe lo que dice; si otro lo refiriera no lo creería, pero ahora no pongo duda en que la cosa es tal como él la afirma».

§ XIV. La más alta filosofía, acorde con la fe

Imagínanse algunos que se acreditan de altos pensadores cuando no quieren creer lo que no comprenden, y éstos justifican el famoso dicho de Bacon: «Poca filosofía aparta de la religión; mucha filosofía conduce a ella». Y a la verdad, si se hubiesen internado en las profundidades de las ciencias, conocieran que un denso velo encubre a nuestros ojos la mayor parte de los objetos, que sabemos poquísimo de los secretos de la Naturaleza, que hasta de las cosas en apariencia más fáciles de comprender se nos ocultan por lo común los principios constitutivos, su esencia; conocieran que ignoramos lo que es este universo que nos asombra, que ignoramos lo que es nuestro cuerpo, que ignoramos lo que es nuestro espíritu, que nosotros somos un arcano a nuestros propios ojos, y que hasta ahora todos los esfuerzos de la ciencia han sido impotentes para explicar los fenómenos que constituyen nuestra vida, que nos hacen sentir nuestra existencia; conocieran que el más precioso fruto que se recoge en las regiones filosóficas más elevadas es una profunda convicción de nuestra debilidad e ignorancia. Entonces infirieran que esa sobriedad en el saber recomendada por la religión cristiana, esa prudente desconfianza de las fuerzas de nuestro entendimiento están de acuerdo, con las lecciones de la más alta filosofía, y que así el Catecismo nos hace llegar desde nuestra infancia al punto más culminante que señalara a la ciencia la sabiduría humana.

§ XV. Quien abandona la religión católica no sabe dónde refugiarse

Hemos seguido el camino que puede conducir a la religión católica; echemos una ojeada sobre el que se presenta si nos apartamos de ella. Al abandonar la fe de la Iglesia, ¿dónde nos refugiamos? Si en el protestantismo, ¿en cuál de sus sectas? ¿Qué motivos de preferencia nos ofrece la una sobre la otra? Discernirlo será imposible, abrazar a ciegas una cualquiera nos lo será todavía más, y, por otra parte, esto equivaldría a no profesar ninguna. Si en el filosofismo, ¿qué es el filosofo sino incrédulo? Es una negación de todo, las tinieblas, la desesperación. ¿Andaremos en busca de otras religiones? Ciertamente que ni el islamismo ni la idolatría no nos contarán entre sus adeptos.

Abandonar, pues, la religión católica será abjurarlas todas, será tomar el partido de vivir sin ninguna; dejar que corran los años, que nuestra vida se acerque a su término fatal, sin guía para lo presente, sin luz para el porvenir; será taparse los ojos, bajar la cabeza y arrojarse a un abismo sin fondo.

La religión católica nos ofrece cuantas garantías de verdad podemos desear. Ella, además, nos impone una ley suave, pero recta, justa, benéfica; cumpliéndola nos asemejamos a los ángeles, nos acercamos a la belleza ideal que para la Humanidad puede excogitar la más elevada poesía. Ella nos consuela en nuestros infortunios y cierra nuestros ojos en paz; se nos presenta tanto más verdadera y cierta cuanto más nos aproximamos al sepulcro. ¡Ah, la bondadosa Providencia habrá colocado al borde de la tumba aquellas santas inspiraciones, como heraldos que nos avisaran de que íbamos a pisar los umbrales de la eternidad!...[21]

---

21 Figúranse algunos que la religiosidad es signo de espíritu apocado y capacidad escasa, y que, por el contrario, la incredulidad es indicio de talento y grandeza de ánimo. Yo sostengo que con la Historia en la mano se puede demostrar que en todos tiempos y países los hombres más eminentes han sido religiosos.

Capítulo XXII. El entendimiento práctico

§ I. Una clasificación de acciones

Los actos prácticos del entendimiento son los que nos dirigen para obrar; lo que envuelve dos cuestiones: cuál es el fin que nos proponemos, y cuál es el mejor medio para alcanzarle.

Nuestras acciones pueden ejercerse o sobre los objetos de la Naturaleza sometidos a la ley de necesidad, y aquí se comprenden todas las artes, o sobre lo que cae bajo el libre albedrío, y esto comprende el arreglo de nuestra conducta con respecto a nosotros mismos y a los demás, abarcando la moral, la urbanidad, la administración doméstica y la política.

Lo dicho hasta aquí sobre el modo de pensar en todas materias me ahorra el trabajo de extenderme sobre estos puntos, porque quien se haya penetrado de las reglas y observaciones precedentes no ignora cómo debe proponerse un fin ni cómo ha de encontrar los medios más adaptados para alcanzarle. No obstante, creo que no será inútil añadir algunas reflexiones que, sin salir de los límites fijados por el género de esta obra, suministren luz para guiarse cada cual en sus diferentes operaciones.

§ II. Dificultad de proponerse el debido fin

No hablo aquí del fin último; éste es la felicidad en la otra vida y a él nos conduce la religión. Trato únicamente de los secundarios, como alcanzar la conveniente posición en la sociedad, llevar a buen término un negocio, salir airosamente de una situación difícil, granjearse la amistad de una persona, guardarse de los tiros de un adversario, deshacer una intriga que nos amenaza, construir un artefacto que acredite, plantear un sistema de política, de hacienda o administración, derribar alguna institución que se crea dañosa, y otras cosas semejantes.

A primera vista, parece que siempre que el hombre obra debe tener presente el fin que se propone, y no como quiera, sino de un modo bien claro, determinado, fijo. Sin embargo, la observación enseña que no es así; y que son muchos, muchísimos, aun entre los activos y enérgicos, los que andan poco menos que al acaso.

Sucede mil veces que atribuimos a los hombres más plan del que han tenido. En viéndolos ocupar posición muy elevada, sea por reputación, sea por las funciones que ejercen, nos inclinamos naturalmente a suponerles en todo un objeto fijo, con premeditación detenida, con vasta combinación en los designios, con larga previsión de los obstáculos, con sagaz conocimiento de la verdadera naturaleza del fin y de sus relaciones con los medios que a él conduzcan. ¡Oh, y cuánto engaño! El hombre en todas las condiciones sociales, en todas las circunstancias de la vida, es siempre hombre, es decir, una cosa muy pequeña. Poco conocedor de sí mismo, sin formarse por lo común ideas bastante claras ni de la cualidad ni del alcance de sus fuerzas, creyéndose a veces más poderoso, a veces más débil de lo que es en realidad, encuéntrase con mucha frecuencia dudoso, perplejo, sin saber ni adónde va ni adónde ha de ir. Además, para él es a menudo un misterio qué es lo que le conviene; por manera que las dudas sobre sus fuerzas se aumentan con las dudas sobre su interés propio.

§ III. Examen del proverbio «Cada cual es hijo de sus obras»

No es verdad lo que suele decirse de que el interés particular sea una guía segura y que con respecto a él raras veces el hombre se equivoque. En esto, como en todo lo demás, andamos inciertos, y en prueba de ello tenemos la triste experiencia de que tantas y tantas veces nos labramos nuestro infortunio.

Lo que sí no admite duda es que, así por lo tocante a la dicha como a la desgracia, se verifica el proverbio de que «El hombre es hijo de sus obras». En el mundo físico como en el moral, la casualidad no significa nada. Es cierto que en la instabilidad de las cosas humanas ocurren con frecuencia sucesos imprevistos que desbaratan los planes mejor concertados, que no dejan recoger el fruto de atinadas combinaciones y pesadas fatigas, y que, por el contrario, favorecen a otros que, atendido lo que habían puesto de su parte, estaban lejos de merecerlo; pero tampoco cabe duda en que esto no es tan común como vulgarmente se dice y se cree. El trato de la sociedad, acompañado de la conveniente observación, rectifica muchos juicios que se habían formado ligeramente sobre las causas de la buena o mala fortuna que cabe a diferentes personas.

¿Cuál es el desgraciado que lo sea por su culpa, si nos atenemos a lo que nos dice él? Ninguno o casi ninguno. Y, no obstante, si nos es dable conocer a fondo su índole, su carácter, sus costumbres, su modo de ver las cosas, su sistema en el manejo de los negocios, su trato, su conversación, sus modales, sus relaciones de amistad o de familia, raro será que no descubramos muchas de las causas, si no todas, de las que contribuyeron a hacerle infeliz.

Las equivocaciones sobre esta materia, suelen nacer de que se fija la atención en un solo suceso que ha decidido la suerte de la persona, sin reflexionar que aquel suceso o estaba ya preparado por muchos otros o que solo ha podido tener tan funesta influencia a causa de la situación particular en que se hallaba la persona por sus errores, defectos o faltas.

La suerte próspera o adversa rarísima vez depende de una causa sola; complícanse por lo común varias, y de orden muy diverso; pero como no es fácil seguir el hilo de los acontecimientos al través de semejante complicación, se señala como causa principal, o única, lo que quizá no es otra cosa que un suceso determinante o una simple ocasión.

§ IV. El aborrecido

¿Veis a ese hombre a quien miran con desvío o indiferencia sus antiguos amigos, a quien profesan odio sus abogados y que no encuentra en la sociedad quien se interese por él? Si oís la explicación en que él señale las causas, éstas no son otras que la injusticia de los hombres, la envidia que no puede sufrir el resplandor del mérito ajeno, el egoísmo universal que no consiente el menor sacrificio ni aun a los que más obligación tenían de hacerle, por parentesco, por amistad, por gratitud; en una palabra, el infeliz es una víctima contra quien se ha conjurado el humano linaje, obstinado en no reconocer el alto mérito, las virtudes, la bella índole del infortunado. ¿Qué habrá de verdad en la relación? Quizá no será difícil descubrirlo en la misma apología; quizás no sea difícil notar la vanidad insufrible, el carácter áspero, la petulancia, la maledicencia, que le habrán atraído el odio de los unos, el desvío de los otros, y que habrán acabado por dejarle en el aislamiento de que injustamente se lamenta.

§ V. El arruinado

¿Habéis oído a ese otro cuya fortuna han arruinado la excesiva bondad propia, o la infidelidad de un amigo, o una desgracia imprevista, echándole a perder combinaciones sumamente acertadas, proyectos llenos de previsión y sagacidad? Pues si alcanzáis a procuraros noticias sobre su conducta, no será extraño que descubráis las verdaderas causas, por cierto muy distantes de lo que él se imagina.

En efecto; podrá suceder muy bien que haya mediado la infidelidad de un amigo, que haya ocurrido la desgracia imprevista; podrá ser mucha verdad que su corazón sea excesivamente bueno; es decir, que será muy posible que en su relación no haya mentido; pero no será extraño que en esa misma relación se os presenten de bulto las causas de su desgracia; que en su concepción, tan superficial como rápida, en su juicio, extremadamente ligero, en su discurrir especioso y sofístico, en su prurito de proyectar a la aventura, en la excesiva confianza de sí mismo, en el menosprecio de las observaciones ajenas, en la precipitación y osadía de su proceder, halléis más que suficiente causa para haberse arruinado, sin la bondad de su corazón, sin la infidelidad del amigo, sin la desgracia imprevista. Esta desgracia, lejos de ser puramente casual, habrá dependido quizá de un orden de causas que estaban obrando hace largo tiempo, y la infidelidad del amigo no hubiera sido difícil preverla y evitar sus tristes consecuencias si el interesado hubiese procedido con más tiento en depositar su confianza y en observar el uso que se hacia de ella.

§ VI. El instruido quebrado y el ignorante rico

¿Cómo es posible que ese hombre tan despejado, tan penetrante, tan instruido, no haya podido mejorar su fortuna, o haya perdido la que tenía, cuando ese otro tan encogido, tan torpe, tan rudo, ha hecho inconcebibles progresos en la suya? ¿No debe esto atribuirse a la casualidad, a fatalidades, a mala estrella? Así se habla muchas veces, sin reflexionar que se confunden lastimosamente las ideas, y se quieren enlazar con íntima dependencia causas y efectos que no tienen ninguna relación.

Es verdad que el uno es despejado y el otro encogido, que el uno parece penetrante y el otro torpe, que el uno es instruido y el otro rudo; pero ¿de qué sirven ni ese despejo, ni esa aparente penetración, ni esa instrucción para el efecto de que se trata? Es cierto que si se ofrece figurar en sociedad, el primero se presentará con más garbo y soltura que el segundo; que si es necesario sostener una conversación aquél brillará mucho más que éste; que su palabra será más fácil, sus ideas más variadas, sus observaciones más picantes, sus réplicas más prontas y agudas; que el y rico en cuestión no entenderá quizá una palabra del mérito de tal o cual novela, de tal o cual drama; que conocerá poco la Historia y se quedará estupefacto al oír al comerciante quebrado explicarse como un portento de erudición y de saber; de cierto que no sabrá tanto de política, ni de administración, ni de hacienda; que no poseerá tantos idiomas; pero ¿se trataba, por ventura, de nada de eso cuando se ofrecía dar buena dirección a los negocios? No, ciertamente. Cuando, pues, se pondera el mérito del uno y se manifiesta extrañeza porque la suerte no le ha sido favorable se pasa de un orden a otro muy diferente, se quiere que ciertos efectos procedan de causas con las que nada tienen que ver.

Observad atentamente a estos dos hombres tan desiguales en su fortuna; reflexionad sobre las cualidades de ambos; ved, sobre todo, si podéis hacer la experiencia en vista de un negocio que incumba a los dos, y no os será difícil inferir que así la prosperidad del uno como la ruina del otro nacen de causas sumamente naturales.

El uno, habla, escribe, proyecta, calcula, da mil vueltas a los objetos; todo lo prueba, a todo contesta; se hace cargo de mil ventajas, inconvenientes, esperanzas, peligros; en una palabra, agota la materia; nada deja en ella ni que decir ni que pensar. ¿Y qué hace el otro? ¿Es capaz de sostener la disputa con su adversario? No. ¿Deshace todos los cálculos que el primero acaba de amontonar? No. ¿Satisface a todas las dificultades con que su dictamen se ve combatido por el contrincante? No. En pro de su opinión, ¿aduce tanta copia de razones como su adversario? No. Para lograr el objeto, ¿presenta proyectos tan varios e ingeniosos? No. ¿Qué hace, pues, el malaventurado ignorante, combatido, hostigado, acosado por su temible antagonista?

—¿Qué me contesta usted a esto? —dice el hombre de los proyectos y del saber.

—Nada; pero ¿qué sé yo?...

—Mas ¿no le parecen a usted concluyentes mis razones?

—No del todo.

—Veamos: ¿tiene usted algo que oponer a este cálculo? Es cuestión de números; aquí no hay más.

—Ya se ve; lo que es en el papel, sale bien; la dificultad que yo tengo es que en la práctica suceda lo mismo. Cuenta usted con muchas partidas de que no estoy bien seguro; ¡estoy tan escarmentado!...

—¿Pero duda usted de los datos que se nos han proporcionado? ¿Qué interés habrá habido en engañarnos? Si hay pérdida, no seremos solo nosotros, y participarán de ella los que nos suministran las noticias. Son personas entendidas, honradas, versadas en negocios, y además tienen interés en ello. ¿Qué más se quiere? ¿Qué motivo hay de duda?

—Yo no dudo de nada; yo creo lo que usted dice de esos señores; pero, ¿qué quiere usted?, el negocio no me gusta. Además, ¡hay tantas eventualidades que usted no lleva en cuenta!

—Pero ¿qué eventualidades, señor? Si nos atenemos a un simple puede ser nada llevaremos adelante; todos los negocios tienen sus riesgos; pero repito que aquí no alcanzo a ver ninguno con visos de probabilidad.

—Usted lo entiende más que yo —dice el rudo, encogiéndose de hombros; y luego, meneando cuerdamente la cabeza añade—: No, señor; repito que el negocio no me gusta; yo, por mi parte, no entro en él; usted se empeña en que ha de ser provechosa la especulación, enhorabuena; allá veremos. Yo no aventuro mis fondos.

La victoria en la discusión queda, sin duda, por el proyectista; pero ¿quién acierta? La experiencia lo dirá. El rico, al parecer tan torpe, tiene la mirada menos vivaz que su antagonista; pero, en cambio, ve más claro, más hondo, de un modo más seguro, más perspicaz, más certero. No puede, es verdad, oponer datos a datos, reflexiones a reflexiones, cálculos a cálculos; pero el discernimiento, el tacto que le caracteriza, desenvueltos por la observación y por la experiencia, le están diciendo con toda certeza que muchos datos son imaginarios, que el cálculo es inexacto, que no se llevan en cuenta muchas eventualidades desgraciadas, no solo posibles, sino muy probables; su ojeada perspicaz ha descubierto indicios de mala fe en algunos que intervienen en el negocio; su memoria, bien provista de noticias sobre el comportamiento en otros asuntos anteriores, le guía para apreciar en su justo valor la inteligencia y la probidad, que tanto le ponderaba el proyectista.

¿Qué le importa el no ver tanto, si ve mejor, con más claridad, distinción y exactitud? ¿Qué le importa el carecer de esa facilidad de pensar y hablar, muy a propósito para lucirse, pero muy estéril en buen resultado, como inconducente para el objeto de que se trata?

§ VII. Observaciones. La cavilación y el buen sentido

La vivacidad no es la penetración; la abundancia de ideas no siempre lleva consigo la claridad y exactitud del pensamiento; la prontitud del juicio suele ser sospechosa de error; una larga serie de raciocinios demasiado ingeniosos suele adolecer de sofismas que rompen el hilo de la ilación y extravían al que se fía en ellos.

No siempre es fácil tarea el señalar a punto fijo esos defectos; mayormente, cuando el que los padece es un hablador fecundo y brillante que desenvuelve sus ideas en un raudal de hermosas palabras. La razón humana es de suyo tan cavilosa, poseen ciertos hombres cualidades tan a propósito para deslumbrar, para presentar los objetos desde el punto de vista que les conviene o los preocupa, que no es raro ver a la experiencia, al buen juicio, al tino, no poder contestar a una nube de argumentos especiosos otra cosa que: «Esto no irá bien; estos raciocinios no son concluyentes; aquí hay ilusión; el tiempo lo manifestará».

Y es que hay cosas que más bien se sienten que no se conocen; las hay que se ven, pero no se prueban; porque hay relaciones delicadas, hay minuciosidades casi imperceptibles que no es posible demostrar con el discurso a quien no las descubre a la primera ojeada; hay puntos de vista sumamente fugaces, que en vano se buscan por quien no ha sabido colocarse en ellos en el momento oportuno.

§ VIII. Delicadeza de ciertos fenómenos intelectuales en sus relaciones con la práctica

En el ejercicio de la inteligencia y demás facultades del hombre hay muchos fenómenos que no se expresan con ninguna palabra, con ninguna frase, con ningún discurso; para comprender al que los experimenta es necesario experimentarlos también, y, a veces, es tan perdido el tiempo que se emplea para darse a entender como si un hombre con vista quisiese, a fuerza de explicación, dar idea de los colores a un ciego de nacimiento.

Esta delicadeza de fenómenos abunda en todos los actos de nuestra inteligencia, pero se nota de una manera particular en lo que tiene relación con la práctica. Entonces no puede abandonarse el espíritu a vanas abstracciones, no pueden formarse sistemas fantásticos, puramente convencionales; preciso es que tome las cosas no como él las imagina o desea, sino como son; de lo contrario, cuando haga el tránsito de la idea a los objetos se encontrará en desacuerdo con la realidad y verá desconcertados todos sus planes.

Añádase a esto que en tratándose de la práctica, sobre todo en las relaciones de unos hombres con otros, no influye solo el entendimiento, sino que se desenvuelven simultáneamente las demás facultades. No hay tan solo la comunicación de entendimiento con entendimiento, sino de corazón, con corazón; a más de la influencia recíproca de las ideas hay también la de los sentimientos.

§ IX. Los despropósitos

El que está más ventajosamente dotado en las facultades del alma, si se encuentra con otros que o carezcan de alguna de ellas o las posean en grado inferior, se halla en el mismo caso que quien tiene completos los sentidos con respecto al que está privado de alguno.

Si se recuerdan estas observaciones se ahorrarán mucho tiempo y trabajo, y aun disgustos en el trato de los hombres. Risa causa a veces el observar cómo forcejean inútilmente ciertas personas por apartar a otras de un juicio errado o hacerles comprender alguna verdad, óyese quizá en la conversación un solemne desatino, dicho con la mayor serenidad, y buena fe del mundo. Está presente una persona de buen sentido y se escandaliza, y replica, y aguza su discurso, y esfuerza mil argumentos para que el desatinado comprenda su sinrazón, y éste, a pesar de todo, no se convence y permanece tan satisfecho, tan contento; las reflexiones de su adversario no hacen mella en su ánimo impasible. Y esto ¿por qué? ¿Le faltan noticias? No, lo que falta en aquel punto es sentido común. Su disposición natural, o sus hábitos, le han formado así, y el que se empeña en convencerle debiera reflexionar que quien ha sido capaz de verter un desatino tan completo no es capaz de comprender la fuerza de la impugnación.

§ X. Entendimientos torcidos
Hay ciertos entendimientos que parecen naturalmente defectuosos, pues tienen la desgracia de verlo todo desde el punto de vista falso o inexacto o extravagante. En tal caso, no hay locura ni monomanía; la razón no puede decirse trastornada, y el buen sentido no considera a dichos hombres como faltos de juicio. Suelen distinguirse por su insufrible locuacidad, efecto de la rapidez de percepción y de la facilidad de hilvanar raciocinios. Apenas juzgan de nada con acierto; y si alguna vez entran en el buen camino, bien pronto se apartan de él arrastrados por sus propios discursos. Sucede con frecuencia ver en sus razonamientos una hermosa perspectiva, que ellos toman por un verdadero y sólido edificio; el secreto está en que han dado por incontestable un hecho incierto, o dudoso, o inexacto, o enteramente falso, o han asentado como principio de eterna verdad una proposición gratuita, o tomado por realidad una hipótesis, y así han levantado un castillo, que no tiene otro defecto que estar en el aire. Impetuosos, precipitados, no haciendo caso de las reflexiones de cuantos los oyen, sin más guía que su torcida razón, llevados por su prurito de discurrir y hablar, arrastrados, por decirlo así, en la turbia corriente de sus propias ideas y palabras, se olvidan completamente del punto de partida, no advirtiendo que todo cuanto edifican es puramente fantástico, por carecer de cimiento.

§ XI. Inhabilidad de dichos hombres para los negocios
No hay peores hombres para los negocios; desgraciado el asunto en que ellos ponen la mano, y desgraciados muchas veces ellos mismos si en sus

cosas se hallan abandonados a su propia y exclusiva dirección. Las principales dotes de un buen entendimiento práctico son la madurez del juicio, el buen sentido, el tacto, y estas cualidades les faltan a ellos. Cuando se trata de llegar a la realidad es preciso no fijarse solo en las ideas, sino pensar en los objetos; y esos hombres se olvidan casi siempre de los objetos y solo se ocupan de sus ideas. En la práctica es necesario pensar, no en lo que las cosas debieran o pudieran ser, sino en lo que son; y ellos suelen pararse menos en lo que son que en lo que pudieran o debieran ser.

Cuando un hombre de entendimiento claro y de juicio recto se encuentra tratando un asunto con uno que adolezca de los defectos que acabo de describir, se halla en la mayor perplejidad. Lo que aquél ve claro, éste le encuentra oscuro; lo que el primero consideraba fuera de duda, el segundo lo mira como muy disputable. El juicioso plantea la cuestión de un modo que le parece muy natural y sencillo; el caviloso la mira de una manera diferente; diríase que son dos hombres de los cuales el uno padece una especie de estrabismo intelectual, que desconcierta y confunde al que ve y mira bien.

§ XII. Este defecto intelectual suele nacer de una causa moral

Reflexionando sobre la causa de semejantes aberraciones no es difícil advertir que el origen está más bien en el corazón que en la cabeza. Estos hombres suelen ser extremadamente vanos; un amor propio mal entendido les inspira el deseo de singularizarse en todo, y al fin llegan a contraer un hábito de apartarse de lo que piensan y dicen los demás; esto es, de ponerse en contradicción con el sentido común.

La prueba de que entregados con naturalidad a su propio entendimiento no verían tan erradamente los objetos, y de que el caer en ridículas aberraciones procede más bien de un deseo de singularizarse convertido en hábito, está en que suelen distinguirse por un espíritu de constante oposición. Si el defecto estuviese en la cabeza no habría ninguna razón para que en casi todas las cuestiones ellos sostuvieran el no cuando los demás sostienen el sí, y ellos estuviesen por el sí cuando los otros están por el no, siendo de notar que a veces hay un medio seguro para llevarlos a la verdad, y es el sostener el error.

Convengo en que a menudo ellos no advierten lo mismo que hacen; que no tienen una conciencia bien clara de esa inspiración de la vanidad que los dirige y sojuzga; pero la funesta inspiración no deja de existir, ni deja de ser remediable si hay quien se lo avise; mayormente si la edad, la posición social y las lisonjas no han llevado el mal hasta el último extremo. Y no es raro que se presenten ocasiones favorables para amonestar con algún fruto; porque esos hombres, con su imprudencia, suelen atraer sobre sí amargos disgustos, cuando no desgracias; y entonces, abatidos por la adversidad y enseñados por experiencia dolorosa, suelen tener lúcidos intervalos, de que puede aprovecharse un amigo sincero para hacerles oír los consejos de una razón juiciosa.

Por lo demás, cuando una realidad cruel no ha venido todavía a desengañarles, cuando en sus accesos de sinrazón se entregan sin medida a la vanidad de sus proyectos, no suele haber otro medio para resistirles que callar, y con los brazos cruzados y meneando la cabeza, sufrir con estoica impasibilidad la impetuosa avenida de sus proposiciones aventuradas, de sus raciocinios incoherentes, de sus planes descabellados.

Y por cierto que esa impasibilidad no deja de producir de vez en cuando saludables efectos, porque el deseo de disputar cesa cuando no hay quien replique; no cabe oposición cuando nadie sostiene nada; no hay defensa cuando nadie ataca. Así, no es raro ver a esos hombres volver en sí a poco rato de abrumar con su locuacidad a quien no les contesta; y, amonestados por la elocuencia del silencio, excusarse de su molesta petulancia. Son almas inquietas y ardientes, que viven de contradecir y que, a su vez, necesitan contradicción; cuando no la hay, cesa la pugna; y si se empeñan en comprenderla, bien pronto se fastidian cuando notan que, lejos de habérselas con un enemigo resuelto a pelear, se ceban en quien se ha entregado como víctima en las aras de una verbosidad importuna.

§ XIII. La humildad cristiana en sus relaciones con los negocios mundanos

La humildad cristiana, esa virtud que nos hace conocer el límite de nuestras fuerzas, que nos revela nuestros propios defectos, que no nos permite exagerar nuestro mérito ni ensalzarnos sobre los demás, que no nos consiente despreciar a nadie, que nos inclina a aprovecharnos del consejo y ejemplo de todos, aun de los inferiores; que nos hace mirar como frivolidades indignas de un espíritu serio el andar en busca de aplausos, el saborearse en el humo de la lisonja; que no nos deja creer jamás que hemos llegado a la cumbre de la perfección en ningún sentido ni cegarnos hasta el punto de no ver lo mucho que nos queda por adelantar y la ventaja que nos llevan otros; esa virtud, que, bien entendida, es la verdad, pero la verdad aplicada al conocimiento de lo que somos, de nuestras, relaciones con Dios y con los hombres, la verdad guiando nuestra conducta para que no nos extravíen las exageraciones del amor propio, esa virtud, repito, es de suma utilidad en todo cuanto concierne a la práctica, aun en las cosas puramente mundanas.

Sí; la humildad cristiana, en cambio de algunos sacrificios, produce grandes ventajas hasta en los asuntos más distantes de la devoción. El soberbio compra muy caro su satisfacción propia, y no advierte que la víctima que inmola a ese ídolo que ha levantado en su corazón son a veces sus intereses más caros, es la misma gloria en pos de la cual tan desalado corre.

§ XIV. Daños acarreados por la vanidad y la soberbia
¡Cuántas reputaciones se ajan, cuando no se destruyen, por la miserable vanidad! ¡Cómo se disipa la ilusión que inspirara un gran nombre si al acercársele os encontráis con una persona que solo habla de sí misma! ¡Cuántos hombres, por otra parte recomendabilísimos, se deslustran y hasta se hacen objeto de burla por un tono de superioridad que choca e irrita o atrae los envenenados dardos de la sátira! ¡Cuántos se empeñan en negocios funestos, dan pasos desastrosos, se desacreditan o se pierden solo por haberse entregado a su propio pensamiento de una manera exclusiva, sin dar ninguna importancia a los consejos, a las reflexiones o indicaciones de los que veían más claro, pero que tenían la desgracia de ser mirados de arriba abajo, a una distancia inmensa, por ese dios mentido que, habitando allá en el fantástico empíreo fabricado por su vanidad, no se dignaba descender a la ínfima región donde mora el vulgo de los modestos mortales!

¿Y para qué necesitaba él de consultar a nadie? La elevación de su entendimiento, la seguridad y acierto de su juicio, la fuerza de su penetración, el alcance de su previsión, la sagacidad de sus combinaciones, ¿no son ya cosas proverbiales? El buen resultado de todos los negocios en que ha intervenido, a quién se debe sino a él? Si se han superado gravísimas dificultades, ¿quién las ha superado sino él? Si todo lo han echado a perder sus compañeros, ¿quién lo ha evitado sino él? ¿Qué pensamiento se ha concebido de alguna importancia que no le haya concebido él? ¿Qué ocurrencia habrán tenido los otros que con mucha anticipación no la hubiese tenido él? ¿De qué hubiera servido cuanto hayan excogitado los demás si no lo hubiese rectificado, enmendado, ilustrado, agrandado, dirigido él?

Contempladle; su frente altiva parece amenazar al cielo; su mirada imperiosa exige sumisión y acatamiento; en sus labios asoma el desdén hacia cuanto le rodea, en toda su fisonomía veréis que rebosa la complacencia en sí propio; la afectación de sus gestos y modales os presenta un hombre lleno de sí mismo, que procede con excesiva compostura como si temiese derramarse. Toma la palabra, resignaos a callar. ¿Replicáis? No escucha vuestras réplicas y sigue su camino. ¿Insistís otra vez? El mismo desdén, acompañado de una mirada que exige atención e impone silencio. Está fatigado de hablar, y descansa; entretanto, aprovecháis la ocasión de exponer lo que intentabais hace largo rato; ¡vanos esfuerzos!; el semidiós no se digna prestaros atención, os interrumpe cuando se le antoja, dirigiendo a otros la palabra, si es que no estaba absorto en sus profundas meditaciones, arqueando las cejas y preparándose a desplegar nuevamente sus labios con la majestuosa solemnidad de un oráculo.

¿Cómo podía menos de cometer grandes yerros un hombre tan fatuo? Y de esa clase hay muchos, por más que no siempre llegue la fatuidad a una exageración tan repugnante. Desgraciado el que desde sus primeros años no se acostumbra a rechazar la lisonja, a dar a los elogios que se le tributan el debido valor; que no se concentra repetidas veces para preguntarse si el orgullo le ciega, si la vanidad le hace ridículo, si la excesiva confianza en su propio dictamen le extravía y le pierde. En llegando a la edad de los negocios, cuando ocupa ya en la sociedad una posición independiente, cuando ha adquirido cierta reputación merecida o inmerecida, cuando se ve rodeado de consideración, cuando ya tiene inferiores, las lisonjas se multiplican y agrandan, los amigos son menos francos y menos sinceros, y el hombre abandonado a la vanidad que dejó desarrollarse en su corazón sigue cada día con más ceguedad el peligroso sendero, hundiéndose más y más en ese ensimismamiento, en ese goce de sí mismo, en que el amor propio se exagera hasta un punto lamentable, degenerando, por decirlo así, en egolatría.

§ XV. El orgullo

La exageración del amor propio, la soberbia, no siempre se presenta con un mismo carácter. En los hombres de temple fuerte y de entendimiento, sagaz es orgullo; en los flojos y poco avisados es vanidad. Ambos tienen un mismo objeto, pero emplean medios diferentes. El orgullo sin vanidad tiene la hipocresía de la virtud; el vanidoso tiene la franqueza de su debilidad. Lisonjead al orgulloso y rechazará la lisonja, temeroso de dañar a su reputación haciéndose ridículo; de él se ha dicho, con mucha verdad, que es demasiado orgulloso para ser vano. En el fondo de su corazón siente viva complacencia en la alabanza; pero sabe muy bien que este es un incienso honroso mientras el ídolo no manifiesta deleitarse en el perfume; por esto no os pondrá jamás el incensario en la mano, ni consentirá que le hagáis ondular demasiado cerca. Es un dios a quien agrada un templo magnífico y un culto esplendoroso, pero manteniéndose el ídolo escondido en la misteriosa oscuridad del santuario.

Esto probablemente es más culpable a los ojos de Dios, pero no atrae con tanta frecuencia: el ridículo de los hombres. Con tanta frecuencia digo, porque difícilmente se alberga en el corazón el orgullo, sin que, a pesar de todas las precauciones, degenere en vanidad. Aquella violencia no puede ser duradera; la ficción no es para continuada por mucho tiempo. Saborearse en la alabanza y mostrar desdén hacia ella, proponerse por objeto principal el placer de la gloria y aparentar que no se piensa en ella es demasiado fingir para que, al través de los más tupidos velos, no se descubra la verdad. El orgulloso a quien he descrito más arriba no podía llamarse propiamente vano, y, no obstante, su conducta inspiraba algo peor que la vanidad misma; sobre la indignación provocaba también la burla.

§ XVI. La vanidad

El simplemente vano no irrita; excita a compasión, presta pábulo a la sátira. El infeliz no desprecia a los demás hombres; los respeta, quizá los admira y teme. Pero padece una verdadera sed de alabanza, y no como quiera, sino que necesita oírla él mismo, asegurarse de que, en efecto, se le alaba; complacerse en ella con delectación morosa y corresponder a las buenas almas que le favorecen, expresando con una inocente sonrisita su íntimo goce, su dicha, su gratitud.

¿Ha hecho alguna cosa buena? ¡Ah! Habladle de ella, por piedad, no le hagáis padecer. ¿No veis que se muere por dirigir la conversación hacia sus glorias? ¡Cruel!, que os desentendéis de sus indicaciones, que con vuestra distracción, con vuestra dureza, le obligaréis a aclararlas más y más, hasta convertirlas en súplicas.

En efecto; ¿ha gustado lo que él ha dicho, o escrito, o hecho? ¡Qué felicidad!; y es necesario que se advierta que fue sin preparación, que todo se debió a la fecundidad de su vena, a una de sus felices ocurrencias. ¿No habéis notado cuántas bellezas, cuántos golpes afortunados? Por piedad, no apartéis la vista de tantas maravillas, no introduzcáis en la conversación especies inconducentes; dejadle gozar de su beatitud.

Nada de la altivez satánica del orgulloso; nada de hipocresía; un inexplicable candor se retrata en su semblante; su fisonomía se dilata agradablemente; su mirada es afable, es dulce; sus modales, atentos; su conducta, complaciente; el desgraciado está en actitud de suplicante; teme que una imprudencia le arrebate su dicha suprema. No es duro, no es insultante, no es ni siquiera exclusivo; no se opone a que otros sean alabados: solo quiere participar.

¡Con qué ingenua complacencia refiere sus trabajos y aventuras! En pudiendo hablar de sí mismo, su palabra es inextinguible. A sus alucinados ojos, su vida es poco menos que una epopeya. Los hechos más insignificantes se convierten en episodios de sumo interés; las vulgaridades, en golpes de ingenio; los desenlaces, más naturales, en resultado de combinaciones estupendas. Todo converge hacia él; la misma historia de su país no es más que un gran drama, cuyo héroe es él; todo es insípido si no lleva su nombre.

§ XVII. La influencia del orgullo es peor para los negocios que la de la vanidad

Este defecto, aunque más ridículo que el orgullo, no tiene, sin embargo, tantos inconvenientes para la práctica. Como es una complacencia en la alabanza más bien que un sentimiento fuerte de superioridad, no ejerce sobre el entendimiento un influjo tan maléfico. Estos hombres son, por lo común, de un carácter flojo, como lo manifiesta la misma debilidad con que se dejan arrastrar por su inclinación. Así es que no suelen desechar, como los orgullosos, el consejo ajeno, y aun muchas, veces se adelantan a pedirle. No son tan altivos que no quieran recibir nada de nadie, y además se reservan el derecho de explotar después el negocio para formar su pomito de olor de vanagloria en que se puedan deleitar. ¿Es poco, por ventura, si el asunto sale bien, el gusto de referir todo lo que pensó el que le condujo, y la sagacidad con que conoció las dificultades, y el tino con que procedió para vencerlas, y la prudencia con que tomó consejo de personas entendidas, y lo mucho que el aconsejado ilustró el juicio del consejero? No deja de haber en esto una mina abundante, que a su debido tiempo será explotada cual conviene.

§ XVIII. Cotejo entre el orgullo y la vanidad

El orgullo tiene más malicia, la vanidad más flaqueza; el orgullo irrita, la vanidad inspira compasión; el orgullo concentra, la vanidad disipa; el orgullo sugiere quizá grandes crímenes, la vanidad ridículas miserias; el orgullo está acompañado de un fuerte sentimiento de superioridad e independencia, la vanidad se aviene con la desconfianza de sí mismo, hasta con la humillación; el orgullo tiende los resortes del alma, la vanidad los afloja; el orgullo es violento, la vanidad es blanda; el orgullo quiere la gloria, pero con cierta dignidad, con cierto predominio, con altivez, sin degradarse; la vanidad la quiere también, pero con lánguida pasión, con abandono, con molicie; podría llamarse la afeminación del orgullo. Así, la vanidad es más propia de las mujeres, el orgullo de los hombres, y, por la misma razón, la infancia tiene más vanidad que orgullo, y éste no suele desarrollarse sino en la edad adulta.

Si bien es verdad que en teoría estos dos vicios se distinguen por las cualidades expresadas, no siempre se encuentran en la práctica con señales tan características. Lo más común es hallarse mezclados en el corazón humano, teniendo cada cual no solo sus épocas, sino sus días, sus horas, sus momentos. No hay una línea divisoria que separe perfectamente los dos colores; hay una gradación de matices, hay irregularidad en los rasgos, hay ondas, aguas, que solo descubre quien está acostumbrado a desenvolver y contemplar los complicados y delicados pliegues del humano corazón. Y aun si bien se mira, el orgullo y la vanidad son una misma cosa con distintas formas; es un mismo fondo que ofrece diversos cambiantes, según el modo con que le da la luz. Este fondo es la exageración del amor propio, el culto de sí mismo. El ídolo está cubierto con tupido velo o se presenta a los adoradores con faz atractiva y risueña; mas por esto no varía; es el hombre que se ha levantado a sí propio un altar en su corazón y se tributa incienso y desea que se lo tributen los demás.

§ XIX. Cuán general es dicha pasión

Puede asegurarse, sin temor a errar, que esta es la pasión más general, aparte las almas privilegiadas, sumergidas en la purísima llama de un amor celeste. La soberbia ciega al ignorante como al sabio, al pobre como al rico, al débil como al poderoso, al desventurado como al infeliz, a la infancia como a la vejez; domina al libertino, no perdona al austero; campea en el gran mundo y penetra en el retiro de los claustros; rebosa en el semblante de la altiva señora que reina en los salones por la nobleza de su linaje, por sus talentos y hermosura, pero se trasluce también en la tímida palabra de la humilde religiosa que, salida de familia oscura, se ha encerrado en el monasterio, desconocida de los hombres, sin más porvenir en la tierra que una sepultura ignorada.

Encuéntranse personas exentas de liviandad, de codicia, de envidia, de odio, de espíritu de venganza; pero libre de esa exageración del amor propio que, según es su forma, se llama orgullo o vanidad, no se halla casi nadie, bien podría decirse que nadie. El sabio se complace en la narración de los prodigios de su saber, el ignorante se saborea en sus necedades, el valiente cuenta sus hazañas, el galán sus aventuras; el avariento ensalza sus talentos económicos, el pródigo su generosidad; el ligero pondera su viveza, el tardío su aplomo; el libertino se envanece por sus desórdenes y el austero se deleita en que su semblante muestre a los hombres la mortificación y el ayuno.

Este es, sin duda, el defecto más general; esta es la pasión más insaciable cuando se le da rienda suelta, la más insidiosa, más sagaz para sobreponerse cuando se la intenta sujetar. Si se la domina un tanto a fuerza de elevación de ideas, de seriedad de espíritu y firmeza de carácter, bien pronto trabaja por explotar sus nobles cualidades, dirigiendo el ánimo hacia la contemplación de ellas; y si se la resiste con el arma verdaderamente poderosa y única eficaz, que es la humildad cristiana, a esta misma procura envanecerla, poniéndole asechanzas para hacerla perecer. Es un reptil que si le arrojamos de nuestro pecho se arrastra y enrosca a nuestros pies, y cuando pisamos un extremo de su flexible cuerpo, se vuelve y nos hiere con emponzoñada picadura.

§ XX. Necesidad de una lucha continua

Siendo ésta una de las miserias de la flaca humanidad, preciso es resignarse a luchar con ella toda la vida; pero es necesario tener siempre fija la vista sobre el mal, limitarle al menor círculo posible; y ya que no sea dado a nuestra debilidad remediarlo del todo, al menos no dejarle que progrese, evitar que cause los estragos que acostumbra. El hombre que en este punto sabe dominarse a sí mismo tiene mucho adelantado para conducirse bien; posee una cualidad rara que luego producirá sus buenos resultados, perfeccionando y madurando el juicio, haciendo adelantar en el conocimiento de las cosas y de los hombres y adquiriendo esa misma alabanza que tanto más se merece cuanto menos se busca.

Removido el óbice, es más fácil entrar en el buen camino; y libre la vista de esa tiniebla que la ofusca, no es tan peligroso extraviarse.

§ XXI. No es solo la soberbia lo que nos induce a error al proponernos un fin

Para proponerse acertadamente un fin es necesario prender perfectamente la posición del que le ha de alcanzar. Y aquí repetiré lo que llevo indicado más arriba, y es que son muchos los hombres que marchan a la ventura, ya sea no fijándose en un fin bien determinado, ya no calculando la relación que éste tiene con los medios de que se puede disponer. En la vida privada como en la pública es tarea harto difícil el comprender bien la posición propia; el hombre se forma mil ilusiones, que le hacen equivocar sobre el alcance de sus fuerzas y la oportunidad de desplegarlas. Sucede con mucha frecuencia que la vanidad las exagera; pero como el corazón humano es un abismo de contradicciones, tampoco, es raro el ver que la pusilanimidad las disminuye más de lo justo. Los hombres levantan con demasiada facilidad encumbradas torres de Babel, con la insensata esperanza de que la cima podrá tocar al cielo; pero también les acontece desistir, pusilánimes, hasta de la construcción de una modesta vivienda. Verdaderos niños que ora creen poder tocar el cielo con la mano en subiendo a una colina, ora toman por estrellas que brillan a inmensa distancia, en lo más elevado del firmamento, bajas y pasajeras exhalaciones de la atmósfera sublunar. Quizá se atreven a más de lo que pueden; pero, a veces, no pueden porque no se atreven.

¿Cuál será en estos casos el verdadero criterio? Pregunta a que es difícil contestar y sobre la cual solo caben reflexiones muy vagas. El primer obstáculo que se encuentra es que el hombre se conoce poco a sí mismo, y entonces, ¿cómo sabrá lo que puede y lo que no puede? Se dirá que con la experiencia, es cierto; pero el mal está en que esa experiencia es larga y que a veces da su fruto cuando la vida toca a su término.

No digo que ese criterio sea imposible, muy al contrario; en varias partes de esta misma obra indico los medios para adquirirle. Señalo la dificultad, pero no afirmo la imposibilidad: la dificultad debe inspirarnos diligencia, mas no producirnos abatimiento.

§ XXII. Desarrollo de fuerzas latentes

Hay en el espíritu humano muchas fuerzas que permanecen en estado de latentes hasta que la ocasión las despierta y aviva; el que las posee no lo sospecha siquiera; quizá baja al sepulcro sin haber tenido conciencia de aquel precioso tesoro, sin que un rayo de luz reflejara en aquel diamante que hubiera podido embellecer la más esplendente diadema.

¡Cuántas veces una escena, una lectura, una palabra, una indicación remueve el fondo del alma y hace brotar de ella inspiraciones misteriosas! Fría, endurecida, inerte ahora, y un momento después surge de ella un raudal de fuego que nadie sospechara oculto en sus entrañas. ¿Qué ha sucedido? Se ha removido un pequeño obstáculo que impedía la comunicación con el aire libre, se ha presentado a la masa eléctrica un punto atrayente y el fluido se ha comunicado y dilatado con la celeridad del pensamiento.

El espíritu se desenvuelve con el trato, con la lectura, con los viajes, con la presencia de grandes espectáculos, no tanto por lo que recibe de fuera como por lo que descubre dentro de sí. ¿Qué le importa el haber olvidado lo visto u oído o leído si se mantiene viva la facultad que el afortunado encuentro le revelara? El fuego prendió, arde sin extinguirse, poco importa que se haya perdido la tea.

Las facultades intelectuales y morales se excitan también como las pasiones. A veces un corazón inexperto duerme tranquilamente el sueño de la inocencia; sus pensamientos son puros como los de un ángel, sus ilusiones cándidas como el copo de nieve que cubre de blanquísima alfombra la dilatada llanura; pasó un instante, se ha corrido un velo misterioso: el mundo de la inocencia y de la calma desapareció y el horizonte se ha convertido en un mar de fuego y de borrascas. ¿Qué ha sucedido? Ha mediado una lectura, una conversación imprudente, la presencia de un objeto seductor. He aquí la historia del despertar de muchas facultades del alma. Criada para estar unida con el cuerpo con lazo incomprensible y para ponerse en relación con sus semejantes, tiene como ligadas algunas de sus facultades hasta que una impresión exterior viene a desenvolverlas.

Si supiéramos de qué disposiciones nos ha dotado el Autor de la Naturaleza, no sería difícil ponerlas en acción, ofreciéndoles el objeto que más se les adapta y que por lo mismo las excita y desarrolla; pero como al encontrarse el hombre engolfado en la carrera de la vida ya le es muchas veces imposible volver atrás, deshaciendo todo el camino que la educación y la profesión escogida o impuesta le han hecho andar, es necesario que acepte las cosas tal como son, aprovechándose de lo bueno y evitando lo malo en lo que le sea posible.

§ XXIII. Al proponernos un fin debemos guardarnos de la presunción y de la excesiva desconfianza

Sea cual fuere su carrera, su posición en la sociedad, sus talentos, inclinaciones e índole, nunca el hombre debe prescindir de emplear su razón, ya sea para prefijarse con acierto el fin, ya para echar mano de los medios más a propósito para llegar a él.

El fin ha de ser proporcionado a los medios, y éstos son las fuerzas intelectuales, morales o físicas y demás recursos de que se puede disponer. Proponerse un blanco fuera del alcance es gastar inútilmente las fuerzas, así como es desperdiciarlas, exponiéndolas a disminuirse, por falta de ejercicio, el no aspirar a lo que la razón y la experiencia dicen que se puede llegar.

§ XXIV. La pereza

Si bien es cierto que la prudencia aconseja ser más bien desconfiado que presuntuoso, y que por lo mismo no conviene entregarse con facilidad a empresas arduas, también importa no olvidar que la resistencia a las sugestiones del orgullo o de la vanidad puede muy bien explotarla la pereza.

La soberbia es, sin duda, un mal consejero no solo por el objeto a que nos conduce, sino también por la dificultad que hay en guardarse de sus insidiosos amaños; pero es seguro que poco falta si no encuentra en la pereza una digna competidora. El hombre ama las riquezas, la gloria, los placeres, pero también ama mucho el no hacer nada; esto es para él un verdadero goce, al que sacrifica a menudo su reputación y bienestar. Dios conocía bien la naturaleza humana cuando la castigó con el trabajo; el comer el pan con el sudor de su rostro es para el hombre pena continua y frecuentemente muy dura.

§ XXV. Una ventaja de la pereza sobre las demás pasiones

La pereza, es decir, la pasión de la inacción, tiene para triunfar una ventaja sobre las demás pasiones y es el que no exige nada; su objeto es de una pura negación. Para conquistar un alto puesto es preciso mucha actividad, constancia, esfuerzos; para granjearse brillante nombradía es necesario presentar títulos que la merezcan, y éstos no se adquieren sin largas y penosas fatigas; para acumular riquezas es indispensable atinada combinación y perseverante trabajo; hasta los placeres más muelles no se disfrutan si no se anda en busca de ellos y no se emplean los medios conducentes. Todas las pasiones para el logro de su objeto exigen algo; solo la pereza no exige nada. Mejor la contentáis sentado que en pie, mejor echado que sentado, mejor soñoliento que bien despierto. Parece ser la tendencia a la misma nada; la nada es, al menos, su solo límite; cuanto más se acerca a ella el perezoso, en su modo de ser, mejor está.

§ XXVI. Origen de la pereza

El origen de la pereza se halla en nuestra misma organización y en el modo con que se ejercen nuestras funciones. En todo acto hay un gasto de fuerza, hay, pues, un principio de cansancio y, por consiguiente, de sufrimiento. Cuando la pérdida es insignificante y solo ha transcurrido el tiempo necesario para desplegar la acción de los órganos o miembros no hay sufrimiento todavía y hasta puede sentirse placer; más bien pronto la pérdida se hace sensible y el cansancio empieza. Por esta causa no hay perezoso que no emprenda repetidas veces y con gusto algunos trabajos, y quizá por la misma razón también los más vivos no son los más laboriosos. La intensidad con que ponen en ejercicio sus fuerzas debe de excitar en ellos más pronto que en otros la sensación de cansancio, por cuyo motivo se acostumbrarán más fácilmente a mirar el trabajo con aversión.

§ XXVII. Pereza del espíritu

Como el ejercicio de las facultades intelectuales y morales necesita la concomitancia de ciertas funciones orgánicas, la pereza tiene lugar en los actos del espíritu como en los del cuerpo. No es el espíritu quien se cansa, sino los órganos corporales que le sirven, pero el resultado viene a ser el mismo. Así es que hay a veces una pereza de pensar y aun de querer tan poderosa como la de hacer cualquier trabajo corpóreo. Y es de notar que estas dos clases de pereza no siempre son simultáneas, pudiendo existir la una sin la otra. La experiencia atestigua que la fatiga puramente corporal o del sistema muscular no siempre produce postración intelectual y moral, y no es raro estar sumamente fatigado de cuerpo y sentir muy activas las facultades del espíritu. Al contrario, después de largos e intensos trabajos mentales, a veces se experimenta un verdadero placer en ejercitar las fuerzas físicas cuando las intelectuales han llegado ya a un estado de completa postración. Estos fenómenos no son difíciles de explicar si se advierte que las alteraciones del sistema muscular distan mucho de guardar proporción con las del sistema nervioso.

§ XXVIII. Razones que confirman lo dicho sobre el origen de la pereza

En prueba de que la pereza es un instinto de precaución contra el sufrimiento que nace del ejercicio de las facultades se puede observar: Primero, que cuando este ejercicio produce placer no solo no hay repugnancia a la acción, sino que hay inclinación hacia ella. Segundo, que la repugnancia al trabajo es más poderosa antes de empezarle, porque entonces es necesario un fuerzo para poner en acción los órganos o miembros. Tercero, que la repugnancia es nula cuando, desplegado ya el movimiento, no ha transcurrido aún el tiempo suficiente para hacer sentir el cansancio que nace del quebranto de las fuerzas. Cuarto, que la repugnancia renace y se aumenta a medida que este quebranto se verifica. Quinto, que los más vivos adolecen más de este mal porque experimentan antes el sufrimiento. Sexto, que los de índole versátil y ligera suelen tener el mismo defecto por la sencilla razón de que a más del esfuerzo que exige el trabajo han menester otro para sujetarse a sí mismos, venciendo su propensión a variar de objeto.

§ XXIX. La inconstancia: su naturaleza y origen

La inconstancia, que en apariencia no es más que un exceso de actividad, pues que nos lleva continuamente a ocuparnos de cosas diferentes, no es más que la pereza bajo un velo hipócrita. El inconstante substituye un trabajo a otro porque así se evita la molestia que experimenta con la necesidad de sujetar su atención y acción a un objeto determinado. Así es que todos los perezosos suelen ser grandes proyectistas, porque el excogitar proyectos es cosa que ofrece campo a vastas divagaciones que no exigen esfuerzo para sujetar el espíritu; también suelen ser amigos de emprender muchas cosas, sucesiva o simultáneamente, siempre con el bien entendido de no llevar a cabo ninguna.

§ XXX. Pruebas y aplicaciones

Vemos a cada paso hombres cuyos intereses y deberes reclaman ciertos trabajos no más pesados que los que ellos mismos se imponen, y, no obstante, dejan aquéllas por éstos, sacrificando a su gusto el interés y el deber. Han de despachar un expediente y le dejan intacto, a pesar de que no habían de emplear en él ni la mitad del tiempo que han gastado en correspondencias insignificantes.

Han de avistarse con una persona para tratar un negocio, no lo hacen y andan más camino y consumen más tiempo y más palabras hablando de cosas indiferentes. Han de acudir a una reunión donde se han de ventilar asuntos de intereses, no ignoran lo que se ha de tratar y no habrían de hacer gran esfuerzo, para enterarse de lo que ocurra y dar con acierto su dictamen, pues no importa: aquellas horas reclamadas por sus intereses las consumirán quizá disputando de política, de guerra, de ciencias, de literatura, de cualquier cosa con tal que no sea aquello a que están obligados. El pasear, el hablar, el disputar son, sin duda, ejercicio de facultades del espíritu y del cuerpo, y, no obstante, en el mundo abundan los amigos de pasear, los habladores y disputadores y escasean los verdaderamente laboriosos. Y esto ¿por qué? Porque el pasear y hablar y disputar son compatibles con la inconsciencia, no exigen esfuerzo, consienten variedad continua, llevan consigo naturales alternativas de trabajo descanso enteramente sujetas a la voluntad y al capricho.

§ XXXI. El justo medio entre dichos extremos

Evitar la pusilanimidad sin fomentar la presunción, sostener y alentar la actividad sin inspirar la vanidad, hacer sentir al espíritu sus fuerzas sin cegarle con el orgullo; he aquí una tarea difícil en la dirección de los hombres y más todavía en la dirección de sí mismo. Esto es lo que el Evangelio enseña esto es lo que la razón aplaude y admira. Entre dichos escollos debemos caminar siempre no con la esperanza de no dar jamás en ninguno de ellos, pero sí con la mira, con el deseo y la esperanza también de no estrellarnos hasta el punto de perecer.

La virtud es difícil, mas no imposible; el hombre no la alcanza aquí en la tierra sin mezcla de muchas debilidades que la deslustran, pero no carece de los medios suficientes para poseerla y perfeccionarla. La razón es un monarca condenado a luchar de continuo con las pasiones sublevadas, pero Dios la ha provisto de lo necesario para pelear y vencer. Lucha terrible, lucha penosa, lucha llena de azares y peligros; mas, por lo mismo, tanto más digna de ser ansiada por las almas generosas.

En vano se intenta en nuestro siglo proclamar la omnipotencia de las pasiones y lo irresistible de su fuerza para triunfar de la razón; el alma humana, sublime destello de la divinidad, no ha sido abandonada por su Hacedor. No hay fuerzas que basten a apagar la antorcha de la moral ni en el individuo ni en la sociedad; en el individuo sobreviene a todos los crímenes, en la sociedad resplandece aun después de los mayores trastornos; en el individuo culpable reclama sus derechos con la voz del remordimiento, en la sociedad por medio de elocuentes protestas y de ejemplos heroicos.

§ XXXII. La moral es la mejor guía del entendimiento práctico

La mejor guía del entendimiento práctico es la moral. En el gobierno de las naciones la política pequeña es la política de los intereses bastardos, de las intrigas, de la corrupción; la política grande es la política de la conveniencia pública, de la razón, del derecho. En la vida privada la conducta pequeña es la de los manejos innobles, de las miras mezquinas, del vicio; la conducta grande es la que inspiran la generosidad y la virtud.

Lo recto y lo útil a veces parecen andar separados, pero no suelen estarlo sino por un corto trecho; llevan caminos opuestos en apariencia, y, sin embargo, el punto a que se dirigen es el mismo. Dios quiere por estos medios probar la fortaleza del hombre, y el premio de la constancia no siempre se hace esperar todo en la otra vida. Que si esto sucede una que otra vez, ¿es acaso ligera recompensa el descender al sepulcro con el alma tranquila, sin remordimiento, y con el corazón embriagado de esperanza?

No lo dudemos: el arte de gobernar no es más que la razón y la moral aplicadas al gobierno de las naciones; el arte de conducirse bien en la vida privada no es más que el Evangelio en práctica.

Ni la sociedad ni el individuo olvidan impunemente los eternos principios de la moral; cuando lo intentan por el aliciente del interés, tarde o temprano se pierden, perecen, en sus propias combinaciones. El interés que se erigiera en ídolo se convierte en víctima. La experiencia de todos los días es una prueba de esta verdad, en la historia de todos los tiempos la vemos escrita con caracteres de sangre.

§ XXXIII. La armonía del universo defendida con el castigo

No hay falta sin castigo; el universo está sujeto a una ley de armonía; quien la perturba sufre. Al abuso de nuestras facultades físicas sucede el dolor, a los extravíos del espíritu siguen el pesar y el remordimiento. Quien busca con excesivo afán la gloria se atrae la burla; quien intenta exaltarse sobre los demás con orgullo destemplado, provoca contra sí la indignación, la resistencia, el insulto, las humillaciones. El perezoso goza en su inacción, pero bien pronto su desidia disminuye sus recursos y la precisión de atender a sus necesidades le obliga a un exceso de actividad y de trabajo. El pródigo disipa sus riquezas en los placeres y en la ostentación, pero no tarda en encontrar un vengador de sus desvaríos en la pobreza andrajosa y hambrienta que le impone, en vez de goce, privaciones; en vez de lujosa ostentación, escasez vergonzosa. El avaro acumula tesoros temiendo la pobreza, y en medio de sus riquezas sufre los rigores de esa misma pobreza que tanto le espanta; él se condena a sí mismo, a todos ellos con su alimento limitado y grosero, su traje sucio y raído, su habitación pequeña, incómoda y desaseada. No aventura nada por no perder nada; desconfía hasta de las personas que más le aman; en el silencio y tinieblas de la noche visita sus arcas enterradas en lugares misteriosos para asegurarse que el tesoro está allí y aumentarle todavía más, y entre tanto le acecha uno de sus sirvientes o vecinos, y el tesoro con tanto afán acumulado, con tanta precaución escondido, desaparece.

En el trato, en la literatura, en las artes, el excesivo deseo de agradar produce desagrado; el afán por ofrecer cosas demasiado exquisitas fastidia; lo ridículo está junto a lo sublime; lo delicado no dista de lo empalagoso; el prurito de ofrecer cuadros simétricos suele conducir a contrastes disparatados.

En el gobierno de la sociedad el abuso del poder acarrea su ruina; el abuso de la libertad da origen a la esclavitud. El pueblo que quiere extender demasiado sus fronteras suele verse más estrechado de lo que exigen las naturales; el conquistador que se empeña en acumular coronas sobre su cabeza acaba por perderlas todas; quien no se satisface con el dominio de vastos imperios va a consumirse en una roca solitaria en la inmensidad del Océano. De los que ambicionan el poder supremo, la mayor parte encuentra la proscripción o el cadalso. Codician el alcázar de un monarca y pierden el hogar doméstico; sueñan en un trono y encuentran un patíbulo.

§ XXXIV. Observaciones sobre las ventajas y desventajas de la virtud en los negocios

Dios no ha dejado indefensas sus leyes: a todas las ha escudado con el justo castigo; castigo que por lo común se experimenta ya en esta vida. Por esta razón los cálculos basados sobre el interés en oposición con la moral están muy expuestos a salir fallidos, enredándose la inmoralidad con sus propios lazos. Mas no se crea que con esto quiera yo negar que el hombre virtuoso se halle muchas veces en posición sumamente desventajosa para competir con un adversario inmoral. No desconozco que en un caso dado tiene más probabilidad de alcanzar un fin el que puede emplear cualquier medio por no reparar en ninguno, como le sucede al hombre malo, y que no dejará de ser un obstáculo gravísimo el tener que valerse de muy pocos medios o quizá solamente de uno, como le acontece al virtuoso, a causa de que los inmorales son para él como si no existiesen, pero si bien esto es verdad considerando un negocio aislado, no lo es menos que, andando el tiempo, los inconvenientes de la virtud se compensan con las ventajas, así como las ventajas del vicio se compensan con los inconvenientes, y que, en último resultado, un hombre verdaderamente recto llegará a lograr el fruto de su rectitud alcanzando el fin que discretamente se proponga, y que el inmoral expiará tarde o temprano sus iniquidades, encontrando la perdición en la extremidad de sus malos y tortuosos caminos.

§ XXXV. Defensa de la virtud contra una inculpación injusta

Los hombres virtuosos y desgraciados tienen cierta propensión a señalar sus virtudes como el origen de sus desgracias, pues que a esto los inclinan de consuno el deseo de ostentar su virtud y el de ocultar sus imprudencias, que imprudencias muy grandes se cometen también con la intención más recta y más pura. La virtud no es responsable de los males acarreados por nuestra imprevisión o ligereza, pero el hombre suele achacárselos a ella con demasiada facilidad. «Mi buena fe me ha perdido», exclama el hombre honrado víctima de una impostura, cuando lo que le ha perdido no es su buena fe, sino su torpe confianza en quien le ofrecía demasiados motivos para prudentes sospechas. ¿Acaso los malos no son también con mucha frecuencia víctimas de otros malos y los pérfidos de otros pérfidos? La virtud nos enseña el camino que debemos seguir, mas no se encarga de descubrirnos todos los lazos que en él podemos encontrar; esto es obra de la penetración, de la previsión, del buen juicio, es decir, de un entendimiento claro y atinado. Con estas dotes no está reñida la virtud, mas no siempre las lleva por compañeras. Como fiel amiga de la humanidad, se alberga sin repugnancia en el corazón de toda clase de hombres, ora brille en ellos esplendente y puro el Sol de la inteligencia, ora esté oscurecido con espesa niebla.

§ XXXVI. Defensa de la sabiduría contra una inculpación infundada

Creen algunos que los grandes talentos y el mucho saber propenden de suyo al mal; esto es una especie de blasfemia contra la bondad del Criador. ¿La virtud necesita acaso las tinieblas? Los conocimientos y virtudes de la criatura, ¿no emanan acaso de un mismo origen, del piélago de luz y santidad, que es Dios? Si la elevación de la inteligencia condujese al mal, la maldad de los seres estaría en proporción con su altura; ¿adivináis la consecuencia?, ¿por qué no sacarla? La sabiduría infinita sería la maldad infinita, y heos aquí en el error de los maniqueos, encontrando en la extremidad de la escala de los seres un principio malo. Pero ¿qué digo?, peor fuera este error que el de Manes, pues que en él no se podría admitir un principio bueno. El genio del mal presidiría sin rival, enteramente solo, a los destinos del mundo; el rey del Averno debiera colocar su trono de negra lava en las esplendentes regiones del empíreo.

No, no debe el hombre huir de la luz por temor de caer en el mal; la verdad no teme la luz, y el bien moral es una gran verdad. Cuanto más ilustrado esté el entendimiento mejor conocerá la inefable belleza de la virtud y, conociéndola mejor, tendrá menos dificultades en practicarla. Rara vez hay mucha elevación en las ideas sin que de ella participen los sentimientos, y los sentimientos elevados o nacen de la misma virtud o son una disposición muy a propósito para alcanzarla.

Hasta hay en favor del talento y del saber una razón fundada en la naturaleza de las facultades del alma. Nadie ignora que, por lo común, el mucho desarrollo de la una es con algún perjuicio de la otra; por consiguiente, cuando en el hombre se desenvuelvan de una manera particular las facultades superiores, menguarán en su fuerza las pasiones groseras, origen de los vicios.

La historia del espíritu humano confirma esta verdad: generalmente hablando, los hombres de entendimiento muy elevado no han sido perversos, muchos se han distinguido por sus eminentes virtudes, otros han sido débiles como hombres, mas no malvados, y si uno que otro ha llegado a este extremo debe mirarse como excepción, no como regla.

¿Sabéis por qué un malvado de gran talento compromete, por decirlo así, la reputación de los demás, prestando ocasión a que de algunos casos particulares se saquen deducciones generales? Porque en un malvado de gran talento todos piensan, de un malvado necio nadie se acuerda; porque forman un vivo contraste la iniquidad y el gran saber, y este contraste hace más notable el extremo feo, por la misma razón que se repara más en la relajación de un sacerdote que en la de un seglar. Nadie nota una mancha más en un cristal muy sucio, pero en otro muy limpio y brillante se presenta, desde luego, a los ojos el más pequeño lunar.

§ XXXVII. Las pasiones son buenos instrumentos, pero malos consejeros

Ya vimos (Cap. XIX) cuán pernicioso era el influjo de las pasiones para impedirnos el conocimiento de la verdad, aun la especulativa; pero lo que allí se dijo en general tiene muchísima más aplicación en refiriéndose a la práctica. Cuando tratamos de ejecutar alguna cosa, las pasiones son a veces un auxiliar excelente; mas para prepararla en nuestro entendimiento son consejeros muy peligrosos.

El hombre sin pasiones sería frío, tendría algo de inerte, por carecer de uno de los principias más poderosos de acción que Dios ha concedido a la humana naturaleza; pero, en cambio, el hombre dominado por las pasiones es ciego y se abalanza a los objetos a la manera de los brutos.

Examinando atentamente el modo de obrar de nuestras facultades se echa de ver que la razón es a propósito para dirigir y las pasiones para ejecutar, y así es que aquélla atiende no solo a lo presente, sino también a lo pasado y a lo venidero cuando éstas miran el objeto solo por lo que es en el momento actual y por el modo con que nos afecta. Y es que la razón, como verdadera directora, se hace cargo de todo lo que puede dañar o favorecer no solo ahora, sino también en el porvenir; pero las pasiones, como encargadas únicamente de ejecutar, solo se cuidan del instante y de la impresión actuales. La razón no se para solo en el placer, sino en la utilidad, en la moralidad, en el decoro; las pasiones prescinden del decoro, de la moralidad, de la utilidad, de todo lo que no sea la impresión agradable o ingrata que en el acto se experimenta.

§ XXXVIII. La hipocresía de las pasiones

Cuando hablo de pasiones no me refiero únicamente a las inclinaciones fuertes, violentas, tempestuosas que agitan nuestro corazón como los vientos el océano; trato también de aquellas más suaves, más espirituales, por decirlo así, porque, al parecer, están más cerca de las altas regiones del espíritu, y que suelen apellidarse sentimientos. Las pasiones son las mismas, solo varían por su forma, o más bien, por la graduación de intensidad y por el modo de dirigirse a su objeto. Son entonces más delicadas, pero no menos temibles, pues que esa misma delicadeza contribuye a que con más facilidad nos seduzcan y extravíen.

Cuando la pasión se presenta en toda su deformidad y violencia, sacudiendo brutalmente el espíritu y empeñándose en arrastrarle por malos caminos, el espíritu se precave contra el adversario, se prepara a luchar, resultando tal vez que la misma impetuosidad del ataque provoca una heroica defensa. Pero si la pasión depone sus maneras violentas, si se despoja, por decirlo así, de sus groseras vestiduras, cubriéndose con el manto de la razón, si sus gestiones se llaman conocimiento y sus inclinaciones voluntad, ilustrada pero decidida, entonces toma por traición una plaza que no hubiera tomado por asalto.

§ XXXIX. Ejemplo: la venganza bajo dos formas

Un hombre que ha irrogado una ofensa está con una pretensión en cuyo éxito puede influir decisivamente el ofendido. Tan pronto como éste lo sabe, recuerda la ofensa recibida; el resentimiento se despierta en su corazón, al resentimiento sucede la cólera y la cólera engendra un vivo deseo de venganza. ¿Y por qué dejará de vengarse? ¿No se le ofrece ahora una excelente oportunidad? ¿No será para él un placer el presenciar la desesperación de su adversario burlado en sus esperanzas y quizá sumido en la oscuridad, en la desgracia, en la miseria? «Véngate, véngate —le dice en alta voz su corazón—, véngate, y que él sepa que te has vengado; dáñale, ya que él te dañó; humíllale, ya que él te humilló; goza tú el cruel pero vivo placer de su desgracia, ya que él se gozó en la tuya. La víctima está en tus manos, no la sueltes, cébate en ella, sacia en ella tu sed de venganza. Tiene hijos y perecerán..., no importa..., que perezcan; tiene padres y morirán de pesar..., no importa..., que mueran, así será herido en más puntos su infame corazón, así sangrará con más abundancia, así no habrá consuelo para él, así se llenará la medida de su aflicción, así derramarás en su villano pecho toda la hiel y amargura que él un día derramara en el tuyo. Véngate, véngate; ríete de una generosidad que él no practicó contigo, no tengas piedad de quien no la tuvo de ti; él es indigno de tus favores, indigno de compasión, indigno de perdón; véngate, véngate.»

Así habla el odio exaltado por la ira; pero este lenguaje es demasiado duro y cruel para no ofender a un corazón generoso. Tanta crueldad despierta un sentimiento contrario: «Este comportamiento sería innoble, sería infame —se dice el hombre a sí mismo—; esto repugna hasta el amor propio. Pues qué, ¿yo he de gozarme en el abatimiento, en el perpetuo infortunio de una familia? ¿No sería para mí un remordimiento inextinguible la memoria de que con mis manejos he sumido en la miseria a sus hijos inocentes y hundido en el sepulcro a sus ancianos padres? Esto no lo puedo hacer, esto no lo haré, es más honroso no vengarme; sepa mi adversario que si él fue bajo, yo soy noble; si él fue inhumano, yo soy generoso; no quiero buscar otra venganza que la de triunfar de él a fuerza de generosidad; cuando su mirada se encuentre con mi mirada sus ojos se abatirán, el rubor encenderá sus mejillas, su corazón sentirá un remordimiento y me hará justicia».

El espíritu de venganza ha sucumbido por su imprudencia; lo quería todo, lo exigía todo, y con urgencia, con imperiosidad, sin consideraciones de ninguna clase, y el corazón se ha ofendido de semejante desmán, ha creído que se trataba de envilecerle, ha llamado en su auxilio a los sentimientos nobles, que han acudido presto y han decidido la victoria en favor de la razón. Otro quizá hubiera sido el resultado si el espíritu de venganza hubiese tomado otra forma menos dura, si cubriendo su faz con mentida máscara no hubiese mostrado sus facciones feroces. No debía dar destemplados gritos, aullidos horribles; era menester que envuelto y replegado en el seno más oculto del corazón hubiese destilado desde allí su veneno mortal. «Por cierto —debía decir— que el ofensor no es nada digno de obtener lo que pretende, y solo por este motivo conviene oponerse a que lo obtenga, hizo una injuria, es verdad; pero ahora no es ocasión de acordarse de ella. No ha de ser el resentimiento quien presida a tu conducta, sino la razón, el deseo de que una cosa de tanta entidad no vaya a parar a malas manos. El pretendiente no carece de algunas buenas disposiciones para el desempeño; ¿por qué no hacerle justicia? Pero, en cambio, adolece de defectos imperdonables. La ofensa que te hizo a ti lo manifiesta bien; de ella no debes acordarte para la venganza, pero si para formar un juicio acertado. Sientes un secreto y vivo placer en contrariarle, en abatirle, en perderle; mas este sentimiento no te domina, solo te impulsa el deseo del bien; y en verdad que si no mediase otro motivo que el resentimiento no opondrías ningún obstáculo a sus designios. Hasta quizá harías el sacrificio de favorecerle, y en verdad que sería doloroso, muy doloroso, pero quizá te resignarías a ello. Mas no te hallas en este caso; afortunadamente, la razón, la prudencia, la justicia están de acuerdo con las inclinaciones de tu corazón, y, bien considerado, ni las atiendes siquiera; experimentas un placer en dañar a tu enemigo, mas este placer es una expansión natural que tú no alcanzas a destruir, pero que tienes bastante sujeta para no dejarla que te domine. No hay inconveniente, pues, en tomar las providencias oportunas. Lo que importa es proceder con calma para que vean todos que no hay parcialidad, que no hay odio, que no hay espíritu de venganza, que usas de un derecho y hasta obedeces a un deber.» La venganza impetuosa, violenta, francamente injusta, no ha podido alcanzar un triunfo que ha obtenido sin dificultad la venganza pacífica, insidiosa, disfrazada hipócritamente con el velo de la razón, de la justicia, del deber.

Por este motivo es tan temible la venganza cuando obra en nombre del celo por la justicia. Cuando el corazón, poseído del odio, llega a engañarse a sí mismo, creyendo obrar a impulsos del buen deseo, quizá de la misma caridad, se halla como sujeto a la fascinación de un reptil a quien no ve y cuya existencia ni aun sospecha. Entonces la envidia destroza las reputaciones más puras y esclarecidas, el rencor persigue inexorable la venganza se goza en las convulsiones y congojas de la infortunada víctima, haciéndole agotar hasta las heces el dolor y la amargura. El insigne protomártir brillaba por sus eminentes virtudes y aterraba a los judíos con su elocuencia divina. ¿Qué nombre creéis que tomarán la envidia y la venganza, que les seca los corazones y hace rechinar sus dientes? ¿Creéis que se apellidarán con el nombre que les es propio? No, de ninguna manera. Aquellos hombres dan un grito como llenos de escándalo, se tapan los oídos y sacrifican al inocente Diácono en nombre de Dios. El Salvador del mundo admira a cuantos le oyen con la divina hermosura de su moral, con el maravilloso raudal de sabiduría y de amor que fluye de sus labios augustos; los pueblos se agolpan para verle y él pasa haciendo bien; afable con los pequeños, compasivo con los desgraciados, indulgente con los culpables, derrama a manos llenas los tesoros de su omnipotencia y de su amor; solo pronuncia palabras de dulzura y perdón; diríase que reserva el lenguaje de una indignación santa y terrible para confundir a los hipócritas. Estos han encontrado en él una mirada majestuosa y severa y ellos la han correspondido con una mirada de víbora. La envidia les destroza el corazón, sienten una abrasadora sed de venganza. Pero ¿obrarán, hablarán como vengativos? No, este hombre es un blasfemo, dirán; seduce las turbas, es enemigo del César; la fidelidad, pues, la tranquilidad pública, la religión exigen que se le quite de en medio, y se aceptará la traición de un discípulo, y el inocente Cordero será llevado a los tribunales y será interrogado, y al responder palabras de verdad, el príncipe de los sacerdotes se sentirá devorado de celo y rasgará sus vestiduras y dirá: Blasfemó, y los circunstantes dirán: «Es reo de muerte».

§ XL. Precauciones

Jamás el hombre medita demasiado sobre los secretos de su corazón, jamás despliega demasiada vigilancia para guardar las mil puertas por donde se introduce la iniquidad, jamás se precave contra las innumerables asechanzas con que él se combate a sí propio. No son las pasiones tan temibles cuando se presentan como son en sí, dirigiéndose abiertamente a su objeto, y atropellando con impetuosidad cuanto se les pone delante. En tal caso, por poco que se conserve en el espíritu el amor de la virtud, si el hombre no ha llegado todavía hasta el fondo de la corrupción o de la perversidad, siente levantarse en su alma un grito de espanto e indignación tan pronto como se le ofrece el vicio con su aspecto asqueroso; pero ¿qué peligros no corre si, trocados los hombres y cambiados los trajes, todo se le ofrece disfrazado, trastornado?; ¿si sus ojos miran al través de engañosos prismas, que pintan con galanos colores y apacibles formas la negrura y la monstruosidad?

Los mayores peligros de un corazón puro no están en el brutal aliciente de las pasiones groseras, sino en aquellos sentimientos que encantan por su delicadeza y seducen con su ternura; el miedo no entra en las almas nobles sino con el dictado de prudencia; la codicia no se introduce en los pechos generosos sino con el título de economía previsora; el orgullo se cobija bajo la sombra del amor de la propia dignidad y del respeto debido a la posición que se ocupa; la vanidad se proporciona sus pequeños goces engañando al vanidoso con la urgente necesidad de conocer el juicio de los demás para aprovecharse de la crítica; la venganza, se disfraza con el manto de la justicia; el furor se apellida santa indignación; la pereza invoca en su auxilio la necesidad del descanso, y la roedora envidia, al destrozar reputaciones, al empeñarse en ofuscar con su aliento impuro los resplandores de un mérito eminente, habla de amor a la verdad, de imparcialidad, de lo mucho que conviene precaverse contra una admiración ignorante o un entusiasmo infantil.

§ XLI. Hipocresía del hombre consigo mismo

El hombre emplea la hipocresía para engañarse a sí mismo, acaso más que para engañar a los otros. Rara vez se da a sí propio exacta cuenta del móvil de sus acciones, y por esto aun en las virtudes más acendradas hay algo de escoria. El oro enteramente puro no se obtiene sino con el crisol de un perfecto amor divino, y este amor, en toda su perfección, está reservado para las regiones celestiales. Mientras vivimos aquí en la tierra llevamos en nuestro corazón un germen maligno que o mata, o enflaquece, o deslustra las acciones virtuosas, y no es poco si se llega a evitar que ese germen se desarrolle y nos pierda. Pero, a pesar de tamaña debilidad, no deja de brillar en el fondo de nuestra alma aquella luz inextinguible, encendida en ella por la mano del Criador, y esa luz nos hace distinguir entre el bien y el mal, sirviéndonos de guía en nuestros pasos y de remordimiento en nuestros extravíos. Por esta causa nos esforzamos a engañarnos a nosotros mismos para no ponernos en contradicción demasiado patente con el dictamen de la conciencia; nos tapamos los oídos para no oír lo que ella nos dice, cerramos los ojos para no ver lo que ella nos muestra, procuramos hacernos la ilusión de que el principio que nos inculca no es aplicable al caso presente. Para esto sirven lastimosamente las pasiones, sugiriéndonos insidiosamente discursos sofísticos. Cuéstale mucho al hombre parecer malo ni a sus propios ojos; no se atreve, se hace hipócrita.

§ XLII. El conocimiento de sí mismo

El defecto indicado en el párrafo anterior tiene diferente carácter en las diferentes personas, por cuyo motivo conviene sobremanera no perder jamás de vista aquella regla de los antiguos tan profundamente sabia: Conócete a ti mismo; Nosce te ipsum. Si bien hay ciertas cualidades comunes a todos los hombres, éstas toman un carácter particular en cada uno de ellos; cada cual tiene, por decirlo así, un resorte que conviene conocer y saber manejar. Este resorte es necesario descubrir cuál es en los demás para acertar a conducirse bien con ellos; pero es más necesario todavía descubrirle cada cual en sí mismo. Porque allí suele estar el secreto de las grandes cosas, así buenas como malas, a causa de que ese resorte no es más que una propensión fuerte que llega a dominar a las demás, subordinándolas todas a un objeto. De esta pasión dominante se resienten todas las otras; ella se mezcla en todos los actos de la vida, ella constituye lo que se llama el carácter.

§ XLIII. El hombre huye de sí mismo

Si no tuviésemos la funesta inclinación de huir de nosotros mismos, si la contemplación de nuestro interior no nos repugnase en tal grado, no nos sería difícil descubrir cuál es la pasión que en nosotros predomina. Desgraciadamente, de nadie huimos tanto como de nosotros mismos, nada estudiamos menos que lo que tenemos más inmediato y que más nos interesa. La generalidad de los hombres descienden al sepulcro no solo sin haberse conocido a sí propios, sino también sin haberlo intentado. Debiéramos tener continuamente la vista fija sobre nuestro corazón para conocer sus inclinaciones, penetrar sus secretos, refrenar sus ímpetus, corregir sus vicios, evitar sus extravíos; debiéramos vivir con esa vida íntima en que el hombre se da cuenta de sus pensamientos y afectos y no se pone en relación con los objetos exteriores sino después de haber consultado su razón y dado a su voluntad la dirección conveniente. Mas esto no se hace; el hombre se abalanza, se pega a los objetos que le incitan, viviendo tan solo con esa vida exterior que no le deja tiempo para pensar en sí mismo. Vense entendimientos claros, corazones bellísimos, que no guardan para sí ninguna de las preciosidades con que los ha enriquecido el Criador, que derraman, por decirlo así, en calles y plazas el aroma exquisito que, guardado en el fondo de su interior, podría servirles de confortación y regalo.

Se refiere de Pascal que, habiéndose dedicado con grande ahínco a las matemáticas y ciencias naturales, se cansó de dicho estudio a causa de hallar pocas personas con quienes conversar sobre el objeto de sus ocupaciones favoritas. Deseoso de encontrar una materia que no tuviera este inconveniente, se dedicó al estudio del hombre; pero bien pronto conoció, por experiencia, que los que se ocupaban en estudiar al hombre eran todavía en menor número que los aficionados a las matemáticas. Esto se verifica ahora como en tiempo de Pascal; hasta observar al común de los hombres para echar de ver cuán pocos son los que gustan de semejante tare, mayormente tratándose de sí mismos.

§ XLIV. Buenos resultados del reflexionar sobre las pasiones

Cuando se ha adquirido el hábito de reflexionar sobre las inclinaciones propias, distinguiendo el carácter y la intensidad de cada una de ellas, aun cuando arrastren una que otra vez al espíritu, no lo hacen sin que éste conozca la violencia. Ciegan quizá el entendimiento, pero esta ceguera no se oculta del todo al que la padece; se dice a sí mismo: «Crees que ves, mas en realidad no ves; estás ciego». Pero si el hombre no fija nunca su mirada en su interior, si obra según le impelen las pasiones, sin cuidarse de averiguar de dónde nace el impulso, para él llegan a ser una misma cosa pasión y voluntad, dictamen del entendimiento e instinto de las pasiones. Así la razón no es señora, sino esclava; en vez de dirigir, moderar y corregir con sus consejos y mandatos las inclinaciones del corazón, se ve reducida a vil instrumento de ellas y obligada a emplear todos los recursos de su sagacidad para proporcionarles goces que las satisfagan.

§ XLV. Sabiduría de la religión cristiana en la dirección de la conducta

La religión cristiana, al llevarnos a esa vida moral, íntima, reflexiva sobre nuestras inclinaciones, ha hecho una obra altamente conforme a la más sana filosofía y que descubre un profundo conocimiento del corazón humano. La experiencia enseña que lo que le falta al hombre para obrar bien no es conocimiento especulativo y general, sino práctico, detallado, con aplicación a todos los actos de la vida. ¿Quién no sabe y no repite mil veces que las pasiones nos extravían y nos pierden? La dificultad no está en eso, sino en saber cuál es la pasión que influye en este o aquel caso, cuál es la que por lo común predomina en las acciones, bajo qué forma, bajo qué disfraz se presenta al espíritu y de qué modo se deben rechazar sus ataques o precaver sus estratagemas. Y todo esto no como quiera, sino con un conocimiento claro, vivo y que, por tanto, se ofrezca naturalmente al entendimiento siempre que se haya de tomar alguna resolución, aun en los negocios más comunes.

La diferencia que en las ciencias especulativas media entre un hombre vulgar y otro sobresaliente no consiste a menudo sino en que éste conoce con claridad, distinción y exactitud lo que aquél solo conoce de una manera inexacta, confusa y oscura; no consiste en el número de las ideas, sino en la calidad; nada dice éste sobre un punto, de que también no tenga noticia aquél; ambos miran al mismo objeto, solo que la vista del uno es mucho más perfecta que la del otro. Lo propio sucede en lo relativo a la práctica. Hombres profundamente inmorales hablarán de la moral de tal suerte que manifiesten no desconocer sus reglas; pero estas reglas las saben ellos en general, sin haberse cuidado de hacer aplicaciones, sin haber reparado en los obstáculos que impiden el ponerlas en planta en tal o cual ocasión, sin que se les ocurran de una manera clara y viva cuando se ofrece oportunidad de hacer uso de ellas. Quien está en posesión de su entendimiento, de la voluntad, del hombre entero, son las pasiones; estas reglas morales las conservan, por decirlo así, archivadas en lo más recóndito de su conciencia; ni aun gustan de mirarlas como objeto de curiosidad, temerosos de encontrar en ellas el gusano del remordimiento. Por el contrario, cuando la virtud está arraigada en el alma, las reglas morales llegan a ser una idea familiar que acompaña todos los pensamientos y acciones, que se aviva y se agita al menor peligro, que impera y apremia antes de obrar, que remuerde incesantemente si se la ha desatendido. La virtud causa esa continua presencia intelectual de las reglas morales, y esta presencia, a su vez, contribuye a fortalecer la virtud; así es que la religión no cesa de inculcarlas, segura de que son preciosa semilla, que tarde o temprano dará algún fruto.

§ XLVI. Los sentimientos morales auxilian la virtud

En ayuda de las ideas morales vienen los sentimientos, que también los hay morales, y poderosos, y bellísimos; porque Dios, al permitir que sacudan y conturben nuestro espíritu violentas y aciagas tempestades, también ha querido proporcionarnos el blando mecimiento de céfiros apacibles. El hábito de atender a las reglas morales y de obedecer sus prescripciones desenvuelve y aviva estos sentimientos; y entonces el hombre, para seguir el camino de la virtud, combate las inclinaciones malas con las inclinaciones buenas; las luchas no son de tanto peligro y, sobre todo, no son tan dolorosas; porque un sentimiento lucha con otro sentimiento; lo que se padece con el sacrificio del uno se compensa con el placer causado por el triunfo del otro, y no hay aquellos sufrimientos desgarradores que se experimentan cuando la razón pelea con el corazón enteramente sola.

Ese desarrollo de los sentimientos morales, ese llamar en auxilio de la virtud las mismas pasiones es un recurso poderoso para obrar bien e ilustrar el entendimiento cuando le ofuscan otras pasiones. Hay en esta oposición mucha variedad de combinaciones, que dan excelentes resultados. El amor de los placeres se neutraliza con el amor de la propia dignidad; el exceso del orgullo se templa con el temor de hacerse aborrecible; la vanidad se modera por el miedo al ridículo; la pereza se estimula con el deseo de la gloria; la ira se enfrena por no parecer descompuesto; la sed de venganza se mitiga o extingue con la dicha y la honra que resultan de ser generoso. Con esta combinación, con la sagaz oposición de los sentimientos buenos a los sentimientos malos, se debilitan suave y eficazmente muchos de los gérmenes de mal que abriga el corazón humano, y el hombre es virtuoso sin dejar de ser sensible.

§ XLVII. Una regla para los juicios prácticos

Conocido el principal resorte del propio corazón, y desarrollados tanto como sea posible los sentimientos generosos y morales, es necesario saber cómo se ha de dirigir el entendimiento para que acierte en sus juicios prácticos.

La primera regla que se ha de tener presente es no juzgar ni deliberar con respecto a ningún objeto mientras el espíritu está bajo la influencia de una pasión relativa al mismo objeto. ¡Cuán ofensivo no parece un hecho, una palabra, un gesto que acaba de irritar! «La intención del ofensor —se dice a sí mismo el ofendido— no podía ser más maligna; se ha propuesto no solo dañar, sino ultrajar; los circunstantes deben de estar escandalizados; si no se tomase una pronta y completa venganza, la sonrisa burlona que asomaba a los labios de todos se convertiría irremisiblemente en profundo desprecio por quien ha tolerado que de tal modo se le cubriera de afrentosa ignominia. Es preciso no ser descompuesto, es verdad; pero ¿hay acaso mayor descompostura que el abandono del honor?; es necesario tener prudencia; pero esta prudencia, ¿debe llegar hasta el punto de dejarse pisotear por cualquiera?» ¿Quién hace este discurso? ¿Es la razón? No, ciertamente; es la ira. Pero la ira, se dirá, no discurre tanto. Sí, discurre; porque toma a su servicio al entendimiento y éste le proporciona todo lo que necesita. Y en este servicio no deja de auxiliarle a su vez la misma ira; porque las pasiones, en sus momentos de exaltación, fecundizan admirablemente el ingenio con las inspiraciones que les convienen.

¿Queremos una prueba de que quien así discurría y hablaba no era la razón, sino la ira? Hela aquí evidente. Si en lo que piensa el hombre encolerizado hubiese algo de verdad no la desconocerían del todo los circunstantes. Tampoco carecen ellos de sentimientos de honor; también estiman en mucho su propia dignidad; saben distinguir entre una palabra dicha con designio de zaherir y otra escapada sin intención ofensiva, y, sin embargo, ellos no ven nada de lo que el encolerizado ve con tan claridad; y si se sonríen, esa sonrisa es causada no por la humillación que él se imagina haber sufrido, sino por esa terrible explosión de furor que no tiene motivo alguno. Más todavía: no es necesario acudir a los circunstantes para encontrar la verdad; basta apoyar al mismo encolerizado cuando haya desaparecido la ira. ¿Juzgará entonces como ahora? Es bien seguro que no; él será tal vez el primero que se reirá de su enojo y que pedirá se le disimule su arrebato.

§ XLVIII. Otra regla

De estas observaciones nace otra regla, y es que al sentirnos bajo la influencia de una pasión hemos de hacer un esfuerzo para suponernos, por un momento siquiera, en el estado en que su influencia no exista. Una reflexión semejante, por más rápida que sea, contribuye mucho a calmar la pasión y a excitar en el ánimo ideas diferentes de las sugeridas por la inclinación ciega. La fuerza de las pasiones se quebranta desde el momento que se encuentra en oposición con un pensamiento que se agita en la cabeza; el secreto de su victoria suele consistir en apagar todos los contrarios a ellas y avivar los favorables. Pero tan pronto como la atención se ha dirigido hacia otro orden de ideas viene la comparación y, por consiguiente, cesa el exclusivismo. Entretanto, se desenvuelven otras fuerzas intelectuales y morales no subordinadas a la pasión, y ésta pierde de su primitiva energía por haber de compartir con otras facultades la vida que antes disfrutara sola.

Aconseja estos medios no solo la experiencia de su buen resultado, sino también una razón fundada en la naturaleza de nuestra organización. Las facultades intelectuales y morales nunca se ejercitan sin que funcionen algunos de los órganos materiales. Ahora bien: entre los órganos corpóreos está distribuida una cierta cantidad de fuerzas vitales de que disfrutan alternativamente en mayor o menor proporción y, por consiguiente, con decremento en los unos cuando hay incremento en los otros. De lo que resulta que ha de producir un efecto saludable el esforzarse en poner en acción los órganos de la inteligencia en contraposición con los de las pasiones y que la energía de éstas ha de menguar a medida que ejerzan sus funciones los órganos de la inteligencia.

Pero es de advertir que este fenómeno se verificará dirigiendo la atención de la inteligencia en un sentido contrario al de las pasiones, la que se obtiene trasladándola por un momento al orden de ideas que tendrá cuando no esté bajo un influjo apasionado; pues que si, por el contrario, la inteligencia se dirige a favorecer la pasión, entonces ésta se fomenta más y más con el auxilio; y lo que pudiese perder en energía, por decirlo así, puramente orgánica, lo recobra en energía moral, en la mayor abundancia de recursos para alcanzar el objeto y en esa especie de bill de indemnidad con que se cree libre de acusaciones cuando ve que el entendimiento, lejos de combatirla, la apoya.

Este trabajo sobre las pasiones no es una mera teoría; cualquiera puede convencerse por sí mismo de que es muy practicable y de que se sienten sus buenos efectos tan pronto como se le aplica. Es verdad que no siempre se acierta en el medio más a propósito para ahogar, templar o dirigir la pasión levantada, o que, aun encontrado, no se le emplea como es debido; pero la sola costumbre de buscarle basta para que el hombre esté más sobre sí, no se abandone con demasiada facilidad a los primeros 'movimientos y tenga en sus juicios prácticos un criterio que falta a los que proceden de otra manera.

§ XLIX. El hombre riéndose de sí mismo

Cuando el hombre se acostumbra a observar mucho sus pasiones hasta llega a emplear en su interior el ridículo contra sí mismo; el ridículo, esa sal que se encuentra en el corazón y en el labio de los mortales como uno de tantos preservativos contra la corrupción intelectual y moral; el ridículo, que no solo se emplea con fruto con los demás, sino también contra nosotros mismos, viendo nuestros defectos por el lado que se prestan a la sátira. El hombre se dice entonces a sí propio lo que decirle pudieran los demás; asiste a la escena que se representarla si el lance cayera en manos de un adversario de chiste y buen humor. Que contra otro se emplea también en cierto modo la sátira, cuando la empleamos contra nosotros mismos; porque, si bien se observa, hay en nuestro interior dos hombres que disputan, que luchan, que no están nunca en paz, y así como el hombre inteligente, moral, previsor, emplea contra el torpe, el inmoral, el ciego, la firmeza de la voluntad y el imperio de la razón, así también, a veces, le combate y le humilla con los punzantes dardos de la sátira. Sátira que puede ser tanto más graciosa y libre cuanto carece de testigos, no hiere la reputación, nada hace perder en la opinión de los demás, pues que no llega a ser expresada con palabras, y la sonrisa burlona que hace asomar a los labios se extingue en el momento de nacer.

Un pensamiento de esta clase, ocurriendo en la agitación causada por las pasiones, produce un efecto semejante al de una palabra juiciosa, incisiva y penetrante, lanzada en medio de una asamblea turbulenta. ¡Cuántas veces se nota que una mirada expresiva cambia el estado del espíritu de uno de los circunstantes, moderando o ahogando una pasión enardecida! ¿Y qué ha expresado aquella mirada? Nada más que un recuerdo del decoro, una consideración al lugar o a las personas, una reconvención amistosa, una delicada ironía; nada más que una apelación al buen sentido del mismo que era juguete de la pasión, y esto ha sido suficiente para que la pasión se amortiguase. El efecto que otro nos produce, ¿por qué no podríamos producírnoslo nosotros mismos, si no con igualdad, al menos con aproximación?

§ L. Perpetua niñez del hombre

Poco basta para extraviar al hombre, pero tampoco se necesita mucho para corregirle algunos defectos. Es más débil que malo, dista mucho de aquella terquedad satánica que no se aparta jamás del mal una vez abrazado; por el contrario, tanto el bien como el mal los abraza y los abandona con suma facilidad. Es niño hasta la vejez; preséntase a los demás con toda la seriedad posible; mas en el fondo se encuentra a sí propio pueril en muchas cosas y se avergüenza. Se ha dicho que ningún grande hombre le parecía grande a su ayuda de cámara; esto encierra mucha verdad. Y es que, visto el hombre de cerca, se descubren las pequeñeces que le rebajan. Pero más cosas sabe él de sí mismo que su ayuda de cámara, y por esto es todavía menos grande a sus propios ojos; por esto, aun en sus mejores años, necesita cubrir con un velo la puerilidad que se abriga en su corazón.

Los niños ríen y juguetean y retozan, y luego gimen y rabian y lloran, sin saber muchas veces por qué; ¿no hace lo mismo, a su modo, el adulto? Los niños ceden a un impulso de su organización, al buen o mal estado de su salud, a la disposición atmosférica, que los afecta agradable o desagradablemente; en desapareciendo estas causas, se cambia el estado de sus espíritus; no se acuerdan del momento anterior ni piensan en el venidero; solo se rigen por la impresión que actualmente experimentan. ¿No hace esto mismo millares de veces el hombre más serio, más grave y sesudo?

§ LI. Mudanza de don Nicasio en breves horas

Don Nicasio es un varón de edad provecta, de juicio sosegado y maduro, lleno de conocimientos, de experiencia, y que rara vez se deja llevar de la impresión del momento. Todo lo pesa en la balanza de una sana razón, y en este peso no consiente que influyan por un adarme las pasiones de ningún género. Se le habla de una empresa de mucha gravedad, para la cual se cuenta con su práctica de mundo y su inteligencia particular en aquella clase de negocios. Don Nicasio está a disposición del proponente; no tiene ninguna dificultad en entrar de lleno en la empresa y hasta en comprometer en ella una parte de su fortuna. Está bien seguro de no perderla; si hay obstáculos, no le dan cuidado; él sabe el modo de removerlos; si hay rivales poderosos, a don Nicasio no le hacen mella. Otras hazañas de más monta ha llevado a cabo; negocios mucho más espinosos ha tenido que manejar; más poderosos rivales ha tenido que vencer. Embebido en la idea que le halaga, se expresa con facilidad y rapidez, gesticula con viveza, su mirada es sumamente expresiva, su fisonomía juvenil diríase que ha vuelto a sus veinticinco abriles si algunas canas, asomando por un lado del postizo, no revelasen traidoramente los trofeos de los años.

El negocio está concluido; faltan algunos pormenores; quedáis emplazado para redondearlos en otra entrevista, ¿Mañana? No, señor; nada de dilaciones, no las consiente la actividad de don Nicasio; es preciso acabar con todo hoy mismo, por la tarde. Don Nicasio, se ha retirado a su casa, y ni a su persona, ni a su familia, ni a ninguna de sus cosas ha ocurrido ningún accidente desagradable.

Es la hora señalada; acudís con puntualidad, y os halláis en presencia del héroe de la mañana. Don Nicasio está algo descompuesto en su vestido, merced a un calor que le ahoga. Medio tendido en el sofá os devuelve el saludo con un esfuerzo afectuoso, pero con evidentes señales de fastidiosa laxitud.

—Vamos a ver, señor don Nicasio, si quedamos convenidos definitivamente.

—Tiempo tenemos de hablar... —contesta don Nicasio; y su fisonomía se contrae con muestras de tedio.

—Como usted me ha citado para esta tarde...

—Sí; pero...

—Como usted guste.

—Ya se ve; pero es menester pensarlo mucho; ¡qué sé yo!...

—Lo que es dificultades conozco que hay; solo que viéndole a usted tan animoso esta mañana, lo confieso, todo se me hacía ya camino llano.

—Animoso, y lo estoy aún...; pero, sin embargo, sin embargo, conviene no llevar demasiada prisa... En fin, ya hablaremos —añade con expresión de quien desea que no le comprometan.

Don Nicasio es otro, expresa lo que siente; nada de la audacia, de la actividad de la mañana; nada de los proyectos tan fáciles de ejecutar; entonces los obstáculos importaban poco, ahora son casi insuperables; los rivales no significaban nada, ahora son invencibles. ¿Qué ha sucedido? ¿Le han dado a don Nicasio otras noticias? No ha visto a nadie. ¿Ha meditado sobre el negocio? No se había acordado más de él. ¿Qué ha sucedido, pues, para causar tamaña revolución en su espíritu, alterando su modo de ver las cosas y quebrantando tan lastimosamente sus ímpetus juveniles? Nada; la explicación del fenómeno es muy sencilla; no busquéis grandes causas, son muy pequeñas. En primer lugar, ahora hace un calor atroz, lo que por cierto, dista mucho del oreo de una fresca brisa como sucedía por la mañana; don Nicasio está sumamente abatido, la hora es pesada, el cielo se encapota y parece amenaza tempestad. La comida era además algo indigesta; el sueño de la siesta ha sido demasiado breve y no sin alguna pesadilla. ¿Se quiere más? ¿No son estos motivos bastante poderosos para trastornar el espíritu de un hombre grave y modificar sus opiniones? A pesar de todas las citas, ¿quién os ha llevado a su casa bajo una constelación tan infausta?

Tal es el hombre; la menor cosa le desconcierta, le hace otro. Unido su espíritu a un cuerpo sujeto a mil impresiones diferentes, que se suceden con tanta rapidez y se reciben con igual facilidad que los movimientos de la hoja de un árbol, participa en cierto modo de esa inconsciencia y variedad, trasladando con harta frecuencia a los objetos las mudanzas que solo él ha experimentado.

§ LII. Los sentimientos, por sí solos, son mala regla de conducta

Lo dicho manifiesta la imposibilidad de dirigir la conducta del hombre por solo el sentimiento; y la literatura de nuestra época, que tan poco se ocupa de comunicar ideas de razón y de moral y que, al parecer, no se propone sino excitar sentimientos, olvida la naturaleza del hombre y causa un mal de inmensa trascendencia.

El entregar al hombre a merced del solo sentimiento es arrojar un navío sin piloto en medio de las olas. Esto equivale a proclamar la infalibilidad de las pasiones a decir: «Obra siempre por instinto, obedeciendo ciegamente a todos los movimientos de tu corazón»; esto equivale a despojar al hombre de su entendimiento, de su libre albedrío, a convertirle en simple instrumento de su sensibilidad.

Se ha dicho que los grandes pensamientos salen del corazón; también pudiera añadirse que del corazón salen grandes errores, grandes delirios, grandes extravagancias, grandes crímenes. Del corazón sale todo; es un arpa soberbia que despide toda clase de sonidos, desde el horrendo estrépito de las cavernas infernales hasta la más delicada armonía de las regiones celestes.

El hombre que no tiene más guía que su corazón es el juguete de mil inclinaciones diversas y a menudo contradictorias; una ligerísima pluma, en medio de una campiña donde reinan los vientos, ¿no lleva las direcciones más variadas e irregulares? ¿Quién es capaz de contar ni clasificar la infinidad de sentimientos que se suceden en nuestro pecho en brevísimas horas? ¿Quién no ha reparado en la asombrosa facilidad con que se basa de la viva afición a un trabajo, a una repugnancia casi insuperable? ¿Quién no ha sentido simpatía o antipatía a la simple presencia de una persona, sin que pueda señalarse ninguna razón de ella y sin que los hechos ofrezcan en lo sucesivo motivo alguno que justifique aquella impresión? ¿Quién no se ha admirado repetidas veces de encontrarse transformado en pocos instantes, pasando del brío al abatimiento, de la osadía a la timidez, o viceversa, sin que hubiese mediado ninguna causa ostensible? ¿Quién ignora las mudanzas que los sentimientos sufren con la edad, con la diferencia de estado, de posición social, de relaciones familiares, de salud, de clima, de estación; de atmósfera? Todo cuanto afecta a nuestras ideas, nuestros sentidos; nuestro cuerpo, de cualquier modo que sea, todo modifica nuestros sentimientos; y de aquí la asombrosa inconstancia que se nota en los que se abandonan a todos los impulsos de las pasiones; de aquí esa volubilidad de las organizaciones demasiado sensibles si no han hecho grandes esfuerzos para dominarse.

Las pasiones han sido dadas al hombre como medios para despertarle y ponerle en movimiento, como instrumentos para servirle en sus acciones; mas no como directoras de su espíritu, no como guías de su conducta. Se dice a veces que el corazón no engaña; ¡lamentable error! ¿Qué es nuestra vida sino un tejido de ilusiones con que el corazón nos engaña? Si alguna vez acertamos, entregándonos ciegamente a lo que él nos inspira, ¡cuántas y cuántas nos hace extraviar! ¿Sabéis por qué se atribuye al corazón ese acierto instintivo? Porque nos llama extremadamente la atención uno de sus aciertos cuando nos consta que son tantos sus desaciertos; porque nos causa extraña sorpresa el verle adivinar en medio de su ceguera cuando son tantas las veces que le encontramos desatinado. Por esto recordamos su acierto excepcional; en gracia de éste le perdonamos todos sus yerros y le honramos con una previsión y un tino que no posee ni puede poseer.

El fundar la moral sobre el sentimiento es destruirla; el arreglar su conducta a las inspiraciones del sentimiento es condenarse a no seguir ninguna fija y a tenerla frecuentemente muy inmoral y funesta. La tendencia de la literatura que actualmente está en boga en Francia, y que, desgraciadamente, se introduce también en nuestra España, es divinizar las pasiones; y las pasiones divinizadas son extravagancia, inmoralidad, corrupción, crimen.

§ LIII. No impresiones sensibles, sino moral y razón

La conducta del hombre, así con respecto a lo moral como a lo útil, no debe gobernarse por impresiones, sino por reglas constantes; en lo moral, por las máximas de eterna verdad; en lo útil, por los consejos de la sana razón. El hombre no es un Dios en quien todo se santifique por solo hallarse en él; las impresiones que recibe son modificaciones de su naturaleza, que en nada alteran las leyes eternas; una cosa justa no pierde la justicia por serle desagradable; una cosa injusta, por serle agradable, no se lava de la injusticia. El enemigo implacable que hunde el puñal vengador en las entrañas de su víctima siente en su corazón un placer feroz, y su acción no deja de ser un crimen; la hermana de la caridad que asiste al enfermo, que le alivia y consuela, sufre más de una vez tormentos atroces, mas por esto su acción no deja de ser heroicamente virtuosa.

Prescindiendo de lo moral y atendiendo a lo útil, es necesario tratar las cosas con arreglo a lo que son, no a lo que nos afectan; la verdad no está esencialmente en nuestras impresiones, sino en los objetos; cuando aquéllas nos ponen en desacuerdo con éstos, nos extravían. El mundo real no es el mundo de los poetas y novelistas; es preciso considerarle y tratarle tal como es en sí, no sentimental, no fantástico, no soñador, sino positivo, práctico, prosaico.

§ LIV. Un sentimiento bueno, la exageración lo hace malo

La religión no sofoca los sentimientos, solo los modela y los dirige; la prudencia no desecha el auxilio de las pasiones templadas, solo se guarda de su predominio. La armonía no se ha de producir en el hombre con el simultáneo desarrollo de las pasiones, sino con su represión; el contrapeso de las que se dejen funcionando no son solo las otras pasiones, sino principalmente la razón y la moral.

La oposición misma de las inclinaciones buenas a las malas deja de ser saludable cuando en ella no preside como señor la razón; porque las inclinaciones buenas no son buenas sino en cuanto la razón las dirige y modera; abandonadas a sí mismas, se exageran, se hacen malas.

Un valiente está encargado de un puesto peligroso; el riesgo crece por momentos; a su alrededor van cayendo sus camaradas; los enemigos se aproximan cada vez más; apenas hay esperanza de sostenerse, y la orden para retirarse no llega. El desaliento entra por un instante en el corazón del valiente; ¿a qué morir sin ningún fruto? El deber de la disciplina y del honor, ¿se extenderá hasta un sacrificio inútil? ¿No sería mejor abandonar el puesto, excusarse a los ojos del jefe con lo imperioso de la necesidad? «No —responde su corazón generoso—; esto es cobardía que se cubre con el nombre de prudencia. ¿Qué dirán tus compañeros, qué tu jefe, qué cuantos te conocen? ¿La ignominia o la muerte? Pues la muerte, sin vacilar, la muerte.»

¿Se puede culpar esa reflexión con que el bravo oficial ha procurado sostenerse a sí mismo contra la tentación de cobardía? Ese deseo del honor, ese horror a la ignominia de pasar por cobarde, ¿no ha sido en él un sentimiento? Pero un sentimiento noble, generoso, con cuya fuerza y ascendiente se ha fortalecido contra la asechanza del miedo y ha cumplido su deber. Esa pasión, pues, dirigida a un objeto bueno, ha producido un resultado excelente, que tal vez sin ella no se hubiera conseguido; en aquellos momentos críticos, terribles, en que el estruendo del cañón, la gritería del enemigo cercano y los ayes de los camaradas moribundos comenzaban a introducir el espanto en su pecho, la razón enteramente sola tal vez hubiera sucumbido; pero ha llamado en su ayuda a una pasión más poderosa que el temor de la muerte: el sentimiento del honor, la vergüenza de parecer cobarde; y la razón ha triunfado, el deber se ha cumplido.

Llegada la orden de replegarse, el oficial se reúne a su cuerpo, habiendo perdido en el puesto fatal a casi todos sus soldados. «Ya le teníamos a usted por muerto —le dice chanceándose uno de sus amigos—; no se habrá usted olvidado del parapeto.» El oficial se cree ultrajado, pide con calor una satisfacción, y a las pocas horas el burlón imprudente ha dejado de existir. El mismo sentimiento que poco antes impulsara a una acción heroica acaba de causar un asesinato. El honor, la vergüenza de pasar por cobarde, habían sostenido al valiente hasta el punto de hacerle despreciar su vida; el honor, la vergüenza de pasar por cobarde han teñido sus manos con la sangre de un amigo imprudente. La pasión dirigida por la razón se elevó hasta el heroísmo; entregada a su ímpetu ciego, se ha degradado hasta el crimen.

La emulación es un sentimiento poderoso, excelente preservativo contra la pereza, contra la cobardía y contra cuantas pasiones se oponen al ejercicio útil de nuestras facultades. De ella se aprovecha el maestro para estimular a los alumnos; de ella se sirve el padre de familia para refrenar las malas inclinaciones de alguno de sus hijos; de ella se vale un capitán para obtener de sus subordinados constancia, valor, hazañas heroicas. El deseo de adelantar, de cumplir con el deber, de llevar a cabo grandes empresas; el doloroso pesar de no haber hecho de nuestra parte todo lo que podíamos y debíamos; el rubor de vernos excedidos por aquellos a quienes hubiéramos podido superar son sentimientos muy justos, muy nobles, excelentes para hacernos avanzar en el camino del bien. En ellos no hay nada reprensible; ellos son el manantial de muchas acciones virtuosas, de resoluciones sublimes, de hazañas sorprendentes.

Pero si ese mismo sentimiento se exagera, el néctar aromático, dulce, confortador, se trueca en el humor mortífero que fluye de la boca de un reptil ponzoñoso, la emulación se hace envidia. El sentimiento en el fondo es el mismo, pero se ha llevado a un punto demasiado alto; el deseo de adelantar ha pasado a ser una sed abrasadora; el pesar de verse superado es ya un rencor contra el que supera; ya no hay aquella rivalidad que se hermanaba muy bien con la amistad más íntima, que procuraba suavizar la humillación del vencido prodigándole muestras de cariño y sinceras alabanzas por sus esfuerzos; que, contenta con haber conquistado el lauro, le escondía para no lastimar el amor propio de los demás; hay, sí, un verdadero despecho, hay una rabia no por la falta de los adelantos propios, sino por la vista de los ajenos; hay un verdadero odio al que se aventaja, hay un vivo anhelo por rebajar el mérito de sus obras, hay maledicencia, hay el desdén con que se encubre un furor mal comprimido, hay la sonrisa sardónica que apenas alcanza a disimular los tormentos del alma.

Nada más conforme a razón que aquel sentimiento de la propia dignidad, que se exalta santamente cuando las pasiones brutales excitan a una acción vergonzosa; que recuerda al hombre lo sagrado de sus deberes y no le consiente deshonrarse faltando a ellos; aquel sentimiento que le inspira la actitud que le conviene tomar según la posición que ocupa; aquel sentimiento que llena de majestad el semblante y modales del monarca; que da al rostro y maneras de un pontífice santa gravedad y unción augusta; que brilla en la mirada de fuego de un gran capitán y en su ademán resuelto, osado, imponente; aquel sentimiento que a la dicha no le permite alegría descompuesta ni al infortunio abatimiento innoble; que señala la oportunidad de un prudente silencio o sugiere una palabra decorosa y firme; que deslinda la afabilidad de la nimia familiaridad, la franqueza del abandono, la naturalidad de los modales de una libertad grosera; aquel sentimiento, en fin, que vigoriza al hombre sin endurecerle, que le suaviza sin relajarle, que le hace flexible sin inconstancia y constante sin terquedad. Pero ese mismo sentimiento, si no está moderado y dirigido por la razón, se hace orgullo; el orgullo que hincha el corazón, enhiesta la frente, da a la fisonomía un aspecto ofensivo y a los modales una afectación entre irritante y ridícula; el orgullo que desvanece, que imposibilita para adelantar, que se suscita a sí propio obstáculos en la ejecución, que inspira grandes maldades, que provoca el aborrecimiento y el desprecio, que hace insufrible.

¡Qué sentimiento más razonable que el deseo de adquirir o conservar lo necesario para las atenciones propias y de aquellas personas de cuyo cuidado encargan el deber o el afecto! Él previene contra la prodigalidad, aparta de los excesos, preserva de una vida licenciosa, inspira amor a la sobriedad, templanza en todos los deseos, afición al trabajo. Pero este mismo sentimiento, llevado a la exageración, impone ayunos que Dios no acepta, frío en el invierno y calor en el verano, mal cuidado de la salud, abandono en las enfermedades, mortifica con privaciones a la familia, niega todo favor a los amigos, cierra la mano para los pobres, endurece cruelmente el corazón para toda clase de infortunios, atormenta con sospechas, temores, zozobras, prolonga las vigilias, engendra el insomnio, persigue y agita con la aparición de espectros robadores los breves momentos de sueño, haciendo que no pueda lograr descanso

> el rico avaro en el angosto lecho,
> y que sudando con terror despierte

Véase, pues, con cuánta verdad he dicho que los mismos sentimientos buenos la exageración los hace malos; que el sentimiento por sí solo es una guía mal segura y a menudo peligrosa. La razón es quien debe dirigirle conforme a los eternos principios de la moral; la razón es quien debe encaminarle hasta en el terreno de la utilidad. Pero jamás el hombre se ocupa demasiado del conocimiento de sí mismo; ningún esfuerzo está de más para adquirir aquel criterio moral y acertado que nos enseña la verdad práctica, la verdad que debe presidir a todos los actos de nuestra vida. Proceder a la aventura, abandonarse ciegamente a las inspiraciones del corazón es exponerse a mancharse con la inmoralidad y a cometer una serie de yerros que acaban por acarrear terribles infortunios.

§ LV. La ciencia es muy útil a la práctica

En todo lo concerniente a objetos sometidos a leyes necesarias claro es que el conocimiento de éstas ha de ser utilísimo, cuando no indispensable. De cuyo principio infiero que discurren muy mal los que, en tratándose de ejecutar, descuidan la ciencia y solo se atienen a la práctica. La ciencia, si es verdaderamente digna de este nombre, se ocupa en el descubrimiento de las leyes que rigen la Naturaleza, y así su ayuda ha de ser de la mayor importancia. Tenemos de esta verdad una irrefragable prueba en lo que ha sucedido en Europa de tres siglos a esta parte. Desde que se han cultivado las matemáticas y las ciencias naturales el progreso de las artes ha sido asombroso. En el siglo actual, se están haciendo continuamente ingeniosos descubrimientos; y ¿qué son éstos sino otras tantas aplicaciones de la ciencia?

La rutina que desdeña a la ciencia muestra con semejante desdén un orgullo necio, hijo de la ignorancia. El hombre se distingue de los brutos animales por la razón con que le ha dotado el Autor de la Naturaleza; y no querer emplear las luces del entendimiento para la dirección de las operaciones, aun las más sencillas, es mostrarse ingrato a la bondad del Criador. ¿Para qué se nos ha dado esa antorcha sino para aprovecharnos de ella en cuanto sea posible? Y si a ella se deben tan grandes concepciones científicas, ¿por qué no la hemos de consultar para que nos suministre reglas que nos guíen en la práctica?

Véase el atraso en que se encuentra la España en cuanto a desarrollo material, merced al descuido con que han sido miradas durante largo tiempo las ciencias naturales y exactas; comparémonos con las naciones que no han caído en este error y nos será fácil palpar la diferencia. Verdad es que hay en las ciencias una parte meramente especulativa y que difícilmente puede conducir a resultados prácticos; sin embargo, es preciso no olvidar que aun esta parte, al parecer inútil y como si dijéramos de mero lujo, se liga muchas veces con otras que tienen inmediata relación con las artes. Por manera que su inutilidad es solo aparente, pues andando el tiempo se descubren consecuencias en que no se había reparado. La historia de las ciencias naturales y exactas nos ofrece abundantes pruebas de esta verdad. ¿Qué cosa más puramente especulativa, y al parecer más estéril, que las fracciones continuas? Y, no obstante, ellas sirvieron a Huygens para determinar las dimensiones de las ruedas dentadas en la construcción de su autómata planetario.

La práctica sin la teoría permanece estacionaria o no adelanta sino con muchísima lentitud; pero, a su vez, la teoría sin la práctica fuera también infructuosa. La teoría no progresa ni se solida sin la observación, y la observación estriba en la práctica. ¿Qué sería la ciencia agrícola sin la experiencia del labrador?

Los que se destinan a la profesión de un arte deben, si es posible, estar preparados con los principios de la ciencia en que aquélla se funda. Los carpinteros, albañiles, maquinistas, saldrían sin duda más hábiles maestros si poseyesen los elementos de geometría y de mecánica; y los barnizadores, tintoreros y de otros oficios no andarían tan a tientas en sus operaciones si no careciesen de las luces de la química. Si una gran parte del tiempo que se pierde miserablemente en la escuela y en casa, ocupándose en estudios inconducentes, se emplease en adquirir los conocimientos preparatorios, acomodados a la carrera que se quiere emprender, los individuos, las familias y la sociedad reportarían, por cierto, mayor fruto de sus tareas y dispendios.

Bueno es que un joven sea literato; ¿pero de qué le servirá un brillante trozo de Walter Scott o de Víctor Hugo cuando, colocado al frente de un establecimiento, sea preciso conocer los defectos de una máquina, las ventajas o inconvenientes de un procedimiento, o adivinar el secreto con que en los países extranjeros se ha llegado a la perfección de un tinte? Al arquitecto, al ingeniero, ¿serán los artículos de política los que les enseñarán a construir un edificio con solidez, elegancia, aptitud y buen gusto; a formar atinadamente el plan de una carretera o canal, a dirigir las obras con inteligencia; a levantar una calzada o suspender un puente?

§ LVI. Inconvenientes de la universalidad

El saber es muy costoso y la vida muy breve, y, sin embargo, vemos con dolor que se desparraman las facultades del hombre hacia mil objetos diferentes, halagando a un tiempo la vanidad, porque de esta suerte se adquiere la reputación de sabio; la pereza, porque es harto más trabajoso el fijarse sobre una materia y dominarla que no el adquirir cuatro nociones generales sobre todos los ramos.

Se ponderan de continuo las ventajas de la división del trabajo en la industria, y no se advierte que este principio es también aplicable a la ciencia. Son pocos los hombres nacidos con felices disposiciones para todo. Muchos que podrían ser una excelente especialidad, dedicándose principal o exclusivamente a un ramo, se inutilizan miserablemente aspirando a la universalidad. Son incalculables los daños que de esto resultan la sociedad y a los individuos, pues que se consumen estérilmente muchas fuerzas que, bien aprovechadas y dirigidas, habrían podido producir grandes bienes; Vaucanson y Watt hicieron prodigios en la mecánica, y es muy probable que se hubieran distinguido muy poco en las bellas artes y en la poesía; Lafontaine se inmortalizó con sus Fábulas, y, metido a hombre de negocios, hubiera sido de los más torpes. Sabido es que en el trato de la sociedad parecía a veces estar falto de sentido común.

No negaré que unos conocimientos presten a otros grande auxilio, ni las ventajas que reporta una ciencia de las luces que le suministran otras, quizá de un orden totalmente distinto; pero repito que esto es para pocos y que la generalidad de los hombres debe dedicarse especialmente a un ramo.

Así, en las ciencias como en las artes, lo que conviene es elegir con acierto la profesión; pero, una vez escogida, es preciso aplicarse a ella o principal o exclusivamente.

La abundancia de libros, de periódicos, de manuales, de enciclopedias convida a estudiar un poco de todo; esta abundancia indica el gran caudal de conocimientos atesorados con el curso de los siglos y de lo que disfruta la edad presente; pero, en cambio, acarrea un mal muy grave, y es que hace perder a muchos en intensidad lo que adquieren en extensión, y a no pocos les proporciona aparentar que saben de todo cuando en realidad no saben nada.

Si la España ha de progresar de una manera real y positiva, es preciso que se acuda a remediar este abuso; que se encajonen, por decirlo así, los ingenios en sus respectivas carreras, y que sin impedir la universalidad de conocimientos, en los que de tanto sean capaces, se cuide que no falte en algunos la profundidad y en todos la suficiencia. La mayor parte de las profesiones demandan un hombre entero para ser desempeñadas cual conviene; si se olvida esta verdad, las fuerzas intelectuales se consumen lastimosamente, sin producir resultado, como en una máquina mal construida se pierde gran parte del impulso par falta de buenos conductos que le dirijan y apliquen.

A quien reflexione sobre el movimiento intelectual de nuestra patria en la época presente se le ofrece de bulto la causa de esa esterilidad que nos aflige, a pesar de una actividad siempre creciente. Las fuerzas se disipan, se pierden, porque no hay dirección; los ingenios marchan a la ventura, sin pensar adónde van; los que profesan con fruto una carrera, la abandonan a la vista de otra que brinda con más ventajas, y la revolución, trastornando todos los papeles, haciendo del abogado un diplomático, del militar un político, del comerciante un hombre de gobierno, del juez un economista, de nada todo, aumenta el vértigo de las ideas y opone gravísimos obstáculos a todos los progresos.

§ LVII. Fuerza de la voluntad

El hombre retiene siempre un gran caudal de fuerzas sin emplear, y el secreto de hacer mucho es acertar a explotarse a sí mismo. Para convencerse de esta verdad basta considerar cuánto se multiplican las fuerzas del hombre que se halla en aprieto; su entendimiento es más capaz y penetrante, su corazón más osado y emprendedor, su cuerpo más vigoroso, y esto ¿por qué? ¿Se crean acaso nuevas fuerzas? No, ciertamente; solo se despiertan, se ponen en acción, se aplican a un objeto determinado. ¿Y cómo se logra esto? El aprieto aguijonea la voluntad y ésta despliega, por decirlo así, toda la plenitud de su poder; quiere el fin con intensidad y viveza, manda con energía a todas las facultades que trabajen por encontrar los medios a propósito y por emplearlos una vez encontrados, y el hombre se asombra de sentirse otro, de ser capaz de llevar a cabo lo que en circunstancias ordinarias le parecería del todo imposible.

Lo que sucede en extremos apurados debe enseñarnos el modo de aprovechar y multiplicar nuestras fuerzas en el curso de los negocios comunes;

regularmente, para lograr un fin, lo que se necesita es voluntad, voluntad decidida, resuelta, firme, que marche a su objeto sin arredrarse por obstáculos ni fatigas. Las más de las veces no tenemos verdadera voluntad, sino veleidad; quisiéramos, mas no queremos; quisiéramos, si no fuese preciso salir de nuestra habitual pereza, arrostrar tal trabajo, superar tales obstáculos, pero no queremos alcanzar el fin a tanta costa; empleamos con flojedad nuestras facultades y desfallecemos a la mitad del camino.

§ LVIII. Firmeza de voluntad

La firmeza de voluntad es el secreto de llevar a cabo las empresas arduas; con esta firmeza comenzamos por dominarnos a nosotros mismos; primera condición para dominar los negocios. Todos experimentamos que en nosotros hay dos hombres: uno inteligente, activo, de pensamientos elevados, de deseos nobles, conformes a la razón, de proyectos arduos y grandiosos; otro torpe, soñoliento, de miras mezquinas, que se arrastra por el polvo cual inmundo reptil, que suda de angustia al pensar que se le hace preciso levantar la cabeza del suelo. Para el segundo no hay recuerdo de ayer, ni la previsión de mañana; no hay más que lo presente, el goce de ahora, lo demás no existe; para el primero hay la enseñanza de lo pasado y la vista del porvenir; hay otros intereses que los del momento, hay una vida demasiado anchurosa para limitarla a lo que afecta en este instante; para el segundo el hombre es un ser que siente y goza; para el primero el hombre es una criatura racional, a imagen y semejanza de Dios, que se desdeña de hundir su frente en el polvo, que la levanta con generosa altivez hacia el firmamento, que conoce toda su dignidad, que se penetra de la nobleza de su origen y destino, que alza su pensamiento sobre la región de las sensaciones, que prefiere al goce el deber.

Para todo adelanto sólido y estable conviene desarrollar al hombre noble y sujetar y dirigir al innoble con la firmeza de la voluntad. Quien se ha dominado a sí mismo domina fácilmente el negocio y a los demás que en él toman parte. Porque es cierto que una voluntad firme, y constante, ya por sí sola y prescindiendo de las otras cualidades de quien la posea, ejerce poderoso ascendiente sobre los ánimos y los sojuzga y avasalla.

La terquedad es, sin duda, un mal gravísimo, porque nos lleva a desechar los consejos ajenos, aferrándonos en nuestro dictamen y resolución contra las consideraciones de prudencia y justicia. De ella debemos precavernos cuidadosamente, porque, teniendo su raíz en el orgullo, es planta que fácilmente se desarrolla. Sin embargo, tal vez podría asegurarse que la terquedad no es tan común ni acarrea tantos daños como la inconstancia. Ésta nos hace incapaces de llevar a cabo las empresas arduas y esteriliza nuestras facultades, dejándolas ociosas o aplicándolas sin cesar a objetos diferentes y no permitiendo que llegue a sazón el fruto de las tareas; ella nos pone a la merced de todas nuestras pasiones, de todos los sucesos, de todas las personas que nos rodean; ella nos hace también tercos en el prurito de mudanza y nos hace desoír los consejos de la justicia, de la prudencia y hasta de nuestros más caros intereses.

Para lograr esta firmeza de voluntad y precaverse contra la inconstancia conviene formarse convicciones fijas, prescribirse un sistema de conducta, no obrar al acaso. Es cierto que la variedad de acontecimientos y circunstancias y la escasez de nuestra previsión nos obligan con frecuencia a modificar los planes concebidos; pero esto no impide que podamos formarlos, no autoriza para entregarse ciegamente al curso de las cosas y marchar a la ventura. ¿Para qué se nos ha dado la razón sino para valernos de ella y emplearla como guía en nuestras acciones?

Téngase por cierto que quien recuerde estas observaciones, quien proceda con sistema, quien obre con premeditado designio llevará siempre notable ventaja sobre los que se conduzcan de otra manera; si son sus auxiliares, naturalmente se los hallará puestos bajo sus órdenes y se verá constituido su caudillo, sin que ellos lo piensen ni él propio lo pretenda; si son sus adversarios o enemigos, los desbaratará, aun contando con menos recursos.

Conciencia tranquila, designio premeditado, voluntad firme: he aquí las condiciones para llevar a cabo las empresas. Esto exige sacrificios, es verdad; esto demanda que el hombre se venza a sí mismo, es cierto; esto supone mucho trabajo interior, no cabe duda; pero en lo intelectual, como en lo moral, como en lo físico; en lo temporal, como en lo eterno, está ordenado que no alcanza la corona quien no arrostra la lucha.

§ LIX. Firmeza, energía, ímpetu

Voluntad firme no es lo mismo que voluntad enérgica y mucho menos que voluntad impetuosa. Estas tres cualidades son muy diversas, no siempre se hallan reunidas, y no es raro que se excluyan recíprocamente. El ímpetu es producido por un acceso de pasión, es el movimiento de la voluntad arrastrada por la pasión, es casi la pasión misma. Para la energía no basta un acceso momentáneo, es necesaria una pasión fuerte pero sostenida por algún tiempo. En el ímpetu hay explosión, el tiro sale, mas el proyectil cae a poca distancia; en la energía hay explosión también, quizá no tan ruidosa; pero, en cambio, el proyectil silba gran trecho por los aires y alcanza un blanco muy distante. La firmeza no requiere ni uno ni otro, admite también pasión, frecuentemente la necesita; pero es una pasión constante, con dirección fija, sometida a regularidad. El ímpetu o destruye en un momento todos los obstáculos o se quebranta; la energía sostiene algo más la lucha, pero se quebranta también; la firmeza los remueve si puede, cuando no los salva da un rodeo y si ni uno ni otro le es posible se para y espera.

Mas no debe creerse que esta firmeza no pueda tener en ciertos casos energía, ímpetu irresistible; después de esperar mucho también se impacienta, y una resolución extrema es tanto más temible cuanto es más premeditada, más calculada. Estos hombres en apariencia fríos, pero que en realidad abrigan un fuego concentrado y comprimido, son formidables cuando llega el momento fatal y dicen «ahora»... Entonces clavan en el objeto su mirada encendida y se lanzan a él rápidos como el rayo, certeros como una flecha.

Las fuerzas morales son como las físicas: necesitan ser economizadas; los que a cada paso las prodigan las pierden; los que las reservan con prudente economía las tienen mayores en el momento oportuno. No son las voluntades más firmes las que chocan continuamente con todo; por el contrario, los muy impetuosos ceden cuando se les resiste, atacan cuando se cede. Los hombres de voluntad más firme no suelen serlo para las cosas pequeñas; las miran con lástima, no las consideran dignas de un combate. Así, en el trato común son condescendientes, flexibles, desisten con facilidad, se prestan a lo que se quiere. Pero llegada la ocasión, sea por presentarse un negocio grande en que convenga desplegar las fuerzas, sea porque alguno de los pequeños haya sido llevado a un extremo tal en que no se pueda condescender más y sea necesario decir basta, entonces no es más impetuoso el león si trata de atacar; no es más firme la roca si se trata de resistir.

Esa fuerza de voluntad, que da valor en el combate y fortaleza en el sufrimiento, que triunfa de todas las resistencias, que no retrocede por ningún obstáculo, que no se desalienta con el mal éxito ni se quebranta con los choques más rudos; esa voluntad, que, según la oportunidad del momento, es fuego abrasador o frialdad aterradora; que, según conviene, pinta en el rostro formidable tempestad o una serenidad todavía más formidable; esa gran fuerza de voluntad, que es hoy lo que era ayer, que será mañana lo que es hoy; esa gran fuerza de voluntad, sin la que no es posible llevar a cabo arduas empresas que exijan dilatado tiempo, que es uno de los caracteres distintivos de los hombres que más se han señalado en los fastos de la humanidad, de los hombres que viven en los monumentos que han levantado o en las instituciones que han establecido, en las revoluciones que han hecho o en los diques con que las han contenido; esa gran fuerza de voluntad que poseían los grandes conquistadores, los jefes de sectas, los descubridores de nuevos mundos, los inventores que consumieron su vida en busca de su invento, los políticos que con mano de hierro amoldaron la sociedad a una nueva forma, imprimiéndole un sello que después de largos siglos no se ha cerrado aún; esa fuerza de voluntad que hace de un humilde fraile un gran papa en Sixto V, un gran regente en Cisneros; esa fuerza de voluntad que, cual muro de bronce, detiene el protestantismo en la cumbre del Pirineo, que arroja sobre la Inglaterra una armada gigantesca y escucha impasible la nueva de su pérdida, que somete el Portugal, vence en San Quintín, levanta El Escorial y que en el sombrío ángulo del monasterio contempla con ojos serenos la muerte cercana mientras

> extraña agitación, tristes clamores
> en el palacio de Felipe cunden,
> que por el claustro y población a un tiempo
> con angustiados ayes se difunden;

esa fuerza de voluntad, repito, necesita dos condiciones, o más bien resulta de la acción combinada de dos causas: una idea y un sentimiento. Una idea clara, viva, fija, poderosa, que absorba el entendimiento, ocupándole todo, llenándole todo. Un sentimiento fuerte, enérgico, dueño exclusivo del corazón y completamente subordinado a la idea. Si alguna de estas circunstancias falta, la voluntad flaquea, vacila.

Cuando la idea no tiene en su apoyo el sentimiento, la voluntad es floja; cuando el sentimiento no tiene en su apoyo la idea, la voluntad vacila, es inconstante. La idea es la luz que señala el camino; es más: es el punto luminoso que fascina, que atrae, que arrastra; el sentimiento es el impulso, es la fuerza que mueve, que lanza.

Cuando la idea no es viva, la atracción disminuye, la incertidumbre comienza, la voluntad es irresoluta: cuando la idea no es fija, cuando el punto luminoso muda de lugar, la voluntad anda mal segura; cuando la idea se deja ofuscar o reemplazar por otras la voluntad muda de objetos, es voluble, y cuando el sentimiento no es bastante poderoso, cuando no está en proporción con la idea, el entendimiento la contempla con placer, con amor, quizá con entusiasmo, pero el alma no se halla con fuerzas para tanto; el vuelo no puede llegar allá; la voluntad no intenta nada y si intenta se desanima y desfallece.

Es increíble lo que pueden esas fuerzas reunidas, y lo extraño es que su poder no es solo con respecto al que las tiene, sino que obra eficazmente sobre los que le rodean. El ascendiente que llega a ejercer sobre los demás un hombre de esta clase es superior a todo encarecimiento. Esa fuerza de voluntad, sostenida y dirigida por la fuerza de una idea, tiene algo de misterioso, que parece revestir al hombre de un carácter superior y le da derecho al mando de sus semejantes; inspira una confianza sin límites, una obediencia ciega a todos los mandatos del héroe. Aun cuando sean desacertados no se los cree tales se considera que hay un plan secreto que no se concibe: «Él sabe bien lo que hace», decían los soldados de Napoleón y se arrojaban a la muerte.

Para los usos comunes de la vida no se necesitan estas cualidades en grado tan eminente; pero el poseerlas del modo que se adapte al talento, índole y posición del individuo es siempre muy útil y en algunos casos necesario. De esto dependen en gran parte las ventajas que unos llevan a otros en la buena dirección y acertado manejo de los asuntos, pudiendo asegurarse que quien está enteramente falto de dichas cualidades será hombre de poco valer, incapaz de llevar a cabo ningún negocio importante. Para las grandes cosas es necesaria gran fuerza, para las pequeñas basta pequeña; pero todas han menester alguna. La diferencia está en la intensidad y en los objetos, mas no en la naturaleza de las facultades ni de su desarrollo. El hombre grande, como el vulgar, se dirigen por el pensamiento y se mueven por la voluntad y las pasiones. En ambos la fijeza de la idea y la fuerza del sentimiento son los dos principios que dan a la voluntad energía y firmeza. Las piedrezuelas que arrebata el viento están sometidas a las mismas leyes que la masa de un planeta.

§ LX. Conclusión y resumen

Criterio es un medio para conocer la verdad. La verdad en las cosas, en la realidad. La verdad en el entendimiento es conocer las cosas tal como son. La verdad en la voluntad es quererlas como es debido, conforme a las reglas de la sana moral. La verdad en la conducta es obrar por impulso de esta buena voluntad. La verdad en proponerse un fin es proponerse el fin conveniente y debido, según las circunstancias. La verdad en la elección de los medios es elegir los que son conformes a la moral y mejor conducen al fin. Hay verdades de muchas clases porque hay realidad de muchas clases; hay también muchos modos de conocer la verdad. No todas las cosas se han de mirar de la misma manera, sino del modo que cada una de ellas se ve mejor. Al hombre le han sido dadas muchas facultades. Ninguna es inútil. Ninguna es intrínsecamente mala. La esterilidad o la malicia les vienen de nosotros, que las empleamos mal. Una buena lógica debiera comprender al hombre entero, porque la verdad está en relación con todas las facultades del hombre. Cuidar de la una y no de la otra es a veces esterilizar la segunda y malograr la primera. El hombre es un mundo pequeño, sus facultades son muchas y muy diversas; necesita armonía, y no hay armonía sin atinada combinación, y no hay combinación atinada si cada cosa no está en su lugar, si no ejerce sus funciones o las suspende en el tiempo oportuno. Cuando el hombre deja sin acción alguna de sus facultades es un instrumento al que lo faltan cuerdas; cuando las emplea mal es un instrumento destemplado. La razón es fría, pero ve claro; darle calor y no ofuscar su claridad; las pasiones son ciegas, pero dan fuerza; darles dirección y aprovecharse de su fuerza. El entendimiento sometido a la verdad, la voluntad sometida a la moral, las pasiones sometidas al entendimiento y a la voluntad, y todo ilustrado, dirigido, elevado por la religión: he aquí el hombre completo, el hombre por excelencia. En él la razón da luz, la imaginación pinta, el corazón vivifica, la religión diviniza.

Libros a la carta

A la carta es un servicio especializado para

empresas,

librerías,

bibliotecas,

editoriales

y centros de enseñanza;

y permite confeccionar libros que, por su formato y concepción, sirven a los propósitos más específicos de estas instituciones.

Las empresas nos encargan ediciones personalizadas para marketing editorial o para regalos institucionales. Y los interesados solicitan, a título personal, ediciones antiguas, o no disponibles en el mercado; y las acompañan con notas y comentarios críticos.

Las ediciones tienen como apoyo un libro de estilo con todo tipo de referencias sobre los criterios de tratamiento tipográfico aplicados a nuestros libros que puede ser consultado en Linkgua-ediciones.com.

Linkgua edita por encargo diferentes versiones de una misma obra con distintos tratamientos ortotipográficos (actualizaciones de carácter divulgativo de un clásico, o versiones estrictamente fieles a la edición original de referencia).

Este servicio de ediciones a la carta le permitirá, si usted se dedica a la enseñanza, tener una forma de hacer pública su interpretación de un texto y, sobre una versión digitalizada «base», usted podrá introducir interpretaciones del texto fuente. Es un tópico que los profesores denuncien en clase los desmanes de una edición, o vayan comentando errores de interpretación de un texto y esta es una solución útil a esa necesidad del mundo académico.

Asimismo publicamos de manera sistemática, en un mismo catálogo, tesis doctorales y actas de congresos académicos, que son distribuidas a través de nuestra Web.

El servicio de «libros a la carta» funciona de dos formas.

1. Tenemos un fondo de libros digitalizados que usted puede personalizar en tiradas de al menos cinco ejemplares. Estas personalizaciones pueden ser de todo tipo: añadir notas de clase para uso de un grupo de estudiantes,

introducir logos corporativos para uso con fines de marketing empresarial, etc. etc.

2. Buscamos libros descatalogados de otras editoriales y los reeditamos en tiradas cortas a petición de un cliente.

www.ingramcontent.com/pod-product-compliance
Lightning Source LLC
Chambersburg PA
CBHW022039240626
47154CB00007B/2488